実戦演習 行政法

予備試験問題を
素材にして

［第2版］

土田伸也 *TSUCHIDA Shinya*

弘文堂

第2版　序

　本書初版を公刊してからおよそ4年が経過したが、幸いなことに、この間に多くの読者を得ることができた。そこで、初版公刊後に実施された司法試験予備試験（論述式）の問題（平成30年度、平成31年度（令和元年度）、令和2年度、令和3年度の論述式問題）を素材にして、新たに解説を書き下ろし、これを加えるとともに、初版時の記述も見直して、第2版を公刊することにした。

　執筆の方針は初版のときと基本的に同じである。ただし、処分性、原告適格、行政裁量の各論点については繰り返し出題されているため、平成30年度以降の解説では、これらの基礎的事項を繰り返し説明することはやめることとし、平成29年度以前の解説を参照していただくようにした。

　本書が引き続き、法曹を目指す人たちの学修の一助になれば幸いである。

　2022年9月

土田　伸也

序（初版）

○本書のねらい

　本書は司法試験予備試験（以下「予備試験」という）の問題を素材にして、行政法の基礎知識を確認しつつ、事例問題への対応力を向上させたいと考えている学修者のために執筆された。したがって、本書の読者としては、予備試験の受験に関心を寄せつつも、行政法の基本的な用語や論点について未だ正確に把握しておらず、ましてや行政法の事例問題にあまり取り組んだ経験がない者を想定している。もっとも、後述するとおり、本書は基礎レベルおよび予備試験合格レベルを想定した記述に止まらず、司法試験合格レベルを意識した記述も部分的に行っている。そのため、行政法の初級者および中級者の方のみならず、上級者の方にも、一定程度、参考になる部分があると思う。

○本書の特徴

　本書の特徴として、以下の諸点を指摘することができる。
(1)　予備試験の問題を素材にした解説
　本書は過去7年分の予備試験の問題を素材にしている。予備試験の問題は適度に事例が簡略化されているため、行政法の実力を向上させるには有効な教材であると思う。
(2)　基礎編・応用編・展開編の設定
　行政法は法律基本7科目の中でも後回しにされがちな科目であって、行政法の基礎知識に不安がある者も少なくないであろう。そこで、まずは予備試験の問題を解くうえで必要となる基本的事項を確認してもらうため、「基礎編」を設けた。予備試験問題の解説は、基礎編の後に設けた「応用編」の中で行っている。また、応用編の後には「展開編」を設け、当該年度の予備試験問題に関連する発展的な問題を取り上げ、解説した。このように本書は各年度の予備試験の問題を素材にしながらも、基礎→応用→展開という順で記述を行っており、これにより段階的に行政法の実力を向上させることができるように配慮している。
(3)　出題趣旨の掲載
　毎年度、法務省から予備試験の出題趣旨が公表されている。この出題趣旨を確認することで、行政法を学修する際の指針を得ることができよう。そこで、本書でもこれを改めて掲載することにした。ただし、出題趣旨が必ずしも詳細ではなかったり、必ずしも受験者にうまく伝わらないのではないかと思われる箇所があったりしたので、若干の

コメントを行った。これにより、多少なりとも学修の指針をたてやすくなると思う。

(4)　参考答案の掲載

　予備試験では一定の時間内に答案を作成しなければならないが、答案作成能力を向上させるためには、何をどの程度書けばよいのかということを常に意識して学修する必要がある。この点、参考答案があれば、答案の具体的なイメージをもつことができ、答案作成能力を向上させるのに一定程度役立つであろう。また、参考答案を提示してほしいという読者からの要望も予想されたので、本書では参考答案を作成し、掲載することにした。なお、参考答案は予備試験の本番を意識して、おおよそ 2000 字～2400 字程度でまとめた。

○執筆の動機

　予備試験の問題を素材にした、この種の書籍を法科大学院の教員が執筆し、公刊することについて、消極的な評価もありうるであろうから、執筆の動機について、少し述べておきたい。

　本書を執筆するきっかけとなったのは、弘文堂の高岡俊英氏から予備試験問題の解説本を出してみないかという、ご提案をいただいたことによる。最初にご提案いただいたとき、これを承諾するか否か、悩んだが、結局、引き受けることにした。その背景には、次のような事情がある。

　現在、法科大学院をめぐって様々な改革が行われようとしているが、その中の一つに ICT（Information and Communication Technology＝情報通信技術）を活用した授業を本格的に普及させようとする取組がある。この取組は地方在住者や社会人の学修環境を改善すること等を目的にした取組のはずであった。私は、この取組みに数年前から深く関わることになり、これまで、かなり精力的に法科大学院教育における ICT を活用した授業の調査研究を行ってきたが、この間の様々な調査研究およびそれを踏まえた関係者による議論の結果、大学または大学院の教室同士をつないだオンライン授業はすべて法科大学院の正式な授業として認められるものの、受講生が自宅や職場で受講するオンライン授業は一定の授業回数しか正式な授業としては認められないことになった。また、オンデマンド方式の授業は原則として正式な授業としては一切認められないことが確認された。このような方針に合理性があるか否かは検討の余地があるように思うが、いずれにせよ、これでは地方在住者や社会人の学修環境を大きく改善したことにはならない。地方在住者や社会人の中には、諸々の事情によって法科大学院には通えないけれども、法曹になることを望んでいる人たちが少なからず存在する。そういった人たちが ICT を活用した授業だけで法科大学院を修了することができるのであれば、話は別であるが、さしあたりその可能性は事実上なくなった。そうする

と、法科大学院に通えない法曹志望の地方在住者や社会人は予備試験を受けるほかない。そして、そうであれば、予備試験のための学修環境を整えることが、地方在住者や社会人のことを念頭に置いて行ってきたICTに関する調査研究の仕事の延長線上にあるのではないかと考えるようになった。そこで、市販されている予備試験問題の解説をいくつかチェックしてみたが、必ずしも記述内容が正確ではなかったし、いずれも一定のレベルにある読者（中・上級者）を想定した記述になっていて、本書が主に想定しているような読者（初級・中級者）を意識したものは公表されていないように思われた。また、この間、学生諸氏から予備試験問題の内容について質問されることも少なからずあった。これらの事情を考慮すると、本書のような書籍にも一定の社会的意義が認められるのではないかと考えるようになり、本書の執筆を行うことにした。

　なお、予備試験の多くの受験者が、いわば法科大学院の抜け道として予備試験を利用しているとの指摘があり、私自身、そのような指摘を十分に承知しているつもりであるが、しかし、だからといって、さまざまな事情により法科大学院に通うことができないけれども、法曹になりたいと心から願い、努力している人あるいは努力しようとしている人たちを応援する教育活動が否定されるいわれはないと思う。むしろ司法制度改革の理念に即して、多様なバック・グラウンドをもつ人たちに法曹になってもらいたいと願うのであれば、そういった教育活動に、もう少し法曹養成の重要な役割を担っている法科大学院の教員がかかわってもいいのではないかとさえ思っている。

○さいごに

　本書の執筆にあたっては、多くの方々の協力を得た。石川皓基氏、大塚智加人氏、川瀬結氏（2015年3月に中央大学法科大学院を修了）の御三方には、読者目線で本書の構成等について有益な指摘をいただいた。また、光武敬志氏と福井俊之氏（2016年3月に中央大学法科大学院を修了）の御二方には記述内容について精緻に検討していただいただけでなく、表記等の形式面についても細かくチェックしていただいた。さらに、弘文堂の高岡俊英氏には、本書の公刊を2018年の予備試験（論文式試験）に間に合わせるため、格別のご配慮を賜った。記して感謝を申し上げたい。

　本書が、さまざまな事情により法科大学院に通うことができず、しかし法曹として活躍することを思い描いて、日々、法律学の学修に励む人たちの一助になれば幸いである。

　　2018年4月

　　　　　　　　　　　　　　　　　　　　　　　　　　土田　伸也

本書の構成

　本書は予備試験問題を年度順に扱っているが、各年度の記述はいずれも基礎編、応用編、展開編から成っている。各編の内容等は以下のとおりである。

基礎編

　基礎編は当該年度の予備試験問題を解くうえで必要となる基礎的事項について解説している。

　各年度の基礎編の冒頭では「基礎的事項のチェック」という項目を設け、最初に基礎的事項がどれだけ理解できているかを確認するための問いを設けた。それらの問いに適切に答えることができれば、当該年度の予備試験問題を解くのに必要な基礎的知識は修得済みといえるから、その場合は、基礎編を読み飛ばして、いきなり応用編を読んでいただいても構わないと思う。

　また、各年度の基礎編で取り上げる事項は当該年度の予備試験問題の内容を前提にしている。その結果、行政訴訟の類型論や、行政裁量論などの頻出事項については、本書の中で繰り返し取り上げることになった。もっとも、当該事項が最初に出てくる年度の解説を最も詳細に行ったので、2回目、3回目の解説は1回目の解説と比較すると、簡易なものに止まっている。年度順に、前から順番に読んでいただければ、特に問題はないように思うが、興味のある年度から読み進める場合には、当該事項を扱っている最初の年度の解説を確認しながら（どの年度の解説を参照すべきかは、その都度、わかるように本文の中で示しておいた）、読み進めていただくと理解が深まると思う。

　なお、基礎編の解説の一部に前著『基礎演習行政法（第2版）』（日本評論社）の記述と重複する部分がある。できるだけ同書とは違った視点で基礎的事項の整理を試みたが、読者を混乱させないようにするため、わずかではあるが、同書の記述を引き継いでいる部分がある。読者諸氏のご理解を賜りたい。

応用編

　応用編は基本的に当該年度の予備試験問題の解説である。既に基礎的事項を

修得済みの方や、「とにかく予備試験問題の解説だけを読みたい」と思っている方は、この応用編からいきなり読んでいただけばよい。

　応用編では、まずもって当該年度の予備試験問題の解説を行うが、ひと通り解説を行った後で、法務省から公表されている当該年度の出題趣旨を掲載し、併せて若干のコメントも行った。また、参考答案も、最後に掲載しておいた。いずれについても、行政法の学修の際に参考にしていただければ幸いである。

（展開編）

　展開編は当該年度の予備試験問題に関連する発展的な問題を扱っている。予備試験に合格できれば、司法試験の合格に一歩近づいたということはいえるが、予備試験と司法試験の間にはレベルの差があるため、予備試験に合格したからといって司法試験に合格できるわけではない。そこで、予備試験問題を素材にしつつ、発展的な問題に取り組むことで、少しでも司法試験合格レベルの実力を養成できるようにしようとして執筆したのが、展開編である。したがって、予備試験の解説のみで十分であるという方は、この展開編まで通読していただく必要はない。

CONTENTS

凡　例

〔法令〕

＊法令の略称は、以下のとおりとする。

　　　行代法　行政代執行法

　　　行手法　行政手続法

　　　行訴法　行政代執行法

　　　憲　法　日本国憲法

　　　国賠法　国家賠償法

　　　地自法　地方自治法

〔判例・裁判例〕

＊判例または裁判例は、以下のように略記した。

　例：最判平成 5 年 2 月 18 日民集 47 巻 2 号 574 頁〔武蔵野市教育施設負担金事件〕

＊大法廷による判断の場合のみ、年月日の前を「最大」と表記し、小法廷による判断の場合は年月日の前を「最」と表記する。

＊判例あるいは裁判例を示す際の略記は、以下のとおりである。

　　　民集　最高裁判所民事判例集

　　　高民集　高等裁判所民事判例集

　　　判時　判例時報

　　　判自　判例地方自治

＊有名な判例または裁判例については、出典の後に〔　〕で事件名を表記することにした。

論点表

年　度	論　点
平成 23 年度	処分性 訴訟形式（申請型義務付け訴訟および取消訴訟） 申請型義務付け訴訟の訴訟要件 取消訴訟の訴訟要件
平成 24 年度	行政裁量の統制 法の一般原則（比例原則） 聴聞手続 理由の提示
平成 25 年度	訴訟形式（直接型義務付け訴訟） 仮の救済（仮の義務付け） 直接型義務付け訴訟の訴訟要件（特に原告適格）
平成 26 年度	申請に対する処分の手続と不利益処分の手続 申請型義務付け訴訟と取消訴訟の本案勝訴要件 仮の救済（仮の義務付けと執行停止） 撤回制限の法理 行政裁量の統制
平成 27 年度	処分性 行政裁量の統制 法の一般原則（信頼保護の原則）
平成 28 年度	狭義の訴えの利益 行政規則の外部化 理由の提示（処分基準の提示） 行政裁量の統制
平成 29 年度	行政指導と許可の留保 取消訴訟の原告適格
平成 30 年度	勧告と公表の処分性 行政裁量の統制
令和元年度	原告適格（景観及び安眠に関する利益） 条例と規則の関係
令和 2 年度	協定（行政契約）の有効性 通知の処分性
令和 3 年度	附款の種類 附款の限界 取消判決の効力 行政裁量の統制 法の一般原則（比例原則・信頼保護の原則）

旅館規制条例に基づく不同意と訴訟形式の選択

◀ **問 題** ▶

　Aは甲県乙町において建築基準法に基づく建築確認を受けて客室数20室の旅館（以下「本件施設」という。）を新築しようとしていたところ，乙町の担当者から，本件施設は乙町モーテル類似旅館規制条例（以下「本件条例」という。）にいうモーテル類似旅館に当たるので，本件条例第3条による乙町長の同意を得る必要があると指摘された。Aは，2011年1月19日，モーテル類似旅館の新築に対する同意を求める申請書を乙町長に提出したが，乙町長は，同年2月18日，本件施設の敷地の場所が児童生徒の通学路の付近にあることを理由にして，本件条例第5条に基づき，本件施設の新築に同意しないとの決定（以下「本件不同意決定」という。）をし，本件不同意決定は，同日，Aに通知された。

　Aは，本件施設の敷地の場所は，通学路として利用されている道路から約80メートル離れているので，児童生徒の通学路の付近にあるとはいえず，本件不同意決定は違法であると考えており，乙町役場を数回にわたって訪れ，本件施設の新築について同意がなされるべきであると主張したが，乙町長は見解を改めず，本件不同意決定を維持している。

　Aは，既に建築確認を受けているものの，乙町長の同意を得ないまま工事を開始した場合には，本件条例に基づいて不利益な措置を受けるのではないかという不安を有している。そこで，Aは，本件施設の新築に対する乙町長の同意を得るための訴訟の提起について，弁護士であるCに相談することにした。同年7月上旬に，当該訴訟の提起の可能性についてAから相談を受けたCの立場で，以下の設問に解答しなさい。

　なお，本件条例の抜粋は資料として掲げてあるので，適宜参照しなさい。

〔設問1〕

　本件不同意決定は，抗告訴訟の対象たる処分（以下「処分」という。）に当たるか。Aが乙町長の同意を得ないで工事を開始した場合に本件条例に基づいて受けるおそれがある措置及びその法的性格を踏まえて，解答しなさい。

〔設問2〕

　本件不同意決定が処分に当たるという立場を採った場合，Aは，乙町長の同意を得るために，誰を被告としてどのような訴訟を提起すべきか。本件不同意決定が違法であることを前提にして，提起すべき訴訟とその訴訟要件について，事案に即して説明しなさい。なお，仮の救済については検討しなくてよい。

【資料】乙町モーテル類似旅館規制条例（平成18年乙町条例第20号）（抜粋）
（目的）
第1条　この条例は，町の善良な風俗が損なわれないようにモーテル類似旅館の新築又は改築（以下「新築等」という。）を規制することにより，清純な生活環境を維持することを目的とする。
（定義）
第2条　この条例において「モーテル類似旅館」とは，旅館業法（昭和23年法律第138号）第2条に規定するホテル営業又は旅館営業の用に供することを目的とする施設であって，その施設の一部又は全部が車庫，駐車場又は当該施設の敷地から，屋内の帳場又はこれに類する施設を通ることなく直接客室へ通ずることができると認められる構造を有するものをいう。
（同意）
第3条　モーテル類似旅館を経営する目的をもって，モーテル類似旅館の新築等（改築によりモーテル類似旅館に該当することとなる場合を含む。以下同じ）をしようとする者（以下「建築主」という。）は，あらかじめ町長に申請書を提出し，同意を得なければならない。
（諮問）
第4条　町長は，前条の規定により建築主から同意を求められたときは，乙町モーテル類似旅館建築審査会に諮問し，同意するか否かを決定するものとする。
（規制）
第5条　町長は，第3条の申請書に係る施設の設置場所が，次の各号のいずれかに該当する場合には同意しないものとする。
　(1)　集落内又は集落の付近
　(2)　児童生徒の通学路の付近
　(3)　公園及び児童福祉施設の付近

- (4) 官公署，教育文化施設，病院又は診療所の付近
- (5) その他モーテル類似旅館の設置により，町長がその地域の清純な生活環境が害されると認める場所

（通知）

第6条 町長は，第4条の規定により，同意するか否かを決定したときは，その旨を建築主に通知するものとする。

（命令等）

第7条 町長は，次の各号のいずれかに該当する者に対し，モーテル類似旅館の新築等について中止の勧告又は命令をすることができる。

- (1) 第3条の同意を得ないでモーテル類似旅館の新築等をし，又は新築等をしようとする建築主
- (2) 虚偽の同意申請によりモーテル類似旅館の新築等をし，又は新築等をしようとする建築主

（公表）

第8条 町長は，前条に規定する命令に従わない建築主については，規則で定めるところにより，その旨を公表するものとする。ただし，所在の判明しない者は，この限りでない。

2 町長は，前項に規定する公表を行うときは，あらかじめ公表される建築主に対し，弁明の機会を与えなければならない。

（注）本件条例においては，資料として掲げた条文のほかに，罰則等の制裁の定めはない。

Ⅰ. 基礎編

▶**基礎的事項のチェック**

1. 抗告訴訟とは何か。
2. 行政事件訴訟法における処分とは何か。
3. 行政事件訴訟には、どのような種類の訴訟があるか。
4. 抗告訴訟の被告は誰であるべきか。
5. 申請型義務付け訴訟の訴訟要件は何か。
6. どのような場合に、どのような抗告訴訟を申請型義務付け訴訟に併合提

1. 設問 1 に関する基礎的事項

（1）はじめに

　設問1では、「抗告訴訟」と「処分」という専門用語が登場してくるので、まずはこれらの意味について説明することにしよう。

　また、問題文では、「建築基準法」と「建築確認」という言葉も登場してくる。これらの用語について理解を得ておくことは、本問の解答を行う上で必要不可欠というわけではないが、事例問題を通じて行政法の学修をしていると、これらの用語に遭遇することが少なからずある。そこで、これらについても簡単に説明しておく。

（2）抗告訴訟の意義と特徴

　行政活動を裁判で争う際に利用する法律として「**行政事件訴訟法**」という名前の法律があり、抗告訴訟は、この法律の中で規律されている。同法によれば、抗告訴訟とは「行政庁の公権力の行使に関する不服の訴訟をいう」（行訴法3条1項）。

　もっとも、この定義だけでは抗告訴訟の意味を十分把握することができない。そこで、抗告訴訟が有する二つの特徴を指摘しておく。

　第一に、抗告訴訟は**主観訴訟**である。主観訴訟とは個人の具体的な権利保護を目的とする訴訟のことをさす。このタイプの訴訟は、適法な公務遂行を確保し、それによって一般公共の利益を保護することを目的とする**客観訴訟**とは区別される。行政事件訴訟法上、行政事件訴訟とは**抗告訴訟、当事者訴訟、民衆訴訟、機関訴訟**をいうとされているが（行訴法2条）、このうち前二者が主観訴訟であり、後二者が客観訴訟である。したがって抗告訴訟は個人の具体的な権利保護を目的とする訴訟である。

　第二に、抗告訴訟は「**行政庁の公権力の行使**」に関する不服の訴訟である。抗告訴訟と同様、主観訴訟として位置づけられる当事者訴訟は、「行政庁の公権力の行使」に関する訴訟ではない。したがって、「行政庁の公権力の行使」

に関する不服の訴訟であるか否かという視点が、抗告訴訟と当事者訴訟を区別する視点となる。

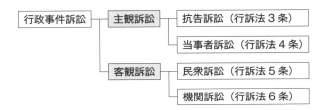

○行政事件訴訟法における行政事件訴訟の類型

(3) 「抗告訴訟の対象たる処分」の意味

　抗告訴訟が「行政庁の公権力の行使」に関する不服の訴訟であるならば、さらに「行政庁の公権力の行使」とは何かということが問題になる。もっとも、この問いに対する回答は確立していない。そこで、通常、参考にされるのが抗告訴訟の一類型である取消訴訟（行訴法3条2項）に関する議論である。行政法上、取消訴訟の対象は「行政庁の処分その他公権力の行使に当たる行為」（＝「処分」）と定められていて、文言上、抗告訴訟の対象である「行政庁の公権力の行使」とは異なる。

抗告訴訟の対象	「行政庁の公権力の行使」（行訴法3条1項）
取消訴訟の対象	「行政庁の処分その他公権力の行使に当たる行為」＝「処分」（行訴法3条2項）

　両者の関係は必ずしも明らかではないが、①「行政庁の公権力の行使」概念は取消訴訟が対象とする「処分」を含むこと、および、②「行政庁の公権力の行使」概念の大部分を取消訴訟の対象としての「処分」が占めることについて異論はない。そうすると、抗告訴訟は処分を対象にした不服の訴訟であると言い換えることも、あながち不可能ではない。行訴法上、抗告訴訟の対象は処分であるとはどこにも明記されていないにもかかわらず、設問1の中で「抗告訴訟の対象たる処分」という表現がされているのは、以上の理解に支えられているものと思われる。

なお、従来は、抗告訴訟について定めた行訴法3条1項の「行政庁の公権力の行使」概念よりも、取消訴訟について定めた行訴法3条2項の「行政庁の処分その他公権力の行使に当たる行為」概念＝処分概念のほうに注目が集まり、その意味内容が議論されてきた。そのため、抗告訴訟が問題となっている本問でも、行訴法3条2項の処分概念に関して展開されてきた従来の議論を参照することが有意義である。そこで、次に同条項の処分概念について、従来の議論も踏まえつつ、基本的事項を確認することにしよう。

（4）処分の意義

　行訴法3条2項によれば、取消訴訟とは、「行政庁の処分その他公権力の行使に当たる行為の取消しを求める訴訟をいう」。そのため、「行政庁の処分その他公権力の行使に当たる行為」以外の行為の取消しを求める訴訟は、同法でいう取消訴訟に該当しない。結局、同法でいう取消訴訟であるためには、訴えの対象が「行政庁の処分その他公権力の行使に当たる行為」でなければならないといえる。

　この「行政庁の処分その他公権力の行使に当たる行為」は、（ア）「行政庁の処分」というパーツと（イ）「その他公権力の行使に当たる行為」というパーツからなっている。したがって、取消訴訟の対象として相応しいのは、（ア）「行政庁の処分」（これを**狭義の処分**と呼ぶことがある）と（イ）「その他公権力の行使に当たる行為」である。行訴法は、この二つをまとめて「処分」（これを**広義の処分**と呼ぶことがある）と呼んでいる（行訴法3条2項括弧書）。

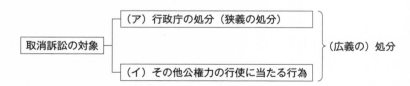

　それでは、（ア）「行政庁の処分」とは何か。「行政庁の処分」について、行訴法は何の定義規定も置いていないので、解釈上、問題となる。この問題につき、最高裁は、行政庁の処分とは「**公権力の主体たる国または公共団体が行う行為のうち、その行為によって、直接国民の権利義務を形成しまたはその範囲を確定することが法律上認められているものをいう**」（最判昭和39年10月29日民集18巻8号

1809 頁〔大田区ゴミ焼却場設置事件〕）としている。これによれば、行政庁の処分に該当するか否かは、以下の四つの要素をすべて充足するか否かによって判定されることになる。逆にいうと、これら四つの要素のいずれか一つでも欠けると、行政庁の処分として捉えることができなくなり、「その他公権力の行使に当たる行為」に該当しない限りは、当該行為は取消訴訟の対象ではないということになる。

○「行政庁の処分」の４要素

```
①公権力性
②直接性
③外部性
④法効果性
```

　まず、①**公権力性**は、上記判例でいう「公権力」の部分から導き出される要素で、当該行為が相手方（国民・住民）の同意に基づかないで、法律の規定にしたがって一方的に行われることになっていれば、当該行為には公権力性が認められる。このような性格をもった行為は、法律の根拠があってはじめて認められると考えられるので、判例でいう「法律上認められているものをいう」の部分は、この公権力性に関わる説示であるともいえる（つまり、法律上の根拠がない行為は、公権力性が認められず、行政庁の処分とはいえない）。

　次に、②**直接性**は、上記判例でいう「直接」の部分から導き出される要素で、当該行為が行われることで、間接的にではなく、直接的に、個別具体的な権利義務の変動が生じることになっていれば、当該行為には直接性が認められる。たとえば行政立法は、通常、それによって直ちに個別具体的な国民の権利義務の変動が生じるのではなく、何らかの執行行為（たとえば許可・不許可）があってはじめて個別具体的な国民の権利義務の変動が生じるので、直接性は認められない。

　また、③**外部性**は、上記判例でいう「国民」の部分から導き出される要素で、当該行為の主体と名宛人の関係が市役所内の部長と課長の関係のように、行政機関相互の関係（行政の内部関係）といえる場合には、当該行為に外部性は認められない。逆に、市長と市民の関係のように、行政機関相互の関係ではないと

いえる場合には、当該行為には外部性が認められる。

　最後に、④法効果性は、上記判例でいう「権利義務を形成しまたはその範囲を確定する」の部分から導き出される要素で、当該行為によって権利義務の発生・変動・消滅があれば、法効果性が認められる。いわゆる事実行為は、権利義務の発生・変動・消滅を伴わないので、法効果性は認められない。

　なお、（イ）「その他公権力の行使に当たる行為」とは何かということも問題となるが、この問題に対する確立した見方は存在しない（ただし、精神病患者の強制入院措置のような継続的権力的事実行為と呼ばれる行為は、「その他公権力の行使に当たる行為」に該当することが一般に承認されている）。このような事情もあり、（広義の）処分か否かが問題となる事案において、（イ）「その他公権力の行使に当たる行為」に該当するか否かが特別に検討されることは裁判実務上、ほとんどない。

　以上のことを踏まえると、設問1では、まずもって本件不同意決定が上記の処分の四要素を有しているかということを検討すればよいということになる。

(5) 建築基準法という法律

　建築物が安全でないと、国民は安心して生活することができない。たとえば、不適切な設計が行われたために、家屋が倒壊し、居住者や、通行人の生命・身体が危険にさらされるということはありうる。そこで、立法者は、このような事態を回避するために、建築物の敷地、構造、設備及び用途に関する最低の基準を定めて、建築物の安全を確保し、もって国民の生命、健康及び財産の保護を図ろうとした（建築基準法1条）。こうして定められたのが建築基準法という法律である。

(6) 建築基準法における建築確認

　建築基準法は「建築確認」という行為について定めている。そこで、まずは建築確認の根拠条文を確認しておこう。

> 建築基準法6条1項：建築主は、……建築物を建築しようとする場合……においては、当該工事に着手する前に、その計画が建築基準関係規定……に適合するものであることについて、確認の申請書を提出して建築主事の

　これによれば、建築物を建築しようとする者は、思い立ったら直ちに建築物を建築できるわけではなく、建築基準関係規定に適合することについて建築主事と呼ばれる人の確認を受けてからでなければ、建築物を建築することができない。この確認が建築確認と呼ばれているものである。この建築確認は、(狭義の)「処分」に該当する。

　本問において A は建築確認を受けているわけであるから、本件条例による規制さえなければ、適法に本件施設を新築できたはずである。しかし、実際には本件条例による規制があるために、A は建築確認を受けているにもかかわらず、本件施設を新築できないでいる。そのため、A としては本件条例に着目して争いを展開していくことになる。

2. 設問 2 に関する基礎的事項

(1) はじめに

　設問 2 では、①提起すべき訴訟と②その被告が問われるとともに、③提起すべき訴訟の訴訟要件充足性が問われている。これらの問いに答えるためには、行政訴訟の類型と被告適格に関する基礎的な理解が必要になるし、また本問において提起することが考えられる抗告訴訟の訴訟要件(後述のとおり、本問では申請型義務付け訴訟の提起が考えられるので、申請型義務付け訴訟の訴訟要件)についても基礎的な理解が必要になる。そこで、以下、これらの諸点について順に解説する。

　なお、設問 2 で問題となっている「訴訟要件」とは、訴えが適法であるための要件のことをさす。訴訟要件を充足していないと、当該訴えは却下されることになり、原告の請求に理由があるか否かの審理(本案審理)は行われない。

(2) 抗告訴訟の種類

　行政事件訴訟には抗告訴訟、当事者訴訟、民衆訴訟、機関訴訟の四つの種類がある。このうち行政法の学修上、特に重要なのは抗告訴訟である。この抗告訴訟は、さらに「処分の取消訴訟」「裁決の取消訴訟」「処分の無効等確認訴

訟」「不作為の違法確認訴訟」「処分の義務付け訴訟」「処分の差止め訴訟」に
細分化される。

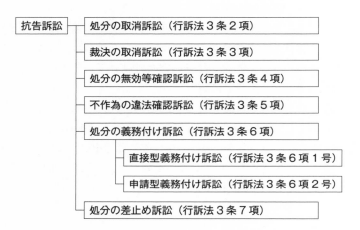

① **処分の取消訴訟**：処分の取消しを求めて提起する訴訟である。たとえば飲食
　店を営む者が３ヶ月間の営業停止処分を受けた場合に、当該処分の取消しを
　求めて争う訴訟は処分の取消訴訟である。
② **裁決の取消訴訟**：裁決の取消しを求めて提起する訴訟である。ここで裁決と
　は不服申立て（＝審査機関が司法機関ではなく、行政機関である争訟）に対する行政
　庁の回答のことをさす。たとえば生活保護の受給者が保護の廃止決定を受け
　た場合に、この決定を不服として行政庁に対して不服申立てを行ったところ、
　廃止決定が適法・妥当である旨の裁決が出されたときに、この裁決の取消し
　を求めて提起する訴訟は裁決の取消訴訟である。
③ **処分の無効等確認訴訟**：処分の無効等の確認を求めて提起する訴訟である。
　たとえば飲食店を営む者が３ヶ月間の営業停止処分を受けた場合に、当該処
　分の無効の確認を求めて提起する訴訟は処分の無効等確認訴訟である。
④ **不作為の違法確認訴訟**：申請に対して何ら処分をしないことが違法であるこ
　との確認を求める訴訟である。たとえば飲食店の営業許可を取得しようとし
　て申請をしたものの、いつまでたっても、行政庁から許可にするとも、不許
　可にするとも回答がない場合に、当該不作為が違法であることの確認を求め
　て申請者が提起する訴訟は不作為の違法確認訴訟である。

⑤処分の義務付け訴訟：処分の義務付けを求める訴訟である。これには2種類のものがある。

　（ア）**直接型義務付け訴訟**：一定の処分をすべきであるにかかわらずこれがされないときに、行政庁がその処分をすべき旨を命ずることを求める訴訟である。たとえば、汚染物質を垂れ流して違法操業をしている工場主に対して、知事が当該工場主に対して操業停止命令を発するよう命じることを求めて、周辺住民が提起する訴訟は、直接型義務付け訴訟である。

　（イ）**申請型義務付け訴訟**：法令に基づく申請がされた場合において、行政庁がその処分をすべきであるにかかわらずこれがされないときに行政庁がその処分をすべき旨を命ずることを求める訴訟である。たとえば、許可の申請に対して拒否処分が行われたときに、裁判所が行政庁に対し許可するよう命じることを求めて、申請者が提起する訴訟は申請型義務付け訴訟である。

⑥処分の差止め訴訟：行政庁が一定の処分をすべきでないにかかわらず、これがされようとしている場合において、行政庁がその処分をしてはならない旨を命ずることを求める訴訟である。たとえば、裁判所が行政庁に対し原子力発電所の設置許可をしてはならない旨を命ずることを求めて、原発予定地の周辺住民が提起する訴訟は処分の差止め訴訟である。

（3）抗告訴訟の被告適格

　以上の抗告訴訟には、それぞれ訴訟要件があるが、**被告適格**の訴訟要件はすべての抗告訴訟に共通する。ここで被告適格とは被告となるのに相応しい資格という意味である。被告適格が認められる者を被告として訴訟提起しなければ、当該訴えは不適法な訴えと判断され、却下される。それでは抗告訴訟の被告適格は誰が有するのか。

　まず抗告訴訟のうち取消訴訟については明文の定めがある。行訴法11条によると、原則として取消訴訟の被告は処分を行った行政庁（処分庁）が所属する**行政主体**である（行訴法11条1項）。たとえば、市長が処分を行っていれば、当該処分に不服を有する者は、処分庁たる市長が所属する行政主体、すなわち市を被告にして取消訴訟を提起することになる。ただし、例外的に処分庁が行

政主体に所属していないこともあるので、そのような場合には被告適格は行政主体ではなく、処分庁が有する（行訴法11条2項）。

　このような取消訴訟の被告適格に関する規定は、行訴法38条1項により他の抗告訴訟にも準用されることになっている。そのため、取消訴訟のみならず、他の抗告訴訟についても、被告適格は原則として行政主体が有し、例外的に処分庁が有するといえる。

○抗告訴訟の被告適格

> 原則：処分庁が所属する行政主体
> 例外：処分庁

（4）申請型義務付け訴訟の訴訟要件

　申請型義務付け訴訟の訴訟要件は複数あるが、行政事件訴訟法に明文で定められた訴訟要件としては、以下のものがある。

○申請型義務付け訴訟の訴訟要件

　①訴えの対象が処分であること（行訴法3条6項2号）
　②原告が申請をした者であること（行訴法37条の3第2項）
　③原則として処分庁が所属する行政主体を被告にしていること（行訴法11条1項、38条1項）
　④管轄権を有する裁判所に提訴していること（行訴法12条）
　⑤一定の抗告訴訟を併合提起していること（行訴法37条の3第3項）

（5）申請型義務付け訴訟における一定の抗告訴訟の併合提起

　以上の訴訟要件のうち、最後の併合提起に関する訴訟要件は極めて重要である。申請型義務付け訴訟は単独で提起しても適法な訴えとはいえず、必ず一定の抗告訴訟を併合提起しなければならない。それでは、どのような場合に、どのような抗告訴訟を併合提起すべきか。

　行政事件訴訟法は、申請者が申請型義務付け訴訟を利用する場合について、二つのケースを想定している。一つは申請者が許可等の処分を得ようとして申

請をしたものの、相手方である処分庁が何の回答もしない場合であり（不作為型の場合、行訴法 37 条の 3 第 1 項第 1 号）、もう一つは申請者が申請をしたものの、拒否処分がされた場合である（作為型の場合、行訴法 37 条の 3 第 1 項第 2 号）。前者の場合には不作為の違法確認訴訟を併合提起することになる（行訴法 37 条の 3 第 3 項 1 号）。後者の場合には、当該拒否処分の取消訴訟または無効等確認訴訟を併合提起することになる（行訴法 37 条の 3 第 3 項第 2 号）。取消訴訟を併合提起すべきか、あるいは無効等確認訴訟を併合提起すべきかは、取消訴訟の出訴期間内か否かによって決まる（行訴法 14 条参照）。すなわち出訴期間内にあれば、取消訴訟を併合提起することになるが、出訴期間を徒過していれば、無効等確認訴訟を併合提起することになる。このように、取消訴訟か、無効等確認訴訟かは出訴期間内か否かによって決まるのであって、原告が取消しを求めたいと考えているのか、それとも無効等の確認を求めたいと考えているのかによって決まるのではない。

○**申請型義務付け訴訟に併合提起する抗告訴訟**

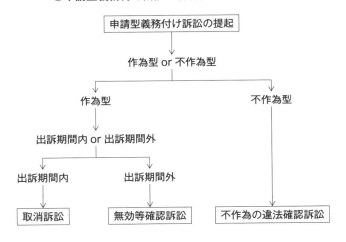

(6) 取消訴訟の訴訟要件

　上記の併合提起する訴訟は、いずれであっても、それ自体が適法な訴えでなければならず、併合提起する訴訟が訴訟要件を充足していなければ、申請型義務付け訴訟もまた不適法な訴えとして却下される。そのため、併合提起する可

能性のある抗告訴訟の訴訟要件について理解を得ておくことは必要不可欠である。ここでは、最も重要度が高い取消訴訟の訴訟要件について確認しておくことにしよう。改めて指摘するまでもなく、それらの訴訟要件のうち一つでも充足していなければ、当該取消訴訟は不適法な訴えとして却下されることになる。

○取消訴訟の訴訟要件

①訴えの対象が処分であること（行訴法３条２項）

②原告が法律上の利益を有する者であること（行訴法９条１項）

③取消訴訟で勝訴することで現実に利益の回復が行われること（行訴法９条１項）

④原則として処分庁が所属する行政主体を被告にしていること（行訴法11条１項）

⑤管轄権を有する裁判所に提訴していること（行訴法12条）

⑥訴えの提起が出訴期間内に行われていること（行訴法14条）

⑦法律の特別の定めがある場合、取消訴訟の提起の前に審査請求の裁決を経ていること（行訴法８条）

①**処分性**：取消訴訟の対象は処分性が認められる行為でなければならない。この点については、上述した。

②**原告適格**：取消訴訟は処分に不満があれば、誰が提起してもよいというわけではない。仮に誰が提起してもよいということになれば、濫訴の弊害が生じ、適切ではない。そこで、一定の者だけが適法に取消訴訟を提起できるということになるのだが、行訴法は、これを「**法律上の利益を有する者**」という形で規律している（行訴法９条１項）。それでは、法律上の利益を有する者とはどのような者か。この点、処分の名あて人が法律上の利益を有する者であるということについて異論はない（たとえば不利益処分の名あて人が当該不利益処分の取消訴訟の原告適格を有することについて異論はない）。問題となるのは、処分の名あて人以外の第三者が法律上の利益を有する者といえるか否かである（たとえば原発の設置許可を建設予定地の周辺住民が取消訴訟で争う場合に原告適格の有無が問題となる）。この場合、法律上の利益を有するか否かは「当該処分……の根拠となる法令の規定の文言のみによることなく、当該法令の趣旨及び目的並

びに当該処分において考慮されるべき利益の内容及び性質を考慮する」こと
によって判定する（行訴法9条2項）。なお、この行訴法9条2項は「処分
……の相手方以外の者について」と定めているところからも明らかなとおり、
処分の相手方以外の第三者の原告適格の有無を判定する際に用いる条文であ
り、処分の名あて人の原告適格を肯定する際に用いるべき条文ではない。

○取消訴訟の原告適格

（1）処分の名あて人
　→法律上の利益を有する者であることについて異論はない。この場合、
　　行訴法9条2項は用いない。
（2）処分の名あて人以外の第三者
　→法律上の利益を有する者であることについて疑義があるため、行訴法
　　9条2項により法律上の利益を有するか否か、個別に判定する。

③狭義の訴えの利益：仮に原告が取消訴訟で勝訴したとしても、それが原告の
　現実の救済に役立たないのであれば、裁判を提起する意味がない。たとえば
　飲食店経営者に対して10月1日から同月31日までの期間を内容とする営
　業停止処分がされた場合に、その経営者が11月1日に当該処分の取消訴訟
　を提起してみても、既に営業停止処分の効力は失われてしまっているから、
　通常、当該処分を取り消してみたところで原告の現実の救済には役立たない。
　このような場合には訴えの利益が消滅したとして、当該取消訴訟は却下され
　る。
④被告適格：取消訴訟の被告は原則として処分庁が所属する行政主体でなけれ
　ばならない。この点については、上述した。
⑤管轄裁判所：取消訴訟に関する裁判所の管轄権は行訴法12条によって定め
　られているが、行政法の学修上、当該規定の重要度は他の訴訟要件の規定と
　比較すると高くない。
⑥出訴期間：取消訴訟は原則として処分があったことを知った日から起算して
　6ヶ月以内に提起しなければならない（行訴法14条1項）。これを徒過した場
　合、処分の効力を否認するためには、取消訴訟ではなく、無効確認訴訟を提
　起するのが適切である。

⑦審査請求前置：処分について不服がある者は審査請求を提起しようが、取消訴訟を提起しようが原則として自由である（これを**自由選択主義**という）。しかし、例外的に、法律に特別の定めがある場合には、審査請求の裁決を経てからでなければ、取消訴訟を適法に提起できない。これを**審査請求前置主義**（あるいは**不服申立前置主義**）という。

Ⅱ. 応用編

1. 設問 1 について

（1）はじめに

設問 1 では本件不同意決定の処分性が問題となっている。そのため、基本的に判例の定義にしたがって当該行為の処分性を検討する必要がある。

ただし、設問 1 では、「A が乙町長の同意を得ないで工事を開始した場合に本件条例に基づいて受けるおそれがある措置」と「その法的性格」を踏まえて解答することが求められているので、まずは本件条例の仕組みを確認しておく。

なお、設問 1 でいうところの「法的性格」の意味合いは多様でありうるが、そこでは処分性のことが念頭に置かれているといってよい。なぜなら、本問では本件不同意決定の処分性が問題になっているところ、その判断を行う際に、後続する行為が処分性を有していれば、あえて先行する本件不同意決定に処分性を認める必要はないといった議論が成り立ちうるからである。したがって、設問 1 に対する解答を行う際には本件不同意決定の処分性について意識するのは勿論のこと、本件条例に基づいて受けるおそれがある措置の処分性についても意識する必要がある。

（2）本件条例の仕組み

本件条例によれば、モーテル類似旅館を新築しようとする者は町長に申請書を提出し、町長の同意を得なければならない（本件条例 3 条）。町長は建築主が同意を求めて申請を行ってきたら、審査会に諮問したうえで、同意する・しないについての決定をしなければならない（本件条例 4 条）。同意の基準は本件条例 5 条に定められている。仮に町長が同意するという結論に到達すれば、その

旨を通知し（本件条例6条）、建築主は適法に建築物を建築することができる。

　逆に、町長が同意しないという結論に到達した場合、その旨が通知されるものの（本件条例6条）、建築主は同意を得ることができなかったわけであるから、適法に建築物を建築することができない。それにもかかわらず、建築主がモーテル類似旅館を建築した場合には、建築主は本件条例7条1号の「同意を得ないでモーテル類似旅館の新築等をし、又は新築等をしようとする建築主」に該当するため、町長から新築等について中止の勧告または命令が出されうる（本件条例7条）。仮に町長から中止命令が出され、建築主がこれに従わない場合には、町長は弁明の機会を与えたうえで（本件条例8条2項）、その旨を公表することになっている（本件条例8条1項）。なお、罰則等の制裁はないため、本件条例に違反する行為が行われたとしても、そのことを理由に処罰されることはない。

○本件条例の仕組み

＊「申請」および「建築」の各行為は申請者側の行為

　以上によれば、本問において「Aが乙町長の同意を得ないで工事を開始した場合に本件条例に基づいて受けるおそれがある措置」としては、「勧告」、「命令」、「公表」がある（なお、「弁明の機会の付与」は、単に意見陳述の機会を設けるに止まり、それ自体によって直接不利益がもたらされる可能性はないので、ここでは除外した）。以下、これらの法的性格について検討するが、説明の便宜上、公表の法的性格から取り上げる。

（3）公表の法的性格

　公表は一般に事実行為である。したがって、公表されたからといって、それにより国民の権利義務が新たに発生・変動・消滅するものではない。そのため、通常、公表は処分ではない。

しかし、行政手続法上、事前に弁明の機会が付与された上で行われる行為は不利益処分とされており（行手法13条1項2号）、本件の公表も、事前手続として弁明の機会が付与されることになっている（本件条例8条2項）。そうすると、本件条例は公表を通常の不利益処分に準じた行為として捉えているということがいえるから、本件では公表の処分性を肯定することは不可能ではない。

(4) 勧告・命令の法的性格

通常の用語法によれば、本件条例7条に基づく勧告は事実行為であり、命令は処分である。

さしあたり、このような理解を前提にするとともに、仮に公表を上述したところにしたがって処分として捉えると、一連の行政過程において命令→公表と処分が連続することになり、これでは法の仕組みとして不自然であるから、命令を処分ではなく、事実行為として捉えるべきであるという見方も考えられないわけではない。しかし、仮に命令を事実行為として捉えると、勧告も事実行為であるため、本件条例が勧告と命令の二つを別々のカテゴリーで整理した意味が失われてしまう。むしろ条例制定権者は勧告と命令を異なる法的性格のものとして捉えたからこそ、両者を別々のカテゴリーで整理したと理解することができる。また、命令も、公表も処分であるとすると、一連の行政過程の中で処分が連続することになるが、そのような仕組みは必ずしもありえない仕組みではない。このように解すると、命令の処分性を肯定することは可能である。

さらに、公表が事実行為であって、処分でないという前提に立った場合は、行政過程全体からみて、命令の後に公表が続くことは何ら命令の処分性を肯定する際の障害にならない。

以上からすると、本件条例に基づく勧告は事実行為であり、命令は処分であると解することは十分可能である。

(5) 本件不同意決定の処分性の検討

本件条例に関する以上の理解を踏まえて、本件不同意決定が処分に当たるか否か、検討する。

まず、抗告訴訟の対象たる処分は取消訴訟の対象たる処分（行訴法3条2項）を含む。さらに取消訴訟の対象となる処分には行政庁の処分が含まれているが、

この行政庁の処分とは、公権力の主体たる国または公共団体が行う行為のうち、その行為によって、直接国民の権利義務を形成しまたはその範囲を確定することが法律上認められているものをいう。

このような理解を前提にすると、本件では本件不同意決定の法効果性が問題となる。なぜなら、本件条例の下では、モーテル類似旅館の新築は一般に禁止されていると解されるため、もともと当該建築物を建築する法的地位は認められず、本件不同意決定は単に A が本件施設を建築する法的地位にないことを確認したに過ぎないから、特段、本件不同意決定によって A の権利義務が新たに発生・変動・消滅したとみることができないともいえるからである。

しかし、本件条例が申請の仕組を設け、その申請について審査し、応答すべきことを町長に義務付けている以上（本件条例3条、4条）、申請者には申請権が認められる。行政機関による違法な拒否行為は、この申請権を侵害することになるので、法効果性を承認することが可能である。

また、本件不同意決定がされると、命令という処分を受ける可能性のある法的地位に新たに立たされることになる。仮に命令の処分性を認めなくても、公表の処分性が認められる場合には、同様のことがいえる。そうであるとすれば、この点に本件不同意決定の法効果性を認めることができないわけではない。

さらに、（不同意ではなく）同意を得られれば、本件施設を適法に建築することができる。このことは、A の地位が建築できない法的地位から建築できる法的地位へと変化することを意味する。そうすると、この点に権利義務の変動を認めることができ、同意の処分性を肯定することができる。そして、法の体系的解釈からして、同意が処分であれば、それと裏表の関係にある不同意も処分であるといえなくはない。

以上からすると、本件不同意決定は抗告訴訟の対象たる処分といえる。

2. 設問2について

（1）適切な訴訟形態の検討

設問2では、本件不同意決定が処分に当たるということが前提とされている。本件不同意決定が処分であれば、本件不同意決定の取消訴訟が考えられるところであるが、当該訴訟で勝訴して本件不同意決定の取消しが行われたとしても、

単に本件不同意決定という処分が取り消されるだけのことで、同意を得ることはできない。このように、訴訟を通じて同意を得ようとすると、本件不同意決定の取消訴訟では不十分であり、適切ではない。

ところで、本件不同意決定が処分であるとすると、法の体系的解釈からは、当該行為と裏表の関係にある同意も処分に該当するといえる。そうすると、本問では同意という処分を得るための訴訟を提起しなければならない。そのような訴訟として最も適切なのは義務付け訴訟（行訴法3条6項）である。

義務付け訴訟には直接型義務付け訴訟と申請型義務付け訴訟があるが、本件条例における同意は申請を前提にしているということがいえるので（本件条例3条）、Aが提起すべき訴訟は申請型義務付け訴訟（行訴法3条6項2号）である。

この申請型義務付け訴訟の場合は、一定の抗告訴訟を併合提起しなければならない（行訴法37条の3第3項）。本件の場合、Aの申請に対して町長からの不同意という拒否処分がされており、しかも、訴訟提起は本件不同意決定を知った日から6ヶ月を経過していない。これらの事情を勘案すると、申請型義務付け訴訟には本件不同意決定の取消訴訟を併合提起することが適切である（行訴法37条の3第3項第2号）。

以上から本件において提起すべき訴訟は、申請型義務付け訴訟およびそれに併合提起する本件不同意決定の取消訴訟ということになる。

なお、本問において（実質的）当事者訴訟（行訴法4条後段）は適切ではない。同意・不同意という処分が問題となっている以上、同意・不同意に関する訴訟は公権力の行使に関する不服の訴訟であるといえ、抗告訴訟の管轄に服すると考えられるからである。

(2) 被告適格の検討

申請型義務付け訴訟の場合、処分庁が所属する行政主体が被告適格を有する（行訴法11条1項、38条1項）。本件において処分庁は町長であり、町長は乙町に所属するから、Aは乙町を被告にして申請型義務付け訴訟を提起しなければならない。

また、取消訴訟の場合も同様に考えることができるので（行訴法11条1項）、Aは乙町を被告にして取消訴訟を併合提起しなければならない。

（3）申請型義務付け訴訟の訴訟要件の検討

　申請型義務付け訴訟の場合、行政事件訴訟法に定められた訴訟要件として、①処分性、②原告適格、③被告適格、④管轄裁判所、⑤併合提起に関する各要件がある。

　①処分性については、上述したように、本問では本件不同意決定が処分であることが前提にされているので、不同意と裏表の関係にある同意も、法の体系的解釈から処分であるといえる。

　②原告適格については、申請型義務付け訴訟の場合、申請をした者が原告適格を有する（行訴法37条の3第2項）。本件では、Aが同意を得るために申請を行っているので、Aは原告適格を有しているといえる。

　③被告適格については、上述のとおり、乙町が被告となる。

　④管轄裁判所については、問題文に関連する記載はなく、行訴法12条の定めにしたがって提訴することになる。

　⑤併合提起については、上述のとおり、本件では本件不同意決定の取消訴訟を併合提起すべきである。

（4）取消訴訟の訴訟要件の検討

　本件では、申請型義務付け訴訟に本件不同意決定の取消訴訟を併合提起することになるが、当該取消訴訟もまた訴訟要件を充足していなければならない。そこで、以下、取消訴訟の訴訟要件充足性について検討する。

　取消訴訟の場合、行政事件訴訟法に定められた訴訟要件として、①処分性、②原告適格、③狭義の訴えの利益、④被告適格、⑤管轄裁判所、⑥出訴期間、⑦審査請求前置に関する各要件がある。

　①処分性については、本件不同意決定が処分であることが前提とされているため、問題ない。

　②原告適格については、Aは処分の名あて人であるから、法律上の利益を有する者であることが明らかである（行訴法9条1項）。

　③狭義の訴えの利益については、本件不同意決定が取り消されることで、本件施設を新築しようとするAの現実的な救済が可能になるため、肯定できる。

　④被告適格については、上述のとおり、乙町が被告となる。

　⑤管轄裁判所については、問題文に関連する記載はなく、行訴法12条の定

めにしたがって提訴すればよい。

⑥出訴期間については、A は 2011 年 2 月 18 日に本件不同意決定があったことを知ったと考えられ、検討の時点が同年 7 月上旬であるとすれば、本件は処分があったことを知った日から 6 ヶ月以内の事案といえる（行訴法 14 条 1 項）。そのため、出訴期間に関する訴訟要件を満たす。

⑦審査請求前置については、これを定めた特別な法律は問題文の中で見当たらない（行訴法 8 条 1 項但書き）。したがって、審査請求をすることなく、取消訴訟を提起しても、問題ない（行訴法 8 条 1 項本文）。

以上から、申請型義務付け訴訟に併合提起する本件不同意決定の取消訴訟についても、訴訟要件を充足しているといえる。

3. 出題趣旨について

（1）出題趣旨

法務省から公表された平成 23 年度予備試験の行政法の出題趣旨は以下のとおりである（http://www.moj.go.jp/content/000081212.pdf）。

> 行政訴訟の基本的な知識、理解及びそれを事案に即して運用する基本的な能力を試すことを目的として、旅館の建設につき条例に基づく町長の不同意決定を受けた者が、訴訟を提起して争おうとする場合の行政事件訴訟法上の問題について問うものである。不同意決定の処分性を条例の仕組みに基づいて検討した上で、処分性が認められる場合に選択すべき訴訟類型及び処分性以外の訴訟要件について、事案に即して説明することが求められる。

（2）コメント

本問は、処分性、被告適格、訴訟形式の選択、申請型義務付け訴訟および取消訴訟の訴訟要件に関する理解を問うもので、上記の出題趣旨で指摘されているとおり、行政法に関する基本的な能力が試されているといってよい。

もっとも、細かなことを指摘すると、抗告訴訟の対象と取消訴訟の対象が同じかどうかということについて、必ずしも十分な議論の蓄積があるわけではな

いから、取消訴訟の対象に関する議論を、抗告訴訟の対象に関する議論に置き換えてよいのかということは、問題になりうる。ただし、限られた時間の中で解答しなければならないということを考慮すれば、抗告訴訟の対象と取消訴訟の対象の差異を意識した答案は求められていないといってよいであろう。むしろ、受験生には上記の諸論点に関する基本的な理解を示すことが求められており、答案の中で示された理解によって法科大学院修了レベルか否かの判定は可能であろうと思われる。

4. 参考答案例

第1　設問1
1　抗告訴訟の対象となる処分には「行政庁の処分その他公権力の行使に当たる行為」が含まれる（行訴法3条2項）。このうち「行政庁の処分」とは、公権力の主体たる国または公共団体が行う行為のうち、その行為によって直接国民の権利義務を形成しまたはその範囲を確定することが法律上認められているものである。そこで、本件不同意決定がこの意味での処分に該当するか、検討する。
2　本件条例の下では、モーテル類似旅館の新築は一般に禁止されていると解することができる（本件条例3条）。これを前提にすると、もともと当該建築物を建築する法的地位は認められない。したがって、本件不同意決定は単にAが本件施設を建築する法的地位にないことを確認するに過ぎない行為であって、特段、Aの権利義務に新たに影響を及ぼす行為とはいえないから、処分に該当しないともいえる。
3　しかし、不同意がされ、同意を得ないまま工事を行えば、勧告または命令を受ける可能性がある（本件条例7条）。通常の用語法からすれば、前者は事実行為であり、後者は処分である。また、当該命令に従わない場合には公表が行われることになっているところ（本件条例8条1項）、公表の事前手続として弁明の機会が付与されることになっているから、公表は不利益処分と同様の法的性格を有するといえ、処分といえる。この場合、一連の行政過程において命令、公表と処分が連続することになり、法の仕組みとして不自然であるといえなくはないが、あり得ない仕組みであるとまではいえない。そうすると、本件不同意決定によって、Aは後続の命令、さらには公表といっ

た処分を受ける可能性のある法的地位に新たに立たされることになる。この
点に、本件不同意決定の法効果性を認めることができる。

4 以上からすると、本件不同意決定は行政庁の処分に該当し、抗告訴訟の対
象たる処分といえる。

第2 設問2

1 本件不同意決定が処分であるとすると、法の体系的解釈からは、当該行為
と裏表の関係にある同意も処分に該当する。そうすると、本問では同意とい
う処分を得るための訴訟が問われていることになり、そのような訴訟として
最も適切と考えられるのは義務付け訴訟（行訴法3条6項）である。

　義務付け訴訟には直接型義務付け訴訟と申請型義務付け訴訟があるが、本
件条例における同意は申請を前提にしているということがいえるので（本件
条例3条）、Aが提起すべき訴訟は申請型義務付け訴訟（行訴法3条6項2
号）である。

　申請型義務付け訴訟の場合、一定の抗告訴訟を併合提起しなければならな
い（行訴法37条の3第3項）。本件では、Aの申請に対して町長からの不
同意という拒否処分がされており、しかも、Aは2011年2月18日に本件
不同意決定があったことを知ったと考えられ、検討の時点が同年7月上旬で
あるとすれば、本件は処分があったことを知った日から6ヶ月以内の事案で
あるといえる（行訴法14条1項参照）。そうすると、本件では申請型義務付
け訴訟に本件不同意決定の取消訴訟を併合提起するのが適切である（行訴法
37条の3第3項第2号）。

2 被告適格については、申請型義務付け訴訟の場合、処分庁が所属する行政
主体が被告適格を有する（行訴法11条1項、38条1項）。本件において処
分庁は町長であり、町長は乙町に所属するから、Aは乙町を被告にして申請
型義務付け訴訟を提起すべきである。

　また、取消訴訟の場合も同様に考えることができるので（行訴法11条1
項）、Aは乙町を被告にして取消訴訟を併合提起すべきである。

3 申請型義務付け訴訟の訴訟要件のうち、処分性、併合提起、被告適格の各
要件については上述のとおりである。原告適格については、申請型義務付け
訴訟の場合、申請をした者が原告適格を有することになっており（行訴法37
条の3第2項）、本件では、Aが同意を得るために申請を行っているので、A
は原告適格を有しているといえる。

4　申請型義務付け訴訟に併合提起する訴訟は、それ自体が訴訟要件を充足していなければならず、そうでない場合には申請型義務付け訴訟が不適法な訴えと判断される。そこで、併合提起する取消訴訟の訴訟要件も検討すると、処分性および被告適格の各要件については上述のとおりである。

　原告適格については、Aは処分の名あて人であるから、法律上の利益を有する者であり、原告適格が認められる（行訴法9条1項）。

　狭義の訴えの利益については、本件不同意決定が取り消されることで、本件施設を新築しようとするAの現実的な救済が可能になるため、肯定できる。

　出訴期間については、上述のとおり、本件はAが本件不同意決定を知った日から6ヶ月以内の事案といえるから（行訴法14条1項）、本件不同意決定の取消訴訟は出訴期間に関する訴訟要件を満たす。

　審査請求前置については、これを定めた特別な法律は問題文の中では見当たらない（行訴法8条1項ただし書き）。したがって、審査請求をすることなく、いきなり取消訴訟を提起しても、当該訴訟は適法な訴えといえる（行訴法8条1項本文）。

　以上から、申請型義務付け訴訟に併合提起する取消訴訟の訴訟要件は充足されているといえる。

以上

Ⅲ. 展開編

1. はじめに

　本問では不同意決定が違法であることが前提にされているので、違法主張については、特に問題にならない。しかし、本件によく似た事案である飯盛町旅館建築規制条例事件を想起すると、法律と条例の抵触関係に着目した違法主張（憲法94条、地自法14条1項参照）について問う問題もありえたと思われる。ただし、そのような問題を作ろうとすると、問題の中身は大きく変わることになろう。本問の場合、条例が有効であることを前提にして、条例上の同意を得るための法的手段が問われている。これに対し、Aが、法律と条例の抵触関係から条例が違法であることを主張できるようにしようとすれば、違法な条例に基づく同意の取得を目指すということは考えられないから、同意を得るための法

的手段を問うのは適切ではない。したがって、仮に本件で法律と条例の抵触関係に着目して条例が違法であることを主張できるようにする問題を作成するならば、同意を得るための法的手段ではなく、本件施設を建築できるようにするための法的手段あるいは不同意の効力の否認を求める法的手段を問うことになろう。たとえば、不同意決定の取消訴訟を提起し、本案上の主張として、不同意の根拠となった条例が法律に抵触し、違法・無効であり、そのような条例に基づいて行われた不同意決定も違法であるといった主張が考えられる。

どのような問い方にせよ、本件条例に着目すると、法律と条例の抵触関係という観点から違法主張をすることが考えられなくはないし、法律と条例の関係について基本的な理解を得ておくことは司法試験との関係でも有意義であろうから、以下、発展的な問題として本件条例と法律の抵触関係に関する問題を取り上げてみたい。まずは飯盛町旅館建築規制条例事件の概要および裁判所の判断について確認する。

2. 飯盛町旅館建築規制条例事件

(1) 事案の概要

Xは飯盛町において旅館を建築することを企図した。飯盛町では「飯盛町旅館建築の規制に関する条例」(以下「飯盛町旅館建築規制条例」という) があったため、Xは町長の同意を得ようと、申請を行ったが、町長は不同意決定を行った。そこで、Xは不同意決定の取消しを求めて出訴した。実際の飯盛町旅館建築規制条例および当該条例との抵触関係が問題とされた当時の旅館業法の関係規定は以下のようなものであった。

○飯盛町旅館建築の規制に関する条例 (昭和53年飯盛町条例第19号)
(目的)
第1条　この条例は、飯盛町地域内における旅館業を目的とした建築の規制を行うことにより、住民の善良な風俗を保持し、健全なる環境の向上を図り、もって公共の福祉を増進することを目的とする。
(同意)
第2条　旅館業 (……) を目的とする建築物を建築しようとするもの (以下「建築主」という。) は、当該建築及び営業に関する所轄官庁に認可の申請

を行う以前（許認可を必要としない行為については、行為の着手前）に町長の
同意を得なければならない。

（同意の基準）

第３条　町長は、建築主から前条に規定する同意を求められたときは、そ
の一が次の各号の一に該当する場合は同意しないものとする。ただし、
善良な風俗をそこなうことなく、かつ、生活環境保全上支障がないと認
められる場合は、この限りでない。

（１）　住宅地

（２）　官公署、病院及びこれに類する建物の付近

（３）　教育、文化施設の附近

（４）　児童福祉施設の附近

（５）　公園、緑地の附近

（６）　その他町長が不適当と認めた場所

（旅館建築審査会）

第４条　町長は、建築主から第２条に規定する同意を求められたときは、
旅館建築審査会（以下「審査会」）に諮り、決定するものとする。

第５条　審査会は、委員５人以内で組織し、委員は町長が委嘱又は任命す
る。

２　町長が特に必要と認めるときは、臨時委員若干人をおくことができる。

（委任）

第６条　この条例の施行について必要な事項は、町長が別に定める。

○旅館業法（抜粋）

第１条　この法律は、旅館業に対して、公衆衛生の見地から必要な取締を
行うとともに、あわせて旅館業によって善良の風俗が害されることがな
いようにこれに必要な規制を加え、もってその経営を公共の福祉に適合
させることを目的とする。

第３条　旅館業を経営しようとする者は、政令の定める手数料を納めて、
都道府県知事（略）の許可を受けなければならない。……。

２　略

３　第１項の許可の申請に係る施設の設置場所が、次の各号に掲げる施設
の敷地（……）の周囲おおむね100メートルの区域内にある場合におい
て、その設置によつて当該施設の清純な施設環境が著しく害されるおそ
れがあると認めるときも、前項と同様とする。

一　学校教育法（……）第１条に規定する学校（……）

二　児童福祉法（……）第７条に規定する児童福祉施設（……）

三　社会教育法（……）第2条に規定する社会教育に関する施設その他
　　の施設で、前二号に掲げる施設に類するものとして都道府県の条例で
　　定めるもの
　4～6　略

（2）裁判所の判断

　　第一審の長崎地裁は、飯盛町旅館建築規制条例と旅館業法の抵触関係につい
て次のように述べたうえで、飯盛町旅館建築規制条例2条および3条は旅館
業法の規定に違反し、無効であって、その無効の条例を根拠にして行われた不
同意処分は違法であり、取消しを免れないと判示した。

○長崎地判昭和55年9月19日行集31巻9号1920頁

　　……旅館業法は……自ら規制場所につき定めを置いていること、しかも
　規制場所については、同法が定める敷地の周囲おおむね100メートルの区
　域内と限定しており、これは無制限に規制場所を広げることは職業選択の
　自由を保障した憲法22条との関係で問題があることを考慮したものであ
　ると思われること、旅館業法が条例で定めることができるとしているのは、
　都道府県の条例をもって学校ないし児童福祉施設に類する施設を規制場所
　に加えること（同法3条3項3号）及び旅館業を営む者の営業施設の構造設
　備につき基準を定めること……の二点であると限定していることにかん
　がみると、旅館業法は、同法と同一目的の下に、市町村が条例をもって同法
　が定めているより高次の営業規制を行うことを許さない趣旨であると解さ
　れる。

　　第二審の福岡高裁も、長崎地裁と同様に飯盛町旅館建築規制条例が違法であ
るとして、不同意決定を取り消したが、理由づけは長崎地裁のそれとはまった
く異なる。以下、該当箇所を引用する。

○福岡高判昭和58年3月7日行集34巻3号394頁

　　……地方公共団体が当該地方の行政需要に応じてその善良な風俗を保持
　し、あるいは地域的生活環境を保護しようとすることは、本来的な地方自

治事務に属すると考えられるので、このような地域特性に対する配慮を重視すれば、旅館業法が旅館業を規制するうえで公衆衛生の見地及び善良の風俗の保持のため定めている規定は、全国一律に施されるべき最高限度の規制を定めたもので、各地方公共団体が条例により旅館業より強度の規制をすることを排斥する趣旨までを含んでいると直ちに解することは困難である。もっとも、旅館業法が旅館業に対する規制を前記の程度に止めたのは、職業選択の自由、職業活動の自由を保障した憲法22条の規定を考慮したものと解されるから、条例により旅館業法よりも強度の規制を行うには、それに相応する合理性、すなわち、これを行う必要性が存在し、かつ、規制手段が右必要性に比例した相当なものであることがいずれも肯定されなければならず、もし、これが肯定されない場合には、当該条例の規制は、比例の原則に反し、旅館業法の趣旨に背馳するものとして違法、無効になるというべきである。

　そこで、更にすすんで前記本件条例の規制内容を検討すると、およそ飯盛町において旅館業を目的とする建築物を建築しようとする者は、あらかじめ町長の同意を得るように要求している点、町長が同意しない場所として、旅館業法が定めた以外の場所を規定している点、同法が定めている場所についてもおおむね100メートルの区域内という基準を附近という言葉に置き替えている点において、本件条例は、いわゆるモーテル類似旅館であれ、その他の旅館であれ、その設置場所が善良な風俗を害し、生活環境保全上支障があると町長が判断すれば、町におかれる旅館建築審査会の諮問を経るとはいえ、その裁量如何により、町内全域に旅館業を目的とする建築物を建築することが不可能となる結果を招来するのであって、その規制の対象が旅館営業であることは明らかであり、またその内容は、旅館業法に比し極めて強度のものを含んでいるということができる。そして、……本件全証拠によっても、旅館業を目的とする建築物の建築について、このような極めて強度の規制を行うべき必要性や、旅館営業についてこのような規制手段をとることについての相当性を裏づけるべき資料を見出すことはできない。……本件条例は、いわゆるモーテル類似旅館営業の規制を目的とするというのであるが、規制の対象となるモーテル類似旅館営業とは、どのような構造等を有する旅館の営業であるかも明確でなく、本件条例の各条文につき合理的な制限解釈をすることもできないし（条例三条中

の「附近」を旅館業法３条３項のおおむね100メートル程度と解する余地があ
るにせよ、本件旅館の建築予定地が最寄りの中学校から直線距離で約700メート
ル、保育園からは同じく約600メートル離れていることは当事者間に争いがない
のである。)、また、一般に旅館業を目的とする建築物の建築につき町長の同
意を要件とすることは、職業の自由に対する強力な制限であるから、これ
と比較してよりゆるやかな制限である職業活動の内容及び態様に対する規
制によっては、前記の規制の目的を十分に達成することができない場合で
なければならないが、そのようなよりゆるやかな規制手段についても、そ
の有無、適否が検討された形跡は窺えない。

　以上の検討の結果によれば、控訴人〔町長〕が本件不同意処分をするに
あたって、その根拠とした本件条例３条の各号は、その規制が比例原則に
反し、旅館業法の趣旨に背馳するものとして同法に違反するといわざるを
得ない。

　以上から明らかなとおり、飯盛町旅館建築規制条例と旅館業法の抵触関係に
関する長崎地裁と福岡高裁の理解の仕方は正反対なものになっている。前者に
よれば、旅館業法は、同法と同一目的の下に、市町村が条例をもって同法が定
めているより高次の営業規制を行うことを許さない趣旨であると解されている
のに対し、後者によれば、高次の営業規制を行うことも可能であると解されて
いる。そして、福岡高裁は、そのうえで、条例の比例原則違反を認定し、条例
の違法性を指摘しているのである。

3. 違法の主張

(1) 想定される問題の形式と主張の構成

　仮に本件条例（乙町モーテル類似旅館規制条例）を使って法律と条例の関係に関
する論点について受験生に解答させる問題にしようとすれば、少なくとも旅館
業法の関係条文が参照条文として問題の中で示されるはずである。そのような
前提が整っていれば、本件不同意決定の取消訴訟における本案上の主張として、
本件条例が違法であり、無効であるから、その無効な条例に基づいて行われた
本件不同意決定も違法であり、取り消されるべきである、といった主張が可能

になろう。

（2）法律と条例の関係に関する基本的な検討の枠組み

　このような主張を展開するためには、法律と条例の抵触関係を検討するための基本的な枠組みをおさえなければならない。

　この点、まずは条例が法令の範囲内で定められなければならない旨、規定した憲法 94 条および地自法 14 条 1 項をおさえる必要があろう。そのうえで、条例が法令に抵触するか否かの判断枠組みとして、裁判実務上、定着している、以下の徳島公安条例事件最高裁判決の定式を踏まえる必要がある。

○最大判昭和 50 年 9 月 10 日刑集 29 巻 8 号 489 頁

　……条例が国の法令に違反するかどうかは、両者の対象事項と規定文言を対比するのみでなく、それぞれの趣旨、目的、内容及び効果を比較し、両者の間に矛盾牴触があるかどうかによってこれを決しなければならない。例えば、ある事項について国の法令中にこれを規律する明文の規定がない場合でも、当該法令全体からみて、右規定の欠如が特に当該事項についていかなる規制をも施すことなく放置すべきものとする趣旨であると解されるときは、これについて規律を設ける条例の規定は国の法令に違反することとなりうるし、逆に、特定事項についてこれを規律する国の法令と条例とが併存する場合でも、後者が前者とは別の目的に基づく規律を意図するものであり、その適用によって前者の規定の意図する目的と効果をなんら阻害することがないときや、両者が同一の目的に出たものであっても、国の法令が必ずしもその規定によって全国的に一律に同一内容の規制を施す趣旨ではなく、それぞれの普通地方公共団体において、その地方の実情に応じて、別段の規制を施すことを容認する趣旨であると解されるときは、国の法令と条例との間にはなんらの矛盾牴触はなく、条例が国の法令に違反する問題は生じえないのである。

（3）本件条例の違法性その 1

　本件条例の違法性を主張しようとする場合、以上の基本的な検討の枠組をおさえたうえで、さらに、前述の長崎地裁判決を参考にして、次のように主張す

ることが考えられる（以下、飯盛町旅館建築規制条例事件当時の旅館業法の規定が現在も
なお妥当しているものとする）。すなわち、①旅館業法は自ら規制場所につき定め
を置いていること、②しかも規制場所については、同法が定める敷地の周囲お
おむね 100 メートルの区域内と限定しており、これは職業選択の自由を保障
した憲法 22 条に配慮した結果であると思われること、また、③旅館業法が条
例で定めることができるとしているのは、（与えられた上記条文を前提にすると）都
道府県の条例をもって学校ないし児童福祉施設に類する施設を規制場所に加え
ること（旅館業法 3 条 3 項 3 号）に限定されていること、これらにかんがみると、
旅館業法は、同法と同一目的の下に、市町村が条例をもって同法が定めている
より高次の営業規制を行うことを許さない趣旨であると解される。そうすると、
本件条例 3 条および 5 条は旅館業法の規定に違反し、無効であるといえる。

（4）本件条例の違法性その 2

　他方で、前述の福岡高裁判決のように、本件条例と旅館業法は抵触しないと
いう前提にたって比例原則との関係で次のように違法主張をすることも考えら
れよう。すなわち、本件条例において、①乙町でモーテル類似旅館を建築し
ようとする者は、あらかじめ町長の同意を得なければならないと定めている点
（本件条例 3 条）、②町長が同意しない場所として、旅館業法が定めた場所以外の
場所を規定している点（本件条例 5 条、旅館業法 3 条 3 項）、③同法が定めている場
所についてもおおむね 100 メートルの区域内という基準を付近という言葉に
置き替えている点（本件条例 5 条、旅館業法 3 条 3 項）からすると、町長は、町に
おかれる審査会の諮問を経るとはいえ、その裁量如何により、町内全域でモー
テル類似旅館業を目的とする建築物を建築できないようにすることができるの
であって、その規制の内容は、旅館業法に比し極めて強度のものを含んでいる
ということができる。このような規制方法は比例原則に抵触するものであるか
ら、本件条例 3 条および 5 条は違法であり、無効であるといえる。

下水道排水設備指定工事店の指定取消処分の違法性

◀ **問題** ▶

　Ａは，甲県乙市に本店を置く建設会社であり，乙市下水道条例（以下「本件条例」という。）及び乙市下水道排水設備指定工事店に関する規則（以下「本件規則」という。）に基づき，乙市長Ｂから指定工事店として指定を受けていた。Ａの従業員であるＣは，2010 年 5 月に，自宅の下水道について，浄化槽を用いていたのをやめて，乙市の公共下水道に接続することにした。Ｃは，自力で工事を行う技術を身に付けていたため，休日である同年 8 月 29 日に，乙市に知らせることなく，自宅からの本管を付近の公共下水道に接続する工事（以下「本件工事」という。）を施工した。なお，Ｃは，Ａにおいて専ら工事の施工に従事しており，Ａの役員ではなかった。

　2011 年 5 月になって，本件工事が施工されたことが，乙市の知るところとなり，同年 6 月 29 日，乙市の職員がＡに電話して，本件工事について経緯を説明するよう求めた。同日，Ａの代表者が，Ｃを伴って乙市役所を訪れ，本件工事はＣが会社を通さずに行ったものであるなどと説明したが，同年 7 月 1 日，Ｂは，本件規則第 11 条に基づき，Ａに対する指定工事店としての指定を取り消す旨の処分（以下「本件処分」という。）をした。本件処分の通知書には，その理由として，「Ａが，本市市長の確認を受けずに，下水道接続工事を行ったため。」と記載されていた。なお，Ａは，本件処分に先立って，上記の事情説明以外には，意見陳述や資料提出の機会を与えられなかった。

　Ａは，本件処分以前には，本件条例及び本件規則に基づく処分を受けたことはなかったため，本件処分に驚き，弁護士Ｊに相談の上，Ｊに本件処分の取消訴訟の提起を依頼することにした。Ａから依頼を受けたＪの立場に立って，以下の設問に解答しなさい。

　なお，乙市は，1996 年に乙市行政手続条例を施行しており，本件処分に関する手続について，同条例は行政手続法と同じ内容の規定を設けている。また，本件条例及び本件規則の抜粋を資料として掲げてあるので，適宜参照しなさい。

〔設　問〕

　Ａが本件処分の取消訴訟において主張すべき本件処分の違法事由につき，本件条例及び本件規則の規定内容を踏まえて，具体的に説明しなさい。なお，訴訟要件については検討しなくてよい。

【資料】

○　乙市下水道条例（抜粋）

（排水設備の計画の確認）

第９条　排水設備の新設等を行おうとする者は，その計画が排水設備の設置及び構造に関する法令及びこの条例の規定に適合するものであることについて，あらかじめ市長の確認を受けなければならない。確認を受けた事項を変更しようとするときも，同様とする。

（排水設備の工事の実施）

第11条　排水設備の新設等の設計及び工事は，市長が排水設備の工事に関し技能を有する者として指定した者（以下「指定工事店」という。）でなければ行うことができない。ただし，市において工事を実施するときは，この限りでない。

２　指定工事店について必要な事項は，規則で定める。

（罰則）

第40条　市長は，次の各号の一に該当する者に対し，５万円以下の過料を科することができる。

　(1)　第９条の規定による確認を受けないで排水設備の新設等を行った者

　(2)　第11条第１項の規定に違反して排水設備の新設等の工事を実施した者

　(3)～(8)　（略）

○　乙市下水道排水設備指定工事店に関する規則（抜粋）

（趣旨）

第１条　この規則は，乙市下水道条例（以下「条例」という。）第11条第２項の規定により，乙市下水道排水設備指定工事店に関して必要な事項を定めるものとする。

（指定工事店の指定）

第３条　条例第11条に規定する排水設備工事を施工することができる者は，

次の各号に掲げる要件に適合している工事業者とし，市長はこれを指定工事店として指定するものとする。（以下略）

2　（略）

（指定工事店の責務及び遵守事項）

第7条　指定工事店は，下水道に関する法令（条例及び規則を含む。）その他市長が定めるところに従い，誠実に排水設備工事を施工しなければならない。

2　指定工事店は，次の各号に掲げる事項を遵守しなければならない。

　(1)～(5)　（略）

　(6)　工事は，条例第9条に規定する排水設備工事の計画に係る市長の確認を受けたものでなければ着手してはならない。

　(7)～(12)　（略）

（指定の取消し又は停止）

第11条　市長は，指定工事店が条例又はこの規則の規定に違反したときは，その指定を取り消し，又は6月を超えない範囲内において指定の効力を停止することができる。

Ⅰ．基礎編

▶**基礎的事項のチェック**

1．規則とは何か。

2．処分の取消訴訟とは、どのような訴訟か。

3．処分の取消訴訟の本案勝訴要件は何か。

4．処分に裁量が認められるか否かは、どのように判断するのか。

5．裁量処分の取消訴訟の本案勝訴要件は何か。

6．裁量権の逸脱濫用は、どのような場合に認められるか。

7．処分については、どのような場合に行政手続法が適用され、どのような場合に行政手続条例が適用されるのか。

8．不利益処分の手続として、行政手続法上、どのような手続があるか。

9．不利益処分をする際に理由の提示が必要となるが、その趣旨は何か。また、理由の提示には、どの程度の具体性が求められるのか。

10．手続違法は取消事由になるか。

1. 規 則

(1) はじめに

本件処分の根拠となっているのは本件規則 11 条である。通常、処分の根拠となるのは法律または条例であるから、この「規則」なるものに違和感を覚える者は少なくないであろう。そこで、まずは本問において登場する「規則」とは何か、また講学上の行政規則とはどのような関係にあるのか、説明しておく。規則に関わる基礎的理解が誤っていると、たとえば「本件規則はいわゆる行政規則であり、本件規則を根拠にして処分をすることはできないから、本件処分は違法である」といった不適切な解答をする危険がある。そのため、答案を作成する上でも、規則に関わる上記の基本的事項をおさえておくことは重要である。

(2) 規則とは

規則には、国の機関が定める規則（人事院規則等）と地方公共団体の機関が定める規則がある。このうち後者の規則は、主に地方公共団体の**執行機関**（具体的には、首長や、教育委員会、選挙管理委員会など）によって定められる。たとえば、地方自治法 15 条 1 項は「普通地方公共団体の長は、法令に違反しない限りにおいて、その権限に属する事務に関し、規則を制定することができる。」と定め、首長の規則制定権について定めている。

地方公共団体の機関が定める法としては、このような規則のほかに条例もあり、両者をあわせて地方公共団体の自主法と呼ぶことがある。

(3) 講学上の行政規則との関係

地方公共団体の自主法としての規則は、講学上の行政規則の単なる略称ではない。ここで、行政規則とは行政機関が定める規範のうち、**法規**（＝国民の権利義務に関する規範）を内容として含まないものをいい、法規を内容として含む**法規命令**とは区別される。両者の基本的な差異をまとめると、以下のとおりとなる。

○法規命令と行政規則の差異

種類	法規性	国民への法的拘束力	裁判規範性	法律の根拠
法規命令	○	○	○	必要
行政規則	×	×	×	不要

　上記のように、講学上の行政規則は法規を内容として含まず、裁判規範（裁判所が判断をする際に拠りどころとする規範）にもなり得ないが、本件規則は本件条例11条2項の委任を受けて定められ（本件規則1条）、その内容は指定工事店の権利義務に関わる内容を有しており、法規としての性格を有するといってよい。また、このように解しないと、本件規則に基づいて行われた指定取消しという行為を処分として捉えることができない（処分であるためには、法律またはこれに準じる法規範に根拠がなければならないため）。したがって、本件規則は講学上の行政規則ではない。

　このような理解を前提にすれば、本件規則が法規としての性格を有する以上、裁判規範としても機能するわけだから、違法主張に際して本件規則に注目した違法主張は展開されてよい。

2. 処分の取消訴訟

（1）取消訴訟の意義

　本問では処分の取消訴訟を提起することが前提とされている。この取消訴訟は行訴法3条2項で定められている訴訟である。

　処分は、たとえ違法であっても、無効の場合を除き、正式な機関が取り消すまでは一応、有効なものとして効力を有すると解されているため（これを公定力と呼ぶ）、処分の名あて人は自分で処分が違法であると考えたとしても、これを放置すれば、有効な処分が行われたことを前提にして、その後の手続が進んでいってしまう。そこで、処分に不服を有する者は取消訴訟を提起するなどして処分の効力を否認する努力をしなければならない。仮に処分の名あて人が取消訴訟を提起し、請求が認められれば、当該処分は取り消され、最初から無かったことになる。このように、処分の効力を否認するための訴訟が取消訴訟である。

本件においてＡは指定取消しの処分を受けている。行政庁が自ら瑕疵を認めて当該処分を職権で取り消さないのであれば、Ａがいくら当該処分の違法性を信じていたとしても、正式の争訟手続を経て、正式な機関が処分を取り消さない限り、当該処分は有効なものとして通用する。この場合、Ａは指定工事店として適法に工事の施工をすることができない。そこで、Ａは適法に工事の施工ができるようにするため、指定取消しの取消しを求めて訴訟を提起しようとしていると考えられる。

(2) 取消訴訟の本案勝訴要件

他の訴訟と同様に、取消訴訟の場合も、**訴訟要件**と**本案勝訴要件**がある。取消訴訟で勝訴するためには、それらの要件をクリアーしなければならない。

取消訴訟の訴訟要件については、**処分性、原告適格、狭義の訴えの利益**等がある（各訴訟要件の概要については平成23年度の基礎編の解説を参照）。

他方、取消訴訟の本案勝訴要件は明文の規定はないが、**法治主義**の観点から違法な処分は取り消されるべきであるといえるから（違法な処分が取り消されないとすれば、法治主義の実現は望めないから）、取消訴訟の本案勝訴要件は「**処分が違法であること**」である。もっとも、**裁量処分**（処分の中でも、法令が一義的明白に定めていないために行政機関に判断の余地が認められる処分）については、行訴法30条で「行政庁の裁量処分については、裁量権の範囲をこえ又はその濫用があった場合に限り、裁判所は、その処分を取り消すことができる。」と定められているから、**裁量権の逸脱濫用**が認められれば、当該処分は違法と判断され、取り消される。そのため、裁量処分が取消訴訟の対象になる場合は、裁量権の逸脱濫用を指摘することが処分の違法性を指摘することになる。

本件の場合、指定取消し（本件処分）が裁量処分であれば、違法事由の指摘として裁量権の逸脱濫用と評価される事由を指摘しなければならない。逆に、裁量処分でなければ、すなわち**覊束処分**（処分の中でも、法令が一義的明白に定めているために行政機関に判断の余地が認められない処分）であれば、単に処分が違法である旨、指摘すればよい。

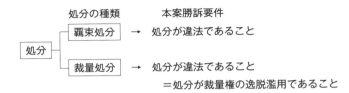

○処分の種類と本案勝訴要件

3. 裁量の有無とその統制

(1) 裁量の有無

　このように、裁量処分か否かによって、取消訴訟における違法主張の仕方は異なる。したがって、まずは当該処分に裁量が認められるか否かを判断できるようにならなければならない。それでは、裁量が認められるか否かはどのようにして判定するのか。この点、裁量の有無を判定する手法は大きく二つある。第一は形式的観点から判定する手法であり、第二は実質的観点から判定する手法である。

　第一の形式的観点からの判定手法は法律の文言に着目して裁量の有無を判定するというやり方である。たとえば法律要件に「公益上支障がある」といった要件がある場合など、法律要件の中に**不確定概念**が用いられている場合や、いわゆる「**できる規定**」（末尾が「～することができる」で終わっている条文）になっている場合は、裁量が認められやすい。もっとも、処分の根拠規定が「できる規定」になっているからといって常に裁量が認められるわけではないし、不確定概念が用いられていても、法の解釈を通じて当該概念の意味内容を法的に確定できるのであれば、行政機関の裁量は認められないということになる（解釈によって明らかにされた法を通じて行政機関は法的に覊束されているとみることができるため）。

　そこで、第二の実質的観点から判定する手法が重要な意味をもってくる。この手法は当該処分の内容に着目し、その内容が専門技術的判断を伴う場合および政治的・政策的判断を伴う場合に、行政機関の裁量を認めるというものである。このような考え方の背景には、専門技術的判断や、政治的・政策的判断を最も適切に行うことができるのは三つの国家機関（立法機関、司法機関、行政機関）の中では行政機関であり、そうであれば、その判断を他の国家機関との関係で

も、できるだけ尊重していこうとする見方がある。逆にいうと、他の国家機関との関係で行政機関の判断を尊重したほうがよいと考えられる事項が判断内容に含まれている場合には、行政機関に裁量が認められるともいえる。

○裁量の有無を判定する手法

(1) 形式的手法：法律の文言に着目する手法
①不確定概念が用いられているか否かによって判定する。
②できる規定になっているか否かによって判定する。
(2) 実質的手法：処分の内容に着目する手法
①専門技術的判断を伴うか否かによって判定する。
②政治的・政策的判断を伴うか否かによって判定する。

(2) 裁量の種類

行政機関に認められる裁量には、さまざまなものがあるが、その中でも**要件裁量**と**効果裁量**は重要である。

要件裁量とは処分要件に事実をあてはめる際に、行政機関に認められる判断の余地のことをさす。

他方、**効果裁量**とは要件充足性が認められてもなお、処分をするのかしないのか、また、処分をするとして、いかなる処分をするのかということについて行政機関に認められる判断の余地のことをさす。効果裁量の中でも、処分をする・しないに関する裁量を**行為裁量**、いかなる処分をするのかに関する裁量を**選択裁量**と呼ぶことがある。

(3) 裁量の統制

裁量の有無を検討した結果、当該処分が裁量処分であるということが判明したら、取消訴訟の原告は、裁量権の逸脱濫用があるということを指摘して、処分の違法性を主張しなければならない（行訴法30条）。それでは、どのような場合に裁量権の逸脱濫用が認められるであろうか。代表的なケースは以下のとおりである。

①比例原則違反：目的と手段の間に合理的な比例関係が認められず、**比例原則**に違反する形で裁量権が行使された場合は裁量権の逸脱濫用となる。

②平等原則違反：差別的な取扱いをし、**平等原則**に違反する形で裁量権が行使

された場合には裁量権の逸脱濫用となる。

③目的拘束の法理違反：法令の趣旨・目的に違反するような形で裁量権が行使された場合には裁量権の逸脱濫用となる。

④基本的人権への侵害：基本的人権を侵害するような形で裁量権が行使された場合には裁量権の逸脱濫用となる。

⑤重大な事実誤認：重大な事実誤認に基づいて裁量権が行使された場合には裁量権の逸脱濫用となる。

○裁量権の逸脱濫用の類型

①比例原則違反
②平等原則違反
③目的拘束の法理違反
④基本的人権の侵害
⑤重大な事実誤認

　以上のような類型に該当する事案の場合、裁判所は、「全く事実の基礎を欠くか、社会通念（あるいは社会観念）に照らし著しく妥当性を欠く」と指摘したうえで、裁量権の逸脱濫用であって、違法であるから、当該処分は取り消されるべきであるとしてきた。このような裁判所による裁量統制の手法は、その言い回しから**社会観念審査**と呼ばれてきた。これを踏まえると、裁量処分の違法主張については、答案の中で、たとえば比例原則違反や平等原則違反などを指摘したのちに、「社会通念に照らし著しく妥当性を欠き、裁量権の逸脱濫用であって、違法である」といった記述をすると、裁判実務に倣った表現になる。

　なお、近年、最高裁判所は**判断過程審査**あるいは**考慮事項審査**と呼ばれる新たな審査方式に基づいて行政裁量の統制を行っている。これらは、後述のⅢ. 展開編において取り上げる。

4. 行政手続法と行政手続条例の関係

（1）はじめに

　本問では本件処分の違法事由を指摘することが求められているが、行政活動

の違法事由を指摘しようとする場合には、実体法の観点からのみならず、手続法の観点からも、検討を行う必要がある。

　行政活動を手続面から規律している法令はいろいろあるが、中でも**行政手続法**は重要である。ところが、これとよく似たものに各地方公共団体の**行政手続条例**があるため、いかなる場合に、どちらの手続ルールが適用されるのか、問題になる。この点に関する正確な理解がないと、個別事案において手続違法の有無を検討する際に適用法規を誤る可能性がある。そこで、手続違法の主張を適切に行うことができるようにするために、その前提として、両者の適用関係について解説しておく。

（2）行政手続法と行政手続条例の適用関係

　行政手続法と行政手続条例の適用関係を明確にしようとすれば、まずもって行政手続法3条3項に注目しなければならない。同条項は地方自治に配慮し、地方公共団体の機関が行う一定の行為については、国の法律である行政手続法が適用されない旨、定めている。しかし、同条項括弧書によれば、行政手続法が適用除外となるのは、処分の根拠が条例または規則にある場合に限定されている。したがって、地方公共団体の機関が条例または規則に基づいて処分を行う場合には行政手続法は適用除外となるが、地方公共団体の機関による処分であっても、法律に基づく処分の場合には、行政手続法は適用除外にならない（つまり、行政手続法が適用される）。このように、地方公共団体の機関が行う処分に行政手続法が適用されるか否かを判断する際には、処分の根拠法規が何かということに着目する必要がある。

　地方公共団体の機関による処分の根拠法規が条例または規則の場合、当該処分に行政手続法は適用されない。この場合は、通常、当該地方公共団体の行政手続条例が適用されることになっている。

○地方公共団体の機関が行う処分と行政手続法の適用の可否

地方公共団体の機関による処分の根拠法規	行手法の適用
条例または規則　――――――――――→	×
法律　　　　　　――――――――――→	○

5. 行政手続法における不利益処分の手続

(1) 行政手続法における不利益処分の手続概観

　行政手続法および行政手続条例にはさまざまな規律があるが、本問における指定取消処分（本件処分）は不利益処分に該当するので、不利益処分に関する行政手続法上の規律を確認すると、①あらかじめ処分基準（不利益処分をするかどうか又はどのような不利益処分とするかについて法令の定めに従って判断するために必要とされる基準をいう。行手法2条8号ロ）を設定し、公にしておくよう努力すること（行手法12条1項）、②原則として不利益処分をしようとしている相手方（被処分者）に意見陳述の機会を与えること（行手法13条1項）、③不利益処分をする際には理由の提示をすることが定められている（行手法14条1項）。通常、行政手続条例においても、これと同じ内容の規律がされている。

○不利益処分の手続

①処分基準の設定・公表
②意見陳述の機会の付与
③理由の提示

　本問では以上のうち意見陳述の機会の付与および理由の提示が問題になりうるので、この両者に関する基礎的事項を以下で確認する。

(2) 意見陳述の機会

　行政庁は、不利益処分をしようとする相手方に対して、不利益処分の根拠規定や、不利益処分の原因となる事実等を示した上で、事前に相手方の意見を聴かなければならない。行政庁は、この意見陳述の機会を経て、本当に不利益処分をするのが適切なのか、不利益処分をするとしてどのような不利益処分をするのが適切なのかということを判断する。これによって、不利益処分の適正さが手続的観点から担保されることになる。

　このような意見陳述の機会は、緊急性があって相手方の意見を聞いている余裕がないといった例外的な事情がない限り（行手法13条2項）、原則として設けなければならない。また、意見陳述の方法には「聴聞」と「弁明の機会の付与」がある。前者は比較的重い手続であり、許可の取消しなど、相手方の不利益の

程度が比較的重い場合にとられる（行手法13条1項1号）。他方、後者は比較的軽い手続であり、相手方の不利益の程度が比較的軽い場合にとられる（行手法13条1項2号）。

○意見陳述の機会

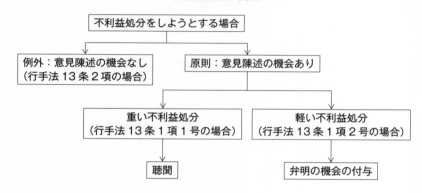

（3）理由の提示

　行政庁が不利益処分をする場合には、原則として理由の提示をしなければならない。その趣旨は、①行政庁の慎重かつ合理的な判断を担保し、恣意的な判断を抑制すること（恣意抑制機能または慎重配慮確保機能）、および、②処分の名宛人による不服申立てに便宜を与えること（不服申立便宜機能）にある。

　問題となるのは、提示される理由の具体性の程度である。この点、判例によれば、どの程度具体的な理由を提示すべきかは、「当該処分の根拠法令の規定内容、当該処分に係る処分基準の存否及び内容並びに公表の有無、当該処分の性質及び内容、当該処分の原因となる事実関係の内容等を総合考慮してこれを決定すべきである」（最判平成23年6月7日民集65巻4号2081頁〔一級建築士免許取消処分等取消請求事件〕）とされているが、少なくとも、いかなる事実関係についていかなる法規を適用して当該処分を行ったかを、被処分者においてその記載自体から了知しうるものでなければならないと解されることが多いであろう（最判昭和60年1月22日民集39巻1号1頁〔旅券発給拒否処分理由付記事件〕）。

6. 手続違法の取扱い～手続違法は取消事由か

(1) 問題の所在

処分の取消訴訟において手続違法を理由に取消判決が出された場合、行政庁は手続をやり直すことになるが、当初の処分が実体法上、適法であれば、再度、同じ内容の処分が行われる可能性がある。実際に同じ内容の処分が行われると、訴訟経済の見地から、手続違法を理由に取消判決を出す意味は一体どこにあったのかという批判も起こりうる。そこで、果たして手続違法が取消事由になるのか、問題となる。

(2) 基本的な考え方

手続違法が取消事由になるかという問題について、主に以下の二つの考え方がある。

第一は、手続違法はそれだけで直ちに取消事由になるという考え方である（絶対的取消事由説）。

第二は、手続違法はそれだけで直ちに取消事由になるのではなく、結果（＝処分）に影響を及ぼしたと考えられる場合にのみ、取消事由になるという考え方である（相対的取消事由説）。

もっとも、手続違法といってもさまざまなタイプが考えられるので、個別の事案において個別の手続違法ごとに取消事由になるか否かを検討すべきである。したがって、一律に上記①の考え方が妥当であるとか、上記②の考え方が妥当であるといった議論は適切ではない。

なお、以下の手続違法の類型は直ちに取消事由になる（＝絶対的取消事由になる）とする共通の理解があるように見受けられる。

○絶対的取消事由になる手続違法

申請に対する処分	①拒否処分の理由がまったく提示されていなかった。
	②拒否処分の理由が提示されたものの、具体的ではなかった。
不利益処分	①意見陳述のための手続（聴聞または弁明の機会の付与）がまったくとられていなかった。
	②不利益処分の理由がまったく提示されていなかった。
	③不利益処分の理由が提示されたものの、具体的ではなかった。

これらの場合は、当該手続違法が適正手続の観点から重大な手続違反に当たる旨、指摘することで、当該手続違法が取消事由になることを主張できよう。

Ⅱ. 応用編

1. はじめに

本問では法的手段や訴訟要件は問題とされておらず、取消訴訟における処分の違法事由のみが問題とされている。処分の違法事由を検討する際には、実体法と手続法の両面から検討する必要があるので、以下では、それぞれの面から違法事由を検討する。

なお、取消訴訟の場合、その対象が裁量処分か、覊束処分かによって違法主張の構成は異なる。すなわち裁量処分の場合は、裁量権の逸脱濫用があることを指摘しなければならないが（行訴法30条）、覊束処分の場合は、そのような指摘は不要である。このように、本件処分が裁量処分か否かによって違法主張の構成が異なるので、まずは本件処分が裁量処分か否か、検討する。

2. 本件処分における裁量の有無

（1）裁量の箇所

裁量の有無を検討するにしても、裁量が認められる箇所は複数考えられるので、以下では考えうる裁量の箇所ごとに検討する。具体的には、要件裁量の有無および効果裁量の有無について検討を行う。

（2）要件裁量

本件処分の要件は本件規則11条に定められている。これによると、「条例または規則に違反したときは」指定の取消しまたは指定の効力の停止が行われる。条例または規則の内容はさまざまであるが、たとえば本件規則7条は指定工事店が法令等に従い誠実に工事を施工しなければならない旨、定めている。この条文に着目すると、どのような施工をすれば、法令等に従い誠実に工事を施工したことになるのか、判断する必要があるが、そのためには工事の施工に関す

る専門技術的な知識を必要とする。したがって、本件規則11条の要件充足性の判断には専門技術的な判断が伴うので、要件裁量が認められるといえよう。

（3）効果裁量

　本件処分の根拠規定である本件規則11条は指定の取消しか、指定の効力の停止かを選択できるようになっている。また、同条はいわゆる「できる規定」でもある。

　これらに加えて、本件規則11条に基づいて処分をするか否か、するとしていかなる処分をするかについては、本件条例違反および本件規則違反と認められる行為の性質、態様等のほか、指定工事店の当該行為の前後における態度、処分歴、選択する処分が他の指定工事店及び地域社会に与える影響等、広範な事情を総合して判断されるべきものであるから、それらの事情に通暁し、指定工事店の指定権限および監督権限を有する市長に裁量が認められるものと解される。とりわけ、乙市では、原則として指定工事店でなければ、排水設備の新設等の設計および工事を行うことができないことになっているため（本件条例11条1項）、仮に本件規則11条の要件を充足することで同条所定の不利益処分が行われなければならないとすれば、乙市において工事の施工者を十分確保できず、これによって排水設備の設置が停滞し、ひいては公衆衛生上の問題が引き起こされかねない。そのため、乙市の良好な公衆衛生環境を確保するという見地から政策的な配慮を必要とするので、たとえ本件規則11条の要件が充足されたとしても、市長には処分をする・しない、するとしてどのような処分をするかについて判断の余地（すなわち裁量）が認められる。

　このように形式的観点および実質的観点の両面から本件処分には効果裁量が認められるといえる。

（4）まとめ

　以上から本件処分には要件裁量も、また効果裁量も認められるため、裁量権の行使に関連して本件処分の違法を主張する場合には、裁量権の逸脱濫用があったということを指摘する必要がある。

3. 実体法の観点から

（1）実体法の観点から考えうる違法事由

　本件において実体法の観点から考えうる違法事由として、①条例で定められた処分要件を充足していないにもかかわらず、処分を行ったということ、および、②比例原則に違反しているということを指摘できる。以下、順に解説する。

（2）処分要件の不充足

　乙市では、市長の確認を受けることなく、下水道接続工事をすることができない（本件条例9条）。仮にこれに違反すれば、5万円以下の過料が科せられる（本件条例40条1号）。本件においてCはあらかじめ市長の確認を受けることなく、本件工事を行ったわけであるから、Cの行為は本件条例に違反する。

　もっとも、本件処分の根拠規定である本件規則11条は、指定工事店が違反行為を行ったことをもって、指定工事店に対する不利益処分を行う要件としている。そのため、Cが違反行為を行ったことをもって、本件規則11条の要件が充足されたといえるか、問題になる。この点、Cによる本件工事はCの自宅で行われたものであること、またCはAの役員ではないこと、さらにCは会社を通さずに本件工事を行っていることから、Cによる違法な本件工事をAの工事としてみることはできない。したがって、本件規則11条の要件は充足されていない。それにもかかわらず、市長は本件処分を行っているので、本件処分は処分要件を充足しない違法な行為である。

　なお、以上の違法は法律要件に係る違法ではあるが、要件裁量に係る違法ではない。本件規則11条の要件充足性を判断するにあたり、従業員Cの違法行為をもって指定工事店Aの違法行為とみることができるかの判断には専門技術的判断あるいは政治的・政策的判断は伴わない。そのため、上記の違法事由を裁量権の逸脱濫用として指摘するのは適切ではない。

（3）比例原則違反

　本件処分には効果裁量が認められるが、その裁量権の行使は社会通念に照らし著しく妥当性を欠く場合には、裁量権の逸脱濫用であって違法である。

　これを本件についてみると、市長はAに処分歴がないにもかかわらず、い

きなり指定の取消しという最も不利益の程度が重い処分を行った。そうすると本件処分は目的と手段の間に合理的な比例関係が認められず、比例原則に違反するといえる。このような処分は社会通念に照らし著しく妥当性を欠く処分であり、裁量権の逸脱濫用であって違法である。

4. 手続法の観点から

（1）手続法の観点から考えうる違法事由

　本件処分は地方公共団体の機関による規則に基づく処分であるために、行政手続法は適用されず（行手法3条3項）、乙市行政手続条例が適用される（問題文では行政手続法と乙市行政手続条例が同じ内容であるという前提になっているので、以下、条例の条文については、行政手続法の条文に対応させる）。そして、本件処分は乙市行政手続条例における不利益処分に該当するから、本件処分には同条例の不利益処分に関する手続規律が及ぶ。そうすると、本件では意見陳述や資料提出の機会が与えられていなかったので、乙市行政手続条例13条1項との抵触関係が問題になるし、また通知書記載の理由については乙市行政手続条例14条との抵触関係が問題になる。以下、順に検討する。

（2）意見陳述の機会

　乙市行政手続条例13条1項1号によると、許可の取消しがされる場合には、原則として聴聞を実施しなければならない。本件において乙市行政手続条例13条2項が規定する例外的な事情は見当たらないため、聴聞が実施されなければならないところ、本件では一度、Aの代表者が事情説明を行っただけで、正式の聴聞は行われていない。そのため、本件処分は乙市行政手続条例13条1項1号に違反し、違法である。

（3）理由の提示

　乙市行政手続条例14条1項によれば、行政庁は不利益処分をする際に理由を提示しなければならない。この条文の趣旨は、名宛人に直接に義務を課しまたはその権利を制限するという不利益処分の性質に鑑み、行政庁の判断の慎重と合理性を担保してその恣意を抑制するとともに、処分の理由を名宛人に知ら

せて不服申立てに便宜を与えるという点にあるものと解される。そして、同項に基づいてどの程度の理由を提示すべきかは、上記の趣旨に照らし、当該処分の根拠法令の規定内容、当該処分に係る処分基準の存否及び内容並びに公表の有無、当該処分の性質及び内容、当該処分の原因となる事実関係の内容等を総合考慮して決定すべきである（最判平成 23 年 6 月 7 日民集 65 巻 4 号 2081 頁〔一級建築士免許取消処分等取消請求事件〕）。

　これを本件についてみるに、本件規則 11 条は、「市長は、指定工事店が条例又はこの規則の規定に違反したときは、その指定を取り消し、又は 6 月を超えない範囲内において指定の効力を停止することができる。」と定めており、理由の提示の上記趣旨に鑑みれば、本件処分の通知書に記載すべき理由としては、いかなる事実関係に基づき、いかなる法規を適用して本件規則 11 条に基づく処分がなされたかを指定工事店においてその記載自体から了知しうるものでなければならないというべきである。ところが、本件では通知書に「A が、本市市長の確認を受けずに、下水道接続工事を行ったため。」と記載されているのみで、いかなる事実関係に基づいて処分がされたのか十分明らかでないうえに、適用法規については一切提示することがないために、結局、いかなる事実関係に基づき、いかなる法規を適用して本件処分がなされたかを指定工事店においてその記載自体から了知することはできない。

　そうすると、本件において乙市行政手続条例 14 条 1 項が要求する理由の提示があったとはいえず、本件処分は同条項に違反する違法な処分といえる。

（4）本件における手続違法が取消事由になるか

　以上のとおり、本件では乙市行政手続条例 13 条 1 項 1 号および同条例 14 条 1 項違反を指摘することができるが、このような手続違法は取消事由といえるか、問題となる。なぜなら、手続違法を理由に取り消したとしても、再度、同じ内容の処分が出るのであれば、取消訴訟を通じて処分を取り消す意味がないともいえるからである。

　しかし、聴聞の実施および理由の提示は適正手続の要請から導かれる重要な手続であるから、聴聞をすべきであったのにしなかったこと、および、具体的な理由の提示を怠ったことは重大な手続違反といえる。そうであれば、これらの手続違法は取消事由になると考えられる。

（5）裁量権の逸脱濫用との関係

　裁量には複数の種類があるが、その中に手続の裁量がある。処分をする前に、いかなる手続をとるか、処分権者に判断の余地が認められている場合に、これを手続の裁量と呼ぶ。そのため、本問でも手続の裁量が認められるのであれば、手続法の見地から裁量権の逸脱濫用を指摘する余地がある。

　しかし、聴聞の実施および理由の提示について、行政機関に裁量は認められない。聴聞の実施および具体的な理由の提示は、行政手続法および行政手続条例によって覊束されている。したがって、上記の乙市行政手続条例13条1項1号違反および同条例14条1項違反の行為をもってして、裁量権の逸脱濫用と評価することはできない。本問では、単に上記条例違反を指摘して、手続違法があることを指摘すれば十分である。

5. 出題趣旨について

（1）出題趣旨

　法務省から公表された平成24年度予備試験の行政法の出題趣旨は以下のとおりである（http://www.moj.go.jp/content/000104034. pdf）。

> 　本問は、行政処分の違法事由についての基本的な知識、理解及びそれを事案に即して運用する基本的な能力を試すことを目的にして、排水設備工事に係る指定工事店としての指定を取り消す旨の処分を受けた建設会社Aが当該処分の取消訴訟を提起した場合に主張すべき違法事由について問うものである。処分の根拠となった条例及び規則の仕組みを正確に把握した上で、処分要件規定や比例原則に照らした実体的違法事由及び聴聞や理由提示の手続に係る違法事由について検討し、事案に即して当該処分の違法性に関する受験者の見解を述べることが求められる。

（2）コメント

　本問では本件処分を取消訴訟で争うことが前提にされており、訴訟形式の選択は問題にされていない。また、訴訟要件についても問題にしないことが設問文の中で明らかにされている。本問では、本案上の主張のみが問われているの

であって、しかも、それは取消訴訟における本案上の主張であることから、素直に処分の違法性について解答すればよい。

検討項目として扱われているのは行政裁量および行政手続という行政法上の重要事項に係る項目であること、また、実体法と手続法の両面からバランスよく検討することが求められていること、さらに個別行政法規の仕組みを読み取ることが求められていることなどからして、本問では行政法に関する基本的な能力が試されているといってよい。

6. 参考答案例

第1 実体違法

1 乙市では、市長の確認を受けることなく、下水道接続工事をすることができない（本件条例9条）。仮にこれに違反すれば、5万円以下の過料が科せられる（本件条例40条1号）。本件においてCはあらかじめ市長の確認を受けることなく、本件工事を行ったわけであるから、Cの行為は本件条例に違反する。

しかし、本件処分の根拠規定である本件規則11条は、指定工事店が違反行為を行ったことをもって、指定工事店に対する不利益処分を行う要件としている。そのため、Cが違反行為を行ったことをもって、本件規則11条の要件が充足されたといえるか、問題になる。この点、Cによる本件工事はCの自宅で行われたものであること、またCはAの役員ではないこと、さらにCは会社を通さずに本件工事を行っていることから、Cによる違法な本件工事をAの工事としてみることはできない。したがって、本件規則11条の要件は充足されていない。それにもかかわらず、市長は本件処分を行っているので、本件処分は違法である。

2 さらに、本件処分は比例原則に違反し、裁量権の逸脱濫用であって、違法であるとも指摘できる。すなわち、本件処分は本件規則11条に基づいて行われているが、同条は指定の取消しか、指定の効力の停止かを選択できるようになっているうえ、いわゆる「できる規定」でもある。同条に基づいて処分をするか否か、するとしていかなる処分をするかについては、本件条例違反および本件規則違反と認められる行為の性質、態様等のほか、指定工事店の当該行為の前後における態度、処分歴、選択する処分が他の指定工事店及

び地域社会に与える影響等、広範な事情を総合して判断されるべきものであるから、それらの事情に通暁し、指定工事店の指定権限および監督権限を有する市長に裁量が認められるものと解される。これを前提にすると、本件処分は裁量処分であるといえるから、本件処分の違法を指摘するためには、裁量権の逸脱濫用があったということを指摘する必要がある（行訴法30条）。

　本件の場合、市長はAに処分歴がないにもかかわらず、いきなり指定の取消しという最も不利益の程度が重い処分を行った。そうすると本件処分は目的と手段の間に合理的な比例関係が認められず、比例原則に違反するといえる。このような処分は社会通念に照らし著しく妥当性を欠く処分であり、裁量権の逸脱濫用があったといえるから、本件処分は違法である。

第2　手続違法

1　本件処分は地方公共団体の機関による規則に基づく処分であるため、行政手続法は適用されず（行手法3条3項）、乙市行政手続条例（以下「行手条例」という。）が適用される（問題文では行政手続法と行手条例が同じ内容であるという前提になっているので、以下、条例の条文については、行政手続法の条文に対応させる。）。Aは、この行手条例との関係で、以下のとおり、手続違法を指摘できる。

2　行手条例13条1項1号によると、許可の取消しがされる場合には、原則として聴聞を実施しなければならない。本件において行手条例13条2項が規定する例外的な事情は見当たらないため、聴聞が実施されなければならないところ、本件では一度、Aの代表者が事情説明を行っただけで、正式の聴聞は行われていないから、本件処分は行手条例13条1項1号に違反し、違法である。

3　行手条例14条1項によれば、行政庁は不利益処分をする際に理由の提示をしなければならない。その趣旨は、名宛人に直接に義務を課しまたはその権利を制限するという不利益処分の性質に鑑み、行政庁の判断の慎重と合理性を担保してその恣意を抑制するとともに、処分の理由を名宛人に知らせて不服申立てに便宜を与えるという点にあるものと解される。そして、同項に基づいてどの程度の理由を提示すべきかは、上記の趣旨に照らし、当該処分の根拠法令の規定内容、当該処分に係る処分基準の存否及び内容並びに公表の有無、当該処分の性質及び内容、当該処分の原因となる事実関係の内容等を総合考慮して決定すべきである。

これを本件についてみるに、本件規則11条が「市長は、指定工事店が条例又はこの規則の規定に違反したときは、その指定を取り消し、又は6月を超えない範囲内において指定の効力を停止することができる。」と定めていること、および、上記立法趣旨に鑑みれば、本件処分の通知書に記載すべき理由としては、いかなる事実関係に基づき、いかなる法規を適用して本件規則11条に基づく処分がなされたかを指定工事店においてその記載自体から了知しうるものでなければならないというべきである。ところが、本件では通知書に「Ａが、本市市長の確認を受けずに、下水道接続工事を行ったため」と記載されているのみで、いかなる事実関係に基づいて処分がされたのか十分明らかでないうえに、適用法規は一切提示されていないために、結局、いかなる事実関係に基づき、いかなる法規を適用して本件処分がなされたかを指定工事店において通知書の記載自体から了知することはできない。

　そのため、本件処分は行手条例14条1項に違反する違法な処分といえる。

4　それでは、以上の手続違法は取消事由といえるか。手続違法を理由に取り消したとしても、再度、同じ内容の処分が出るのであれば、取消訴訟を通じて処分を取り消す意味がないともいえるため、問題となる。

　この点、聴聞の実施および理由の提示は適正手続の要請から導かれる重要な手続であるから、聴聞をすべきであったのにしなかったこと、および、具体的な理由の提示を怠ったことは重大な手続違反といえる。そうであれば、これらの手続違法は取消事由になると考えられる。

以上

Ⅲ. 展開編

1. 考慮事項審査の可能性

　本問では、問題文の中で、わざわざ「Ａは、本件処分以前には、本件条例及び本件規則に基づく処分を受けたことはなかった」とされており、この点に気がつけば、直ちに比例原則違反という視点が得られよう。そして、比例原則違反は裁量権の逸脱濫用の代表的な例であるから、比例原則違反を指摘したうえで、それが社会通念上著しく妥当性を欠き、裁量権の逸脱濫用であって違法である旨、解答すれば、それで答案としては十分であろう。

もっとも、近年、最高裁は考慮事項に着目した審査方式を定着させてきているから、受験生としては、この判例の動向を踏まえた答案構成が気になるところであろう。そこで、この考慮事項審査の方式を使って答案構成をするとしたら、どうなるかということを、以下、検討してみたい。まずは、判断過程審査としての考慮事項審査について基本的事項を確認しておこう。

2. 判断過程審査としての考慮事項審査の意義

　従来、最高裁はいわゆる社会観念審査の方式に依拠して裁量統制を行ってきた。この従来型の社会観念審査は著しく妥当性を欠く場合にのみ、裁量権の逸脱濫用を認めるので、社会通念に照らして妥当性の欠如が著しいといえるか否かが重要になるが、社会通念に照らして妥当性の欠如が著しいか、そうでないかは、裁判所はそれほど深く立ち入って審査しなくても、判断できる。なぜなら著しく妥当性が欠如している場合というのは、妥当性の欠如が顕著にあらわれている場合であるから、裁判所は、それほど深く事案に立ち入って審査しなくても、直ちにそのことが認識できてしまうからである。その結果、この従来型の社会観念審査の方式によると、裁判所による審査密度は低くなる。

　しかし、このような審査方式では裁量行為に対する十分な司法統制が確保できないという批判が強く、より審査密度の高い審査方式を求める声が高まってきていた。そして、最高裁は、これに応えるかのように、近年、より審査密度の高い審査方式、すなわち判断過程審査の方式をとるようになった。

　この判断過程審査の特徴は、従来、裁判所による審査が十分に及んでいなかった、処分に至るまでの判断過程を審査する点にある。このような判断過程審査の方式の中でも、近年、特に注目されているのは考慮事項審査ともいうべき方式である。この方式は考慮事項に着目した審査方式であって、以下のとおり、異なる二つのタイプがある。

他事考慮・考慮遺脱審査 （形式的考慮要素審査）	考慮に入れてはならない事項を考慮に入れたか否か、また、考慮に入れるべき事項を考慮に入れたか否かを審査する方式
過大考慮・過小考慮審査 （実質的考慮要素審査）	過大（または過小）に考慮してはならない事項を過大（または過小）に考慮したか否か、また、重視（または軽視）すべき事項を重視（または軽視）したか否かを審査する方式

3. 考慮事項審査における比例原則等の役割

　以上のような考慮事項審査の方式は伝統的な社会観念審査の方式とは審査密度の点で異なるため、社会観念審査の下で語られてきたものは考慮事項審査の下では一切排除されるかのようにも思える。たとえば、裁量権の行使に関し比例原則違反や、平等原則違反を認めることができる事案は、社会観念審査の下では、社会通念に照らし著しく妥当性を欠き、裁量権の逸脱濫用であって、違法と評価されるが、同じ事案を考慮事項審査の方式で審査する場合には、比例原則違反や平等原則違反といった視点はもはや使えないかのようにも思える。しかし、比例原則や、平等原則から一定の考慮事項を導き出すことは可能である。したがって、比例原則や、平等原則といった視点は、伝統的な社会観念審査の方式の場合のみならず、考慮事項審査の方式をとる場合にも有意義である。

4. 不十分な情報収集と不十分な考慮

　以上を踏まえると、比例原則からは、目的と手段の間の合理的な比例関係の確保という事項を導き出すことができるから、本件において行政庁は裁量権の行使にあたり、当該事項を考慮すべきであったといえる。

　ところが、本件では意見陳述の機会や資料提出の機会が確保されておらず、目的と手段の合理的な比例関係を確保するために必要な情報をそもそも得ることができていなかった。そうであれば、比例原則から導き出される考慮事項を適切に考慮するための前提となる情報を入手することができていなかったということになり、このことから、考慮すべき事項を十分に考慮できていなかったという評価をすることができる。

このように、本件においても、比例原則に着目しつつ、考慮事項審査の方式を採用して、答案をまとめあげることは不可能ではない。

マンションの設計変更を求める法的手段

◀ **問題** ▶

　A 市は，景観法（以下「法」という。）に基づく事務を処理する地方公共団体（景観行政団体）であり，市の全域について景観計画（以下「本件計画」という。）を定めている。本件計画には，A 市の臨海部の建築物に係る形態意匠の制限として「水域に面した外壁の幅は，原則として 50 メートル以内とし，外壁による圧迫感の軽減を図る。」と定められている。事業者 B は，A 市の臨海部に，水域に面した外壁の幅が 70 メートルのマンション（以下「本件マンション」という。）を建築する計画を立て，2013 年 7 月 10 日に，A 市長に対し法第 16 条第 1 項による届出を行った。本件マンションの建築は，法第 17 条第 1 項にいう特定届出対象行為にも該当する。しかし，本件マンションの建築予定地の隣に建っているマンションに居住する C は，本件マンションの建築は本件計画に違反し良好な景観を破壊するものと考えた。C は，本件マンションの建築を本件計画に適合させるためには，水域に面した外壁の幅が 50 メートル以内になるように本件マンションの設計を変更させることが不可欠であると考え，法及び行政事件訴訟法による法的手段を採ることができないか，弁護士 D に相談した。C から同月 14 日の時点で相談を受けた D の立場に立って，以下の設問に解答しなさい。

　なお，法の抜粋を資料として掲げるので，適宜参照しなさい。

〔設問 1〕

　C が，本件計画に適合するように本件マンションの設計を変更させるという目的を実現するには，法及び行政事件訴訟法によりどのような法的手段を採ることが必要か。法的手段を具体的に示すとともに，当該法的手段を採ることが必要な理由を，これらの法律の定めを踏まえて説明しなさい。

〔設問 2〕

　〔設問 1〕の法的手段について，法及び行政事件訴訟法を適用する上で問題となる論点のうち訴訟要件の論点に絞って検討しなさい。

【資料】景観法（平成16年法律第110号）（抜粋）

（目的）

第1条　この法律は，我が国の都市，農山漁村等における良好な景観の形成を促進するため，景観計画の策定その他の施策を総合的に講ずることにより，美しく風格のある国土の形成，潤いのある豊かな生活環境の創造及び個性的で活力ある地域社会の実現を図り，もって国民生活の向上並びに国民経済及び地域社会の健全な発展に寄与することを目的とする。

（基本理念）

第2条　良好な景観は，美しく風格のある国土の形成と潤いのある豊かな生活環境の創造に不可欠なものであることにかんがみ，国民共通の資産として，現在及び将来の国民がその恵沢を享受できるよう，その整備及び保全が図られなければならない。

2～5　（略）

（住民の責務）

第6条　住民は，基本理念にのっとり，良好な景観の形成に関する理解を深め，良好な景観の形成に積極的な役割を果たすよう努めるとともに，国又は地方公共団体が実施する良好な景観の形成に関する施策に協力しなければならない。

（景観計画）

第8条　景観行政団体は，都市，農山漁村その他市街地又は集落を形成している地域及びこれと一体となって景観を形成している地域における次の各号のいずれかに該当する土地（中略）の区域について，良好な景観の形成に関する計画（以下「景観計画」という。）を定めることができる。

　　一～五　（略）

2～11　（略）

（届出及び勧告等）

第16条　景観計画区域内において　次に掲げる行為をしようとする者は，あらかじめ（中略）行為の種類，場所，設計又は施行方法，着手予定日その他国土交通省令で定める事項を景観行政団体の長に届け出なければならない。

　　一　建築物の新築（以下略）

　　二～四　（略）

2～7　（略）

第 17 条　景観行政団体の長は，良好な景観の形成のために必要があると認め
　　るときは，特定届出対象行為（前条第 1 項第 1 号又は第 2 号の届出を要する行
　　為のうち，当該景観行政団体の条例で定めるものをいう。（中略））について，景
　　観計画に定められた建築物又は工作物の形態意匠の制限に適合しないものを
　　しようとする者又はした者に対し，当該制限に適合させるため必要な限度に
　　おいて，当該行為に関し設計の変更その他の必要な措置をとることを命ずる
　　ことができる。（以下略）
2　前項の処分は，前条第 1 項又は第 2 項の届出をした者に対しては，当該届
　　出があった日から 30 日以内に限り，することができる。
3〜9　（略）

Ⅰ. 基礎編

▶基礎的事項のチェック

1. 行政事件訴訟法が定める訴訟として、どのようなものがあるか。
2. 行政事件訴訟法が定める仮の救済手段として、どのようなものがあるか。
3. 直接型義務付け訴訟と申請型義務付け訴訟は、どのようにして使い分けるのか。
4. 義務付け訴訟において原告は何を求めるのか。
5. 直接型義務付け訴訟の訴訟要件は何か。
6. 直接型義務付け訴訟の原告適格の有無は、どのように判断するのか。

1. 行政事件訴訟法上の法的手段

（1）行訴法上の法的手段

　設問 1 では行訴法上の法的手段が問題とされている。そこで、まずは行訴法
上の法的手段の全体像を図示しておく。

○行訴法上の手段

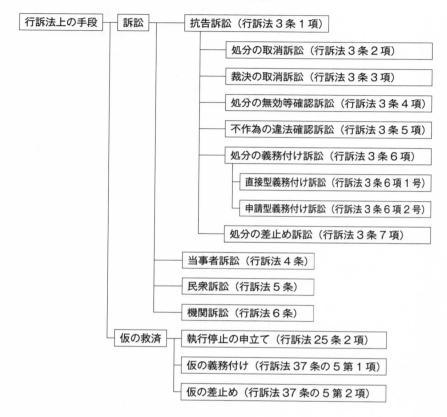

上の図から明らかなとおり、行訴法上の法的手段は、大きく（本案）訴訟と、その付随的な手段である仮の救済手段に分けることができる。以下、順に説明する。

(2) 訴　訟

　行訴法は行政事件訴訟として抗告訴訟、当事者訴訟、民衆訴訟、機関訴訟を定めている（行訴法2条）。このうち抗告訴訟は、行訴法上、さらに処分の取消訴訟、裁決の取消訴訟、処分の無効等確認訴訟、不作為の違法確認訴訟、処分の義務付け訴訟、処分の差止め訴訟に分かれる（行訴法3条2～7項、それぞれどのような訴訟かに

ついては、平成23年度の基礎編の解説を参照）。

（3）仮の救済

　行訴法は仮の救済手段として、①執行停止、②仮の義務付け、③仮の差止めを設けている。いずれの仮の救済手段についても、その根拠条文で「〜の訴えの提起があった場合において」という文言があるので（行訴法25条2項、37条の5第1項、第2項）、仮の救済手段を利用する際には必ず一定の抗告訴訟を適法に（＝訴訟要件を満たす形で）提起しなければならない。また、その際に提起すべき訴訟は抗告訴訟であれば何でもよいというわけではない。抗告訴訟の類型と仮の救済手段は適切に対応していなければならない。その対応関係は以下のとおりである。

○行訴法上の訴訟と仮の救済手段の対応関係

訴訟の類型	仮の救済手段
処分の取消訴訟	執行停止（行訴法25条2項）
裁決の取消訴訟	執行停止（行訴法29条、25条2項）
処分の無効等確認訴訟	執行停止（行訴法38条3項、25条2項）
不作為の違法確認訴訟	―
処分の義務付け訴訟	仮の義務付け（行訴法37条の5第1項）
処分の差止め訴訟	仮の差止め（行訴法37条の5第2項）

　上記の表の中で、不作為の違法確認訴訟のみ仮の救済手段が明記されていないが、これは不作為の違法確認訴訟に対応する仮の救済手段が法定されていないことによる。もっとも、不作為の違法確認訴訟を提起すべき事案の場合は、申請型義務付け訴訟（行訴法3条6項2号）を提起するとともに、仮の義務付け（行訴法37条の5第1項）を申し立てることで仮の救済を得ることが可能である。

2. 義務付け判決の意味と義務付け訴訟の種類

（1）はじめに

　設問1では、設計変更という行為をさせるための法的手段が問われている。このような場合、適切な行政訴訟として考えられるのは、後述のとおり、義務

付け訴訟である。なぜなら、義務付け訴訟で勝訴することによって、特定の国民・住民に一定の行為をさせることが可能になるからである。もっとも、義務付け訴訟で勝訴判決を得るということがどのような意味をもつのか、とりわけ国民・住民の権利義務の変動に、どうつながるのか、正確な理解を得ておく必要があろう。

　さらに、義務付け判決の有用性が確認できたとしても、義務付け訴訟には**直接型義務付け訴訟**（行訴法3条6項1号）と**申請型義務付け訴訟**（行訴法3条6項2号）があるため、両者を適切に使い分けることができなければならない。そこで、適切な訴訟類型を選択できるようにするため、いかなる場合に直接型義務付け訴訟を提起し、いかなる場合に申請型義務付け訴訟を提起すべきかについても、正確な理解を得ておく必要があろう。

　以下、これらについて解説する。

（2）義務付け判決の意味

　義務付け訴訟において原告が勝訴することで、司法機関（裁判所）は行政機関（行政庁）に対して一定の処分をせよと義務付けることになる。注意すべきは、決して司法機関が判決をもって行政機関にかわって自ら処分を行うわけではないし、司法機関が判決をもって処分が行われたのと同様の法状態を創り出すわけでもないという点である。あくまで司法機関は処分権限を有する行政庁に対して処分をするよう義務付けるに止まる。したがって、義務付け判決が出された段階では、未だ処分が行われていないので、判決で命じられた処分の名あて人の権利義務は変動していない。処分の名あて人の権利義務が変動するのは、義務付け判決を受けて、行政庁が改めて処分をした段階においてである。

○義務付け訴訟における権利義務の変動のタイミング

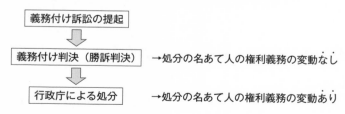

このように義務付け判決を獲得したからといって直ちに国民・住民の権利義務が変動するわけではないが、義務付け判決には行政庁を拘束する力があり（これを拘束力という。行訴法38条1項、33条1項）、行政庁は司法機関によって命じられた処分を行わなければならないから、必然的に国民・住民の権利義務は変動する。したがって、事例問題において、特定の国民・住民に法的に一定の行為をさせようとしたり、あるいはさせないようにしようとする場合（＝一定の作為義務・不作為義務を生じさせようとする場合）で、かつ、これを、処分を通じて実現しようとする場合は、義務付け訴訟の提起が検討されてよい。

(3) 直接型義務付け訴訟と申請型義務付け訴訟の使い分け

義務付け訴訟には直接型義務付け訴訟と申請型義務付け訴訟の二つがある。この二つの訴訟形態は、義務付けの対象となる処分が申請の法的仕組みを前提にしているか否かによって使い分ける。すなわち、申請の法的仕組みを前提にしない処分（職権による処分）の義務付けを求める場合には直接型義務付け訴訟を提起するのが適切であるのに対し、申請の法的仕組みを前提にした処分（申請に対する処分）の義務付けを求める場合には申請型義務付け訴訟を提起するのが適切である。

○直接型義務付け訴訟と申請型義務付け訴訟の使い分け

義務付け訴訟の種類	義務付けの対象となる処分
直接型義務付け訴訟	申請を前提にしない処分（職権による処分）
申請型義務付け訴訟	申請を前提にした処分（申請に対する処分）

3. 直接型義務付け訴訟の訴訟要件

(1) はじめに

設問2では訴訟要件が問題とされている。後述のとおり、本問では直接型義務付け訴訟の提起が適切であるから、以下では直接型義務付け訴訟の訴訟要件に関する基礎的事項を確認しておく。

(2) 取消訴訟との比較において

行政事件訴訟法は、もともと取消訴訟中心主義（行政事件訴訟の中でも取消訴訟を

中心に据えるという考え方）を採用している。立法者が取消訴訟について詳細な規定を置くとともに、他の訴訟については、必要に応じて、それら取消訴訟の規定を準用するという定め方をしたのも、この取消訴訟中心主義に依拠したからである。そのため、直接型義務付け訴訟の訴訟要件についても、取消訴訟の訴訟要件との比較において整理することが許されよう。

○取消訴訟と直接型義務付け訴訟の訴訟要件の比較

	取消訴訟	直接型義務付け訴訟
①訴えの対象	処分（行訴法３条２項）	同じ（行訴法３条６項） ただし「一定の処分」（行訴法３条６項１号、37条の２第１項）
②原告適格	法律上の利益を有する者 （行訴法９条１項）	同じ（行訴法37条の２第３項）
③狭義の訴えの利益	現実に救済される必要あり （行訴法９条１項）	同じ（行訴法37条の２第３項）
④被告適格	原則として行政主体 （行訴法11条１項）	同じ（行訴法38条１項）
⑤管轄裁判所	行訴法12条	同じ（行訴法38条１項）
⑥出訴期間	制限あり（行訴法14条）	制限なし
⑦審査請求前置	前置あり（行訴法８条１項）	前置なし
⑧訴えの形式	民事訴訟の例による （行訴法７条）	同じ（行訴法７条）

　取消訴訟の訴訟要件と直接型義務付け訴訟の訴訟要件を比較すると、多くの項目で両者は同じであるということがわかるが、異なる点があることにも気づく。

　まず、上記①の訴えの対象について、取消訴訟も直接型義務付け訴訟も訴えの対象は処分であるという点では同じであるが、取消訴訟の場合は（既に実際に行われた、いわば特定の）処分であるのに対し、直接型義務付け訴訟の場合は（未だ実際には行われていない）「一定の処分」（行訴法３条６項１号、37条の２第１項）である。そこで、一定の処分とは何か、また、どの程度処分が特定されていなければならないかということが問題になる。この点、一般的な理解によれば、義務

付けを求める処分の根拠法令の趣旨および社会通念に照らして当該処分が義務付けの訴えの要件を満たしているか否かについて裁判所の判断が可能な程度に特定されている必要がある。

次に、上記⑥の**出訴期間**について、取消訴訟の場合は出訴期間の制限があるので（行訴法14条1項）、法定された出訴期間を徒過すると適法に取消訴訟を提起することができない。しかし、直接型義務付け訴訟の場合は出訴期間の制限がないため（行訴法14条は直接型義務付け訴訟に準用されていない）、原告が望む処分が行われていない限り、いつまでも適法に訴えを提起することができる。

最後に、上記⑦の**審査請求前置**について、取消訴訟の場合は審査請求前置に関する法律の定めがあれば、審査請求をしてからでないと、取消訴訟を適法に提起できないが（行訴法8条1項）、直接型義務付け訴訟の場合は、そのような制約はない（行訴法8条は直接型義務付け訴訟に準用されていない）。

（3）直接型義務付け訴訟の特別な訴訟要件

以上とは別に、行訴法は、直接型義務付け訴訟の特別な訴訟要件として、**損害要件と補充性要件**の二つを設けている（行訴法37条の2第1項）。

○直接型義務付け訴訟のさらなる訴訟要件

①**損害要件** ：「一定の処分がされないことにより重大な損害を生ずるおそれ」があること
②**補充性要件**：「損害を避けるため他に適当な方法がない」こと

このうち「重大な損害を生ずる」か否かの判断を行う際には、「損害の回復の困難の程度を考慮する」とともに、「損害の性質及び程度並びに処分の内容及び性質をも勘案する」こととされている（行訴法37条の2第2項）。

また、「損害を避けるため他に適当な方法がない」か否かの判断を行う際には、民事訴訟や当事者訴訟の可能性を視野に入れて検討する必要はない。他の適当な方法があるか否かは、法令によって特別な権利救済手段が定められているか否かによって判定すればよい。

4. 直接型義務付け訴訟の原告適格

（1）はじめに

　直接型義務付け訴訟の訴訟要件のうち原告適格は、特に処分の相手方以外の第三者が処分の義務付けを求める事案で問題になる。本問の場合、A市市長が事業者Bに対して一定の処分をすることの義務付けを求めて、処分の相手方以外の第三者であるCが原告となって提訴することを検討することになるため、本問では特にCの原告適格が問題になる。

　そこで、直接型義務付け訴訟の原告適格に関する行訴法の規律を確認すると、行訴法は法律上の利益を有する者に直接型義務付け訴訟の原告適格を認めている（行訴法37条の3第3項）。そして、処分の相手方以外の第三者が直接型義務付け訴訟の法律上の利益を有するか否かの判断にあたっては、行訴法9条2項が準用されることになっている（行訴法37条の3第4項）。この行訴法9条2項は、処分の相手方以外の第三者が処分の取消しを求める法律上の利益を有するか否かを判断する際の考慮事項について定めている。したがって、処分の相手方以外の第三者の原告適格が問題になる場合には、取消訴訟の場合も、直接型義務付け訴訟の場合も、基本的に同じ枠組みにしたがって判断されることになる。そこで、以下では、取消訴訟の原告適格の有無の判断枠組みについて確認することにしよう。

（2）法律上の利益を有する者とは～判例の枠組み

　取消訴訟の原告適格は「法律上の利益を有する者」にのみ認められる（行訴法9条1項）。それでは、この法律上の利益を有する者とはどのような者か。この問題について、最高裁は以下の見方を繰り返し、示している（以下の引用文中(ア)および(イ)の付記ならびに下線は筆者によるものである）。

　　行政事件訴訟法9条は取消訴訟の原告適格について規定するが、同条1項にいう当該処分の取消しを求めるにつき「法律上の利益を有する者」とは、(ア)当該処分により自己の権利若しくは法律上保護された利益を侵害され、又は必然的に侵害されるおそれのある者をいうのであり、当該処分を定めた行政法規が、不特定多数者の具体的利益を専ら一般的公益の中に

吸収解消させるにとどめず、それが帰属する個々人の個別的利益としても
これを保護すべきものとする趣旨を含むと解される場合には、このような
利益もここにいう法律上保護された利益に当たり、当該処分によりこれを
侵害され又は必然的に侵害されるおそれのある者は、当該処分の取消訴訟
における原告適格を有するものというべきである。（イ）そして、処分の相
手方以外の者について上記の法律上保護された利益の有無を判断するに当
たっては、当該処分の根拠となる法令の規定の文言のみによることなく、
当該法令の趣旨及び目的並びに当該処分において考慮されるべき利益の内
容及び性質を考慮し、この場合において、当該法令の趣旨及び目的を考慮
するに当たっては、当該法令と目的を共通にする関係法令があるときはそ
の趣旨及び目的をも参酌し、当該利益の内容及び性質を考慮するに当たっ
ては、当該処分がその根拠となる法令に違反してされた場合に害されるこ
ととなる利益の内容及び性質並びにこれが害される態様及び程度をも勘案
すべきものである（同条２項参照）。

　以上の定式化された表現のうち、後半の（イ）の部分は行訴法９条２項
を繰り返しているに過ぎない。そのため、重要なのは（ア）の部分である。
この（ア）の部分は原告適格が認められるための三つの要件を示している。
　第一の要件は**不利益要件**と呼ばれており、これによれば、処分により何も侵
害されていない（あるいは侵害されるおそれもない）者には原告適格は認められな
い。
　第二の要件は**保護範囲要件**と呼ばれており、これによれば、問題となってい
る利益が処分に関する行政法規によって保護されていなければ、当該利益の侵
害を主張する者に原告適格は認められない。たとえば、事業許可について定め
た行政法規が事業者の事業活動に関する利益を保護しているに止まり、事業地
周辺の住民の住環境に関する利益を保護していない場合には、この保護範囲要
件に照らし、周辺住民の原告適格は認められない。
　第三の要件は**個別保護要件**と呼ばれており、これによれば、問題となってい
る利益が処分に関する行政法規によって保護されていたとしても、当該利益が
一定の者に限定して個別に認められなければ、原告適格は認められない。
　原告適格の有無を判断する際には、以上の諸要件が充足されているか否か

（特に保護範囲要件および個別保護要件の充足性）を、検討していくことになるが、その際の考慮事項を示したのが（イ）の部分、すなわち行訴法9条2項である。

（3）原告適格の有無を判断する際の考慮事項

　行訴法9条2項によれば、上記の諸要件の充足性を判断する際には、第一に法令の規定の文言、第二に法令の趣旨目的、第三に利益の内容および性質を考慮しなければならず、特に第二および第三の事項を考慮する際には行訴法9条2項が定める一定の事項も勘案しなければならない。

○行訴法9条2項の考慮事項

①当該処分又は裁決の根拠となる法令の規定の文言
②当該法令の趣旨及び目的
　　→当該法令と目的を共通にする関係法令があるときはその趣旨及び目的をも参酌すること
③当該処分において考慮されるべき利益の内容及び性質
　　→当該利益の内容及び性質を考慮するに当たっては、当該処分又は裁決がその根拠となる法令に違反してされた場合に害されることとなる利益の内容及び性質並びにこれが害される態様及び程度をも勘案すること

（4）分析の視点

　以上のように、処分の名あて人以外の第三者の原告適格を判断する際の一般的な枠組みは、法律上および実務上、確立しているといえる。しかし、個別事案において、上記の三要件が充足されているといえるか否かの判断は、関係する個別行政法規の定め方や問題となる利益が多種多様であるため、必ずしも容易ではない。

　もっとも、考慮事項のうち、法令の規定の文言および法令の趣旨目的を考慮する際には、たとえば次のような視点で法令のチェックを行うと、上記した三要件の充足性の判断が多少なりとも容易になる。

　第一に、日本の法律の場合、第1条に目的規定が置かれていることが多いので、この目的規定に着目し、何のために設けられた法律なのかをチェックする。これによって、当該法律が果たしてまたどのような利益を保護しようとしてい

るのか（保護範囲要件の検討）、さらに当該法律が当該利益を個別具体的に保護しようとしているのか否か（個別保護要件の検討）、判別できれば、問題はないのであるが、通常、第1条の目的規定から直ちに結論を導き出すことはできない。そのため、目的規定以外の規定も視野に入れて、さらに検討を行う必要がある。

　第二に、規制内容を詳細に規律する規定があるか否かをチェックする。そのような規定がある場合、立法者は関係者の利益を具体的に保護しようとしたからこそ、詳細な規律を置いたと指摘しうる。

　第三に、処分の事前手続に特定の者が関わることを承認している規定（たとえば処分に先立って処分の名宛人以外の特定の第三者が意見陳述することを認めている規定）があるか否かをチェックする。そのような規定がある場合、立法者は当該手続参加者の具体的利益を個別的に保護しようとしたからこそ、その者の手続参加を承認したと指摘しうるので、当該手続参加者に処分の名宛人以外の特定の第三者が含まれていれば、その者の原告適格を肯定しやすくなる。

　第四に、許認可の申請に際して提出すべき書類として、処分の名宛人以外の特定の第三者に関する情報を記載した文書の提出を求める規定があるか否かをチェックする。そのような規定がある場合、立法者は第三者の利益を個別具体的に保護しようとしたからこそ、審査段階で第三者の利益を適切に考慮できるように第三者に関する情報を記載した文書の提出を求めたといえるので、当該第三者の原告適格を肯定しやすくなる。

　第五に、処分に条件（附款）を付すことを許している規定があるか否かをチェックし、そのような規定がある場合に、何のためにその条件を付すことができることになっているのか、検討する。仮に、その目的が処分の名宛人以外の第三者の個別具体的利益の保護につながるような目的であれば、当該第三者の原告適格を肯定しやすくなる。

○法令の規定の文言および法令の趣旨目的を分析する際の視点の例

視点①：目的規定があるか否か。目的規定がある場合、どのような目的が定められているか。

視点②：規律内容が詳細に定められているか否か。

視点③：第三者の事前手続への参加について定めた規定があるか否か。

視点④：第三者の情報が記載された申請書類を提出するよう、求める規定があるか否か。

視点⑤：処分に条件（附款）を付すことを許容する規定があるか否か。そのような規定がある場合、何のために条件を付すことが認められているか。

次に、行訴法9条2項が定める考慮事項のうち被侵害利益を考慮する際には、たとえば次のような視点をもって分析すると、原告適格の有無の判断が多少なりとも容易になる。

第一に、高次の利益に対する侵害が問題になるか否かをチェックする。たとえば生命や身体に関する利益の侵害が問題となる場合には原告適格が肯定されやすいのに対して、良好な住環境に関する利益が問題になる場合には原告適格が肯定されにくい。

第二に、侵害行為の発生元になる場所と被害を受ける場所との近接性をチェックする。たとえば許可を受けて設置される迷惑施設の設置場所に隣接する土地の所有者は、その分、深刻な被害を受けることが想定されるので、原告適格が肯定されやすくなる。これに対し、迷惑施設の設置場所から離れたところにある土地の所有者の場合には、その分、被害の程度は軽くなることが想定されるので、原告適格が肯定されにくくなる。

第三に、侵害行為が反復継続して行われているか否かをチェックする。たとえば迷惑施設の設置許可が問題となる場合、当該迷惑施設による周辺住民への利益侵害が常時生じるのであれば、その分、深刻な被害を想定できるので、原告適格が肯定されやすくなる。これに対して、侵害行為が一定の時間帯に限定されているとか、一回限りのもので反復継続性が認められない場合には、原告適格が肯定されにくくなる。

○被侵害利益を分析する際の視点の例

視点①：被侵害利益が高次の利益といえるか否か。

視点②：侵害行為の発生元になる場所と被害を受ける場所が果たしてまたどの程度近接しているか。

視点③：侵害行為が果たしてまたどの程度反復継続して行われるのか。

Ⅱ. 応用編

1. 設問 1 について

（1）はじめに

　設問 1 では景観法および行訴法に着目して「本件マンションの設計を変更させるという目的を実現する」ための法的手段が問われている。そこで、まずは【資料】に掲げられた景観法の条文を参照して、上記目的を達成する上で有効に機能する条文がないか、検討してみる。

　なお、マンション居住者 C が事業者 B による本件マンションの建築に不満をもっているということであれば、C と B の関係は通常の民事法関係であるから、実際に請求が認められるかどうかはさておき、たとえば C が B に対して本件マンション建築の差止め等を求めて民事訴訟を提起することが考えられる。しかし、設問 1 では景観法および行政事件訴訟法による法的手段が問われているので、そのような民事訴訟の可能性は、ここでは度外視して検討しなければならない。

（2）景観法の規定

　景観法 1 条は景観法の目的について、そして同法 2 条は基本理念について定めているが、これらの条文に着目しても、「本件マンションの設計を変更させるという目的を実現する」ための手段は何も出てこない。次に、同法 6 条は住民の責務について定めているから、事業者 B が住民だとすると、何らかの形でこの条文を使えそうにも思えるが、そもそも B が住民かどうかも明らかでないうえに、通常、責務規定を根拠にして一定の作為・不作為を法的に請求することはできない。したがって、同法 6 条に着目するのは適切ではない。さ

らに景観法16条は届出および勧告等について定めているが、これに着目しても、やはり上記の目的を実現するための法的手段は何も出てこない。以上のように本問で与えられている景観法の条文のうち1条から16条までの条文に着目してみても、上記の目的を実現するための有効な法的手段を見出すことはできない。

これに対し、景観法17条1項は変更命令を定めており、同条項に依拠すれば、景観行政団体の長は変更命令を発することができる。本件においてA市は景観行政団体であることおよび本件マンションの建築は同条項の特定届出対象行為であることが問題文の中で前提とされているので、A市の市長が事業者Bに対して本件マンションの建築に関して変更命令を発することは可能である。また、実際に変更命令が発せられれば、事業者Bには変更義務が課せられることになる。したがって、景観法17条1項に基づく変更命令という手段は上記の目的を実現するための有効な法的手段といえる。

(3) 訴 訟

もっとも、本件では未だA市市長による変更命令は発せられていない。そこで、変更命令が発せられることを望む住民としては、長が変更命令をすべき旨を命ずることを求めて、裁判所に出訴することが考えられる。景観法17条1項に基づく変更命令が処分であることは異論のないところであるから、そのような訴訟は処分の義務付け訴訟（行訴法3条6項）である。

処分の義務付け訴訟には直接型義務付け訴訟（行訴法3条6項1号）と申請型義務付け訴訟（行訴法3条6項2号）があるが、景観法17条1項に基づく変更命令は申請を前提にした処分ではなく、職権による処分であるから、本件で提起すべき義務付け訴訟は申請型義務付け訴訟ではなく、直接型義務付け訴訟として提起するのが適切である。

以上から、CはA市市長が景観法17条1項に基づく処分をすべき旨を命ずることを求めて直接型義務付け訴訟（行訴法3条6項1号）を提起すべきである。

なお、本問では直接型義務付け訴訟の提起が適切なので、申請型義務付け訴訟を提起する場合のように、一定の抗告訴訟を併合提起する必要はない（参照、行訴法37条の3第3項）。

(4) 仮の救済

　景観法 17 条 1 項に基づく変更命令は、届出があった日から 30 日以内にしなければならない（景観法 17 条 2 項）。これを徒過すれば、A 市市長による変更命令は適法に発することができなくなってしまう。本件の場合、2013 年 7 月 10 日に届出があり、相談の時点が同年 7 月 14 日であるから、変更命令を適法に発するための期間として 1 ヶ月もない。そのため、変更命令の仮の義務付けを求める必要性が認められる（行訴法 37 条の 5 第 1 項）。C としては、上記の直接型義務付け訴訟を提起するとともに、仮に変更命令をすべき旨を命ずることを求めて仮の義務付けを申し立てる必要がある。

2. 設問 2 について

(1) はじめに

　設問 2 では訴訟要件の論点に絞って検討することが求められている。そうすると、設問 1 で適切な法的手段として指摘した直接型義務付け訴訟および仮の義務付けのうち、仮の義務付けは訴訟ではないから、訴訟要件は問題にならず、検討の対象にならない。結局、設問 2 では直接型義務付け訴訟の訴訟要件が問題となる。

　直接型義務付け訴訟の訴訟要件のうち、本件で特に問題になりそうなのは、原告適格、一定の処分、重大な損害および補充性の各要件である。以下、順に検討する。

(2) 原告適格

　直接型義務付け訴訟の原告適格は「法律上の利益を有する者」に認められる（行訴法 37 条の 2 第 3 項）。この「法律上の利益を有する者」については、取消訴訟の原告適格に関して、判例上、定式化された表現に倣って、次のように定式化することができる。

> 　直接型義務付け訴訟の原告適格について規定する行訴法 37 条の 2 第 3 項にいう行政庁が一定の処分をすべき旨を命ずることを求めるにつき「法律上の利益を有する者」とは、当該処分により自己の権利若しくは法律上

保護された利益を侵害され、又は必然的に侵害されるおそれのある者をいうのであり、当該処分を定めた行政法規が、不特定多数者の具体的利益を専ら一般的公益の中に吸収解消させるにとどめず、それが帰属する個々人の個別的利益としてもこれを保護すべきものとする趣旨を含むと解される場合には、このような利益もここにいう法律上保護された利益に当たり、当該処分によりこれを侵害され又は必然的に侵害されるおそれのある者は、当該処分の直接型義務付け訴訟における原告適格を有するものというべきである。そして、処分の相手方以外の者について上記の法律上保護された利益の有無を判断するに当たっては、当該処分の根拠となる法令の規定の文言のみによることなく、当該法令の趣旨及び目的並びに当該処分において考慮されるべき利益の内容及び性質を考慮し、この場合において、当該法令の趣旨及び目的を考慮するに当たっては、当該法令と目的を共通にする関係法令があるときはその趣旨及び目的をも参酌し、当該利益の内容及び性質を考慮するに当たっては、当該処分がその根拠となる法令に違反してされた場合に害されることとなる利益の内容及び性質並びにこれが害される態様及び程度をも勘案すべきものである（行訴法 37 条の 2 第 4 項、9条 2 項参照）。

　本件では C が法律上の利益を有する者といえるか否かが問題になるところ、C は変更命令の名あて人ではないから、上記の定式で示されているとおり、行訴法 9 条 2 項にしたがって判断することになる（行訴法 37 条の 2 第 4 項）。

　そこで、まずは景観法の趣旨目的について検討する。景観法は、「我が国の都市、農山漁村等における良好な景観の形成を促進するため、景観計画の策定その他の施策を総合的に講ずることにより、美しく風格のある国土の形成、潤いのある豊かな生活環境の創造及び個性的で活力ある地域社会の実現を図り、もって国民生活の向上並びに国民経済及び地域社会の健全な発展に寄与すること」を目的としており（景観法 1 条）、さらに基本理念として、現在及び将来の国民がその恵沢を享受できるよう、良好な景観の整備及び保全が図られるべきことを掲げている（同 2 条 1 項）。そして、住民は、この基本理念にのっとり、「良好な景観の形成に関する理解を深め、良好な景観の形成に積極的な役割を果たすよう努めるとともに、国又は地方公共団体が実施する良好な景観の形成

に関する施策に協力しなければならない」(同6条)。また景観行政団体は良好な景観の形成に関する計画を定めることができるとともに(同8条1項)、景観行政団体の長は良好な景観の形成のために必要があると認めるときは変更命令等を発することができる(同17条1項)。これらの規定からすると、景観法は良好な景観に関する利益を保護しようとしているといえる。

　そこで、次に、このような利益が専ら一般公益に吸収解消されるにとどまらず、個々人の個別的利益としても保護されるべきものとして捉えることができるか、問題になるところ、景観法が良好な景観に関する利益を個々人の個別的利益としても保護すべきものとする趣旨を含んでいるといえるだけの根拠を(問題文の中で与えられた)同法の規定の中に見出すことは難しい。この点、(問題文の中で与えられた)景観法の規定の中に景観利益の帰属主体を明らかにしうる規定は存在しないし、本問では景観法と目的を共通にする関係法令も見当たらない。また、何が良好な景観かは主観的な判断によるところが大きいため、無限に拡がる可能性があるが、その外延を画するのに有用な保護すべき具体的景観の範囲等を定めた景観法上の規定も存在しない。加えて、良好な景観に関する利益は生命・身体の利益に比肩しうる高次の利益とはいえない。

　これらのことを考慮すると、景観法は景観利益を専ら一般公益の中に吸収解消されるものとして位置づけているといえる。そうすると、本問においてCが法律上の利益を有する者であるとはいえず、Cに変更命令の義務付けを求める原告適格は認められない。

(3) 原告適格を肯定する可能性

　問題文で与えられた情報を前提にする限り、Cの原告適格を肯定するのは難しいように思われるが、国立市大学通りマンション事件の最高裁判決を参考にすると、Cの原告適格を肯定することも、不可能ではないのではないかとも思える。なぜなら、当該判決において、最高裁は景観利益を法律上保護に値する利益として捉えているからである。そこで、まずは当該判決を確認することにしよう。

○**最判平成18年3月30日民集60巻3号948頁**

　　都市の景観は、良好な風景として、人々の歴史的又は文化的環境を形作

り、豊かな生活環境を構成する場合には、客観的価値を有するものというべきである。……本件建物の建築に着手した平成 12 年 1 月 5 日の時点において、国立市の景観条例と同様に、都市の良好な景観を形成し、保全することを目的とする条例を制定していた地方公共団体は少なくない状況にあり、東京都も、東京都景観条例……を既に制定し、景観作り（良好な景観を保全し、修復し又は創造すること。2 条 1 号）に関する必要な事項として、都の責務、都民の責務、事業者の責務、知事が行うべき行為などを定めていた。また、平成 16 年 6 月 18 日に公布された景観法……は、「良好な景観は、美しく風格のある国土の形成と潤いのある豊かな生活環境の創造に不可欠なものであることにかんがみ、国民共通の資産として、現在及び将来の国民がその恵沢を享受できるよう、その整備及び保全が図られなければならない。」と規定（2 条 1 項）した上、国、地方公共団体、事業者及び住民の有する責務（3 条から 6 条まで）、景観行政団体がとり得る行政上の施策（8 条以下）並びに市町村が定めることができる景観地区に関する都市計画（61 条）、その内容としての建築物の形態意匠の制限（62 条）、市町村長の違反建築物に対する措置（64 条）、地区計画等の区域内における建築物等の形態意匠の条例による制限（76 条）等を規定しているが、これも、良好な景観が有する価値を保護することを目的とするものである。そうすると、良好な景観に近接する地域内に居住し、その恵沢を日常的に享受している者は、良好な景観が有する客観的な価値の侵害に対して密接な利害関係を有するものというべきであり、これらの者が有する良好な景観の恵沢を享受する利益（以下「景観利益」という。）は、法律上保護に値するものと解するのが相当である。

　このように最高裁は景観利益を法律上保護に値するものと解しているが、しかし、上記判決があるからといって、直ちに本問における C の法律上の利益が認められるわけではない。その理由として、第一に上記の判断は景観利益の侵害を理由にした民事訴訟（損害賠償請求訴訟等）に関する判断であって、直接型義務付け訴訟に関する判断でもなければ、原告適格に関する判断でもないこと、第二に上記判決は景観利益が認められるためには、①客観的価値を有する景観、②近接居住性、③日常享受性の三要件が必要である旨、判示したと解されているが、本問では、②および③について肯定しうるものの、①の客観的価

値を有する景観が問題となっているか不明であること、第三に上記判決は景観法のみならず東京都景観条例も引き合いに出しているが、本件では景観法以外の条例等は対象にされていないことを指摘できる。

　次に、Cの法律上の利益を肯定する際に参考になりうる裁判例として国立市大学通りマンション事件の行政訴訟（近隣住民らが除却命令の義務付け等を求めた法定外抗告訴訟。当時は平成16年の行訴法改正前であったために、義務付け訴訟は法定されていなかった）に関する東京地裁の判断があるので、これも確認することにしよう。

○東京地判平成13年12月4日判時1791号3頁

　　前記のとおり、建築基準法、都市計画法、本件地区計画、本件地区整備計画、本件建築条例によって、本件地区内の建築物の高さを制限した行政目的は、大学通りの景観を含む都市環境の維持、保全である。

　　そこで、上記の高さ規制が、大学通りの景観を含む都市環境を維持、保全するという一般的公益の保護に加えて、景観及び環境を享受する個々人の個別的利益をも保護している趣旨を含むものであるかどうかについて検討する。

　　まず、本件建築条例は、前記のとおり、単に、一般的抽象的な意味における景観の維持・保全を図ろうとしたものではなく、前記のとおり、歴史的に既に存在している大学通りという特定の景観（高さ20メートルの美しい並木通りの景観）を維持・保全するという具体的な目的を実現するために、強制力のない景観条例によっては実効的に景観を維持するという行政目的を達成できないことから、是正命令という行政目的実現を担保する規定のある建築基準法に基づく規制として、建築物の高さを具体的に制限したものである。

　　したがって、本件高さ規制によって、国立市民が享受することができるようになった景観の利益は、抽象的、主観的、一般的なものではなく、並木通りの高さである20メートルを超えない高さの建築物で構成される景観という、客観的な基準によって、その美しさの維持が法的に図られた大学通りという特定の景観を享受する具体的、客観的な利益であるということができる。

　　そこで、このように具体化された公益としての景観の有する特質について検討する。

景観は、通りすがりの人にとっては一方的に享受するだけの利益にすぎ
ないが、ある特定の景観を構成する主要な要素の一つが建築物である場合、
これを構成している空間内に居住する者や建築物を有する者などのその空
間の利用者が、その景観を享受するためには、自らがその景観を維持しな
ければならないという関係に立っている。しかも、このような場合には、
その景観を構成する空間の利用者の誰かが、景観を維持するためのルール
を守らなければ、当該景観は直ちに破壊される可能性が高く、その景観を
構成する空間の利用者全員が相互にその景観を維持・尊重し合う関係に立
たない限り、景観の利益は継続的に享受することができないという性質を
有している。すなわち、このような場合、景観は、景観を構成する空間を
現に利用している者全員が遵守して初めてその維持が可能になるのであっ
て、景観には、景観を構成する空間利用者の共同意識に強く依存せざるを
得ないという特質がある。
　このような景観の特質をふまえて、さらに検討すると、本件地区のうち
高さ制限地区の地権者は、法令等の定め記載のとおり、本件建築条例及び
本件地区計画により、それぞれの区分地区ごとに 10 メートル又は 20 メ
ートル以上の建築物を建てることができなくなるという規制を受けている
ところ、これら本件高さ制限地区の地権者は、大学通りの景観を構成する
空間の利用者であり、このような景観に関して、上記の高さ規制を守り、
自らの財産権制限を受忍することによって、前記のような大学通りの具体
的な景観に対する利益を享受するという互換的利害関係を有していること、
一人でも規制に反する者がいると、景観は容易に破壊されてしまうために、
規制を受ける者が景観を維持する意欲を失い、景観破壊が促進される結果
を生じ易く、規制を受ける者の景観に対する利益を十分に保護しなければ、
景観の維持という公益目的の達成自体が困難になるというべきであること
などを考慮すると、本件建築条例及び建築基準法 68 条の 2 は、大学通り
という特定の景観の維持を図るという公益目的を実現するとともに、本件
建築条例によって直接規制を受ける対象者である高さ制限地区地権者の、
前記のような内容の大学通りという特定の景観を享受する利益については、
個々人の個別的利益としても保護すべきものとする趣旨を含むものと解す
べきである。
　そして、本件高さ制限地区地権者の景観の利益は、街並みの高さを 20

　東京地裁は、以上のように判示して景観利益を法律上の利益として捉え、一
定の者に直接型義務付け訴訟の原告適格を認めたが、同判決では建築基準法お
よび国立市の建築基準条例が参照されて、一定の景観利益が法律上の利益に該
当するとされている。他方、本問では問題文の中で同様の法律および条例は提
示されていない。そうすると、上記東京地裁判決の存在をもってしても、やは
り本問でＣの法律上の利益を認めることは難しい。

　もっとも、上記最高裁判決および東京地裁判決を参考にしながら、仮に本問
でＣの原告適格を肯定しようとすれば、第一に、Ａ市では景観法 8 条 1 項に
基づいて定められた本件計画によって、水域に面した外壁の幅が原則として
50 メートルにすると定められているため、限定された場所と客観的数値によ
って保護の対象となる景観利益の範囲および内容の外延が明確にされていると
いえる、第二に、Ｃが本件マンションの建築予定地の隣のマンションに居住し
ているため、日常的に良好な景観に関する利益を侵害されることになるという
ことを指摘して、Ｃの法律上の利益を肯定していくことになろう。

（4）一定の処分

　直接型義務付け訴訟は「一定の処分」を対象にする（行訴法 3 条 6 項 1 号、37
条の 2 第 1 項）。どの程度、義務付けの対象となる処分を特定すればよいかは、
義務付けを求める処分の根拠法令の趣旨および社会通念に照らして当該処分が
義務付けの訴えの要件を満たしているか否かについて裁判所の判断が可能な程
度に特定されている必要があると一般に解されている。

　これを本件についてみると、直接型義務付け訴訟の対象は、本件計画に適合
するよう、景観法 17 条 1 項に基づいて、本件マンションの設計変更を命じる
旨の変更命令であり、対象は十分特定されているといえる。

(5) 重大な損害

　直接型義務付け訴訟を適法に提起するためには、「重大な損害を生じるおそれ」がなければならない（行訴法 37 条の 2 第 1 項）。この「重大な損害を生じるおそれ」があるか否かの判断は、「損害の回復の困難の程度を考慮する」とともに、「損害の性質及び程度並びに処分の内容及び性質をも勘案する」こととされている（行訴法 37 条の 2 第 2 項）。

　仮に本問において景観利益が法律上の利益ではないとした場合、景観法 17条 1 項に基づく変更命令が出されなくても、重大な損害は生じないといえよう。

　これに対して本問において景観利益が法律上の利益であって、C は法律上の利益を有する者であるとすると、景観はいったん破壊されると回復困難であることを理由に、「重大な損害を生ずるおそれ」があることを肯定することは、不可能ではない。

(6) 補充性

　直接型義務付け訴訟を適法に提起するためには、「損害を避けるため他に適当な方法がない」といえなければならない（行訴法 37 条の 2 第 1 項）。ここで他の適当な方法とは法令によって特別に定められている権利救済手段のことをさす。本問の場合、そのような特別な権利救済手段は、与えられた景観法の条文の中には認められない。したがって、本問において補充性の要件は充足されているといえる。

3. 出題趣旨について

(1) 出題趣旨

　法務省から公表された平成 25 年度予備試験の行政法の出題趣旨は以下のとおりである（http://www. moj. go. jp/content/000116083. pdf）。

　　本問は、事案に即して、また関係行政法規を踏まえて、行政訴訟についての基本的な知識及び理解を運用する基本的な能力を試す趣旨の問題である。具体的には、マンションの建設計画に対し近隣住民が景観計画の遵守を求めるための行政事件訴訟法上の手段について問うものである。景観法

による変更命令の期間制限に照らして、実際上仮の義務付けの申立てが必要なこと、及び、当該申立てを行うには非申請型（直接型）義務付け訴訟の提起が必要なことを説き、申立て及び請求の趣旨を具体的に示した上で、原告適格を中心とする訴訟要件の論点について、景観法の趣旨及び景観という利益の性質に即して論じることが求められる。

(2) コメント

設問1では「法的手段」を示すことが求められているが、上記出題趣旨からすると、問題文の中で何の限定も付されていなければ、訴訟手段のみならず、仮の救済手段まで視野に入れて検討する必要があるということがいえる（司法試験では「仮の救済手段は検討しなくてもよい」旨の指摘が設問文の中でされていることがあるが、このような明示の指摘がある場合に限って、仮の救済手段については検討しなくてよいということになろう）。

また、設問2では「訴訟要件の論点に絞って」という限定が付されているが、本問で検討の中心になるのは原告適格である。直接型義務付け訴訟の訴訟要件には様々なものがあるが、その中で原告適格が主たる論述の対象になるというのは、①今回の原告Cが処分の名あて人以外の第三者であること、②損害要件は景観利益の理解と連動している可能性があること、③他の訴訟要件については、本件で問題になりそうなものがないということから、比較的早い段階で気付く必要があろう。もっとも、出題趣旨では、「原告適格を中心とする訴訟要件」とされているので、原告適格のことだけ論じれば、それで十分であるというわけではなさそうである。そこで、念のため、直接型義務付け訴訟の独自の訴訟要件についても言及することが考えられてよい。

4. 参考答案例

第1　設問1
1　Cは、以下のとおり、直接型義務付け訴訟（行訴法3条6項1号）を提起するとともに、仮の義務付け（行訴法37条の5第1項）の申立てを行う必要がある。
2　法17条1項は変更命令を定めており、同条項に依拠すれば、景観行政団

体の長は変更命令を発することができる。本件においてA市は景観行政団体であることおよび本件マンションの建築は同条項の特定届出対象行為であることから、A市の市長が事業者Bに対して本件マンションの建築に関して変更命令を発することは可能である。また、実際に変更命令が発せられれば、事業者Bには変更義務が課せられることになる。したがって、法17条1項に基づく変更命令という手段は本件マンションの設計変更という目的を実現するための有効な法的手段といえる。もっとも、本件では未だA市市長による変更命令は発せられていない。そこで、変更命令が発せられることを望む住民としては、長が変更命令をすべき旨を命ずることを求めて、裁判所に出訴することが考えられる。法17条1項に基づく変更命令は職権による処分であるから、そのような訴訟は直接型義務付け訴訟（行訴法3条6項1号）である。以上から、CはA市の市長が法17条1項に基づく処分をすべき旨を命ずることを求めて直接型義務付け訴訟を提起すべきである。

3　もっとも、法17条1項に基づく変更命令は、届出があった日から30日以内にしなければならない（法17条2項）。これを徒過すれば、A市の市長による変更命令は適法に発することができなくなってしまう。本件の場合、2013年7月10日に届出があり、相談の時点が同年7月14日であるから、変更命令を適法に発するための期間として1ヶ月もない。そのため、変更命令の仮の義務付けを求める必要性が認められる（行訴法37条の5第1項）。そこで、Cとしては、上記の直接型義務付け訴訟を提起するとともに、仮に変更命令をすべき旨を命ずることを求めて仮の義務付けを申立てる必要がある。

第2　設問2

1　直接型義務付け訴訟の訴訟要件のうち、本件で特に問題になるのは、原告適格、一定の処分、重大損害および補充性の各要件である。以下、順に検討する。

2　直接型義務付け訴訟の原告適格は「法律上の利益を有する者」に認められる（行訴法37条の2第3項）。ここでいう「法律上の利益を有する者」とは、当該処分により自己の権利若しくは法律上保護された利益を侵害され、又は必然的に侵害されるおそれのある者をいうのであり、当該処分を定めた行政法規が、不特定多数者の具体的利益を専ら一般的公益の中に吸収解消させるにとどめず、それが帰属する個々人の個別的利益としてもこれを保護すべき

ものとする趣旨を含むと解される場合には、このような利益もここにいう法律上保護された利益に当たり、当該処分によりこれを侵害され又は必然的に侵害されるおそれのある者は、当該処分の直接型義務付け訴訟における原告適格を有するものというべきである。そして、上記の法律上保護された利益の有無は、行訴法9条2項に照らして判断する（行訴法37条の2第4項）。

　これを本件についてみるに、法は、「良好な景観」の形成に着目した定めを置くとともに（法1条、2条1項、6条）、「良好な景観」に関する計画を定めることができるとしたうえで（法8条1項）、「良好な景観」の形成のために必要があれば、長が変更命令等を発することができるとしている（法17条1項）。これらの規定から、法は良好な景観に関する利益を保護しようとしているといえる。しかし、法の規定の中に景観利益の帰属主体を明らかにしうる規定は存在しないし、本件では法と目的を共通にする関係法令も見当たらない。また、何が良好な景観かは主観的な判断によるところが大きいため、無限に拡がる可能性があるが、その外延を画するのに有用な保護すべき具体的景観の範囲等を定めた規定も存在しない。加えて、良好な景観に関する利益は生命・身体の利益に比肩しうる高次の利益ではない。

　これらのことを考慮すると、法は良好な景観に関する利益を専ら一般公益の中に吸収解消されるものとして位置づけるに止まり、個々人の個別的利益としても保護すべきものとする趣旨を含んでいないといえる。したがって、法律上の利益は認められず、Cに変更命令の義務付けを求める原告適格は認められない。

3　直接型義務付け訴訟は一定の処分を対象にする（行訴法3条6項1号、37条の2第1項）。どの程度、対象となる処分を特定すればよいかは、義務付けを求める処分の根拠法令の趣旨および社会通念に照らして当該要件を満たしているか否かについて裁判所の判断が可能な程度に特定されている必要がある。

　本件の場合、直接型義務付け訴訟の対象は、本件計画に適合するよう、法17条1項に基づいて、本件マンションの設計変更を命じる旨の変更命令であり、対象は特定されているといえる。

4　直接型義務付け訴訟を適法に提起するためには、重大損害の要件を満たさなければならない（行訴法37条の2第1項）。その判断に際しては、「損害の回復の困難の程度を考慮する」とともに、「損害の性質及び程度並びに処分

の内容及び性質をも勘案する」こととされている（行訴法37条の2第2項）。

　本件の場合、上述したように景観利益は法律上の利益ではないので、法17条1項に基づく変更命令が出されなくても、重大な損害は生じない。

5　直接型義務付け訴訟を適法に提起するためには、「損害を避けるため他に適当な方法がない」といえなければならない（行訴法37条の2第1項）。ここで他の適当な方法とは法令によって特別に定められている権利救済手段のことをさす。

　本件では、そのような特別な権利救済手段は法において認められていないので、補充性の要件は満たす。

6　以上から本件では原告適格および重大損害の各要件が充足されないので、直接型義務付け訴訟は不適法な訴えといえる。

以上

Ⅲ. 展開編

1. 景観利益

　従来、景観利益は一般に抗告訴訟の原告適格を根拠づける法律上の利益として理解されてこなかった。しかし、この間に景観利益に関する法令等が次第に整備され、景観利益をめぐる法状況は大きく変化した。そうすると、争われる処分の根拠法令あるいは関係法令の規定の仕方次第では、景観利益を、原告適格を根拠づける法律上の利益として捉える可能性も出てくる。実際、いわゆる鞆の浦埋立免許差止め訴訟の広島地裁判決では、景観利益が法律上の利益として認められ、地元住民の原告適格が肯定された。そこで、どのような規定があれば、景観利益を法律上の利益として捉えることができるのか、また、どのような事情があれば、地元住民の原告適格を肯定できるのかという観点から、鞆の浦埋立免許差止め訴訟の広島地裁判決を確認することにしよう。そのうえで、本問においてCの原告適格を認めるとすれば、どのような法状況が整っていればよいのか、また、どのような事情があるとよいのか、指摘することにしたい。

2. 鞆の浦埋立免許差止め訴訟

（1）事案の概要

　事業者は、交通渋滞の解消等を目的にして、景勝地として名高い広島県福山市の鞆の浦の一部（公有水面）を埋め立てることを企図し、公有水面の埋立に必要な免許（これは処分である。公有水面埋立法2条1項）を得ようとした。しかし、実際に埋立が行われると、景観が大きく損なわれることになるため、地元住民が事業者への埋立免許の差止めを求めて出訴した。

　本件において原告適格の有無を判断する際に直接、用いられた法令は以下のとおりである。

○鞆の浦埋立免許差止め訴訟に関係する法令

○公有水面埋立法（抜粋）
〔免許〕
第2条　埋立ヲ為サムトスル者ハ都道府県知事（略）ノ免許ヲ受クヘシ
2～3　略
〔書面等の縦覧及び意見の徴取〕
第3条　都道府県知事ハ埋立ノ免許ノ出願アリタルトキハ遅滞ナク其ノ事
　　　件ノ要領ヲ告示スルトトモニ前条第二項各号ニ掲グル事項ヲ記載シタル
　　　書面及関係図書ヲ其ノ告示ノ日ヨリ起算シ三週間公衆ノ縦覧ニ供シ且期
　　　限ヲ定メテ地元市町村長ノ意見ヲ徴スベシ（略）
2　（略）
3　第一項ノ告示アリタルトキハ其ノ埋立ニ関シ利害関係ヲ有スル者ハ同項
　　　ノ縦覧期間満了ノ日迄都道府県知事ニ意見書ヲ提出スルコトヲ得
4　（略）
〔埋立免許の制限〕
第4条　都道府県知事ハ埋立ノ免許ノ出願左ノ各号ニ適合スト認ムル場合
　　　ヲ除クノ外埋立ノ免許ヲ為スコトヲ得ズ
　　　　一～二　（略）
　　　　三　埋立地ノ用途ガ土地利用又ハ環境保全ニ関スル国又ハ地方公共団体
　　　　　　（港務局ヲ含ム）ノ法律ニ基ク計画ニ違背セザルコト
　　　　四～六　（略）
2～3　（略）
○瀬戸内海環境保全特別措置法（紛争当時のもの）（抜粋）
（瀬戸内海の環境の保全に関する基本となるべき計画）

第3条　政府は、瀬戸内海が、わが国のみならず世界においても比類のない美しさを誇る景勝地として、また、国民にとつて貴重な漁業資源の宝庫として、その恵沢を国民がひとしく享受し、後代の国民に継承すべきものであることにかんがみ、瀬戸内海の環境の保全上有効な施策の実施を推進するため、瀬戸内海の水質の保全、自然景観の保全等に関し、瀬戸内海の環境の保全に関する基本となるべき計画（以下この章において「基本計画」という。）を策定しなければならない。

2～3　略

（埋立て等についての特別の配慮）

第13条　関係府県知事は、瀬戸内海における公有水面埋立法……第2条第1項の免許……については、第3条第1項の瀬戸内海の特殊性につき十分配慮しなければならない。

2　前項の規定の運用についての基本的な方針に関しては、中央環境審議会において調査審議するものとする。

（2）広島地裁の判断

　本件において、広島地裁は次のように判断して、地元住民（鞆町の居住者）に埋立免許の差止めを求める原告適格を認めた。

○広島地判平成21年10月1日判時2060号3頁

　＊以下の判決文中、「公水法」とは「公有水面埋立法」をさし、「瀬戸内法」とは「瀬戸内海環境保全特別措置法」をさし、「鞆の景観」とは鞆の浦全体の景観のことをさす。

　　……上記のような利益を有する者〔客観的な価値を有する良好な鞆の景観に近接する地域内に居住し、その恵沢を日常的に享受している者：土田注〕が、行訴法の法律上の利益をも有する者といえるか否かについて検討する。

　　この点については、まず、〈1〉公水法3条は、埋立ての告示があったときは、その埋立てに関し利害関係を有する者は都道府県知事に意見書を提出することができる旨規定し、この利害関係人は、当該埋立てに関し法律上の利害関係を有する者をいうと解せられ、本件事業の施工によって法的保護に値する景観利益を侵害される者は、上記利害関係人に当たるといえる。そして、上記認定にある本件事業の施行内容、特に本件埋立に係る区

域の範囲、位置及び面積、建設される橋梁の位置及び高さに加えて、この橋梁に自動車が走行すること等を総合考慮すれば、……景観利益が同施工によって大きく侵害されることは明らかであるから、同景観利益を有する者は、上記利害関係人に当たるといえる。したがって、公水法は、上記の者の個別的な利益を配慮し、これらの者が公有水面の埋立てに関する行政意思の決定過程に参加し、意見を述べる機会を付与したものといえる。次に、〈2〉瀬戸内法13条1項は、関係府県の知事が公水法2条1項の免許の判断をするに当たっては、瀬戸内法3条1項に規定されている瀬戸内海の特殊性につき十分配慮しなければならないと規定し、同項は、瀬戸内海の特殊性として、「瀬戸内海が、わが国のみならず世界においても比類のない美しさを誇る景勝地として、その恵沢を国民がひとしく享受し、後代の国民に継承すべきものである」ことを規定している。この規定は、国民が瀬戸内海について有するところの一般的な景観に対する利益を保護しようとする趣旨のものと解される。〈3〉公水法4条1項3号は、埋立地の用途が土地利用又は環境保全に関する国又は地方公共団体の法律に基づく計画に違背していないことを埋立免許の要件としている。そして、政府の定めた基本計画及び広島県の定めた県計画は、「公水法2条1項の免許に当たっては、瀬戸内法13条2項の基本方針に沿って、環境保全に十分配慮するものとする。」と定めた上、「上記埋立事業に当たっては地域住民の意見が反映されるよう努めるものとする。」と定めている。これらの規定は、国民の中で瀬戸内海と関わりの深い地域住民の瀬戸内海について有するところの景観等の利益を保護しようとする趣旨のものと解される。

　以上の公水法及びその関連法規の諸規定及び解釈のほか、前示の本件埋立及びこれに伴う架橋によって侵害される鞆の景観の価値及び回復困難性といった被侵害利益の性質並びにその侵害の程度をも総合勘案すると、公水法及びその関連法規は、法的保護に値する、鞆の景観を享受する利益をも個別的利益として保護する趣旨を含むものと解するのが相当である。したがって、原告らのうち上記景観利益を有すると認められる者は、本件埋立免許の差止めを求めるについて、行訴法所定の法律上の利益を有する者であるといえる。

　……鞆町は比較的狭い範囲で成り立っている行政区画であり、その中心に本件湾が存在すること……からすれば、鞆町に居住している者は、鞆の

景観による恵沢を日常的に享受している者であると推認されるから、本件
埋立免許の差止めを求めるについて、行訴法所定の法律上の利益を有する
者であるといえる。しかし、鞆町に居住していない者は、上記景観による
恵沢を日常的に享受するものとまではいい難いから、本件埋立免許の差止
めを求めるについて、行訴法所定の法律上の利益を有する者とはいえない。

　この判決は景観利益を法律上の利益としてとらえ、地元住民（鞆町の居住者）
の原告適格を肯定したが、上記判決部分からは、これを可能にした諸要素を抽
出することができる。

　第一に、処分（埋立免許）の事前手続の規定として、景観利益の享受者に意見
陳述の機会を付与した規定がある（要素①）。

　第二に、処分を行う際に景観への配慮を求める規定がある（要素②）。

　第三に、問題となっている景観が美しい景観としての価値のみならず、歴史
的・文化的価値も有する（要素③。なお、上記の抜粋部分では、この点への詳細な記述
はないが、判決文の中では鞆の浦の景観が「美しい景観としての価値にとどまらず、全体と
して、歴史的、文化的価値をも有する」ことが詳細に説明されている）。

　第四に、問題となっている景観が一度侵害されると、回復が困難である（要
素④）。

　第五に、比較的狭い行政区画で、かつその中心に保護すべき景観が存在する
（要素⑤）。

3. 本問における C の原告適格

　広島地裁が上記の諸要素に着目して鞆町の居住者に原告適格を肯定したこと
が適切であったか否かはさておき、上記の諸要素を念頭において、本問を再度、
検討してみると以下のことを指摘できよう。

　まず上記要素②を参考にすると、本問では景観法 8 条に基づいて定められた
本件計画があり、同法 17 条において当該計画への適合性が求められているた
め、これらの事情は C の原告適格を肯定する方向に作用しよう。

　他方、本問では上記要素①、③、④、⑤に関連する詳細な情報は与えられて
いない。したがって、これらの要素を念頭に置いて、C の原告適格を肯定する

のは難しい。

　もっとも、仮にこれらの要素を参考にした次のような事情が本問で認められていたとすれば、それらの事情をもとにCの原告適格を肯定することは不可能ではない。

　第一に、景観法の中に、同法17条1項に基づく変更命令の事前手続の規定として景観利益の享受者に意見陳述の機会を付与する規定がある。

　第二に、A市の臨海部が単に美しい景観としての価値を有しているに止まらず、全体として文化的・歴史的価値を有する。

　第三に、A市臨海部の景観が一度侵害されると、回復が困難である。

　第四に、A市が比較的狭い行政区画で、かつその中心に保護すべき景観が存在する。

　ただし、実際には本問で以上の諸事情は認められないため、以上の観点からCの原告適格を肯定することはできない。

漁港漁場整備法に基づく占用許可をめぐる法的問題

◀ **問題** ▶

　A 県は，漁港漁場整備法（以下「法」という。）に基づき，漁港管理者として B 漁港を管理している。B 漁港の一部には公共空地（以下「本件公共空地」という。）があり，C は，A 県の執行機関である A 県知事から，本件公共空地の一部（以下「本件敷地」という。）につき，1981 年 8 月 1 日から 2014 年 7 月 31 日までの期間，3 年ごとに法第 39 条第 1 項による占用許可（以下「占用許可」とは，同法による占用許可をいう。）を受けてきた。そして，1982 年に本件敷地に建物を建築し，現在に至るまでその建物で飲食店を経営している。同飲食店は，本件公共空地の近くにあった魚市場の関係者によって利用されていたが，同魚市場は徐々に縮小され，2012 年には廃止されて，関係施設も含め完全に撤去されるに至った。現在 C は，観光客などの一般利用者をターゲットとして飲食店の営業を継続し，2013 年には，客層の変化に対応するために店内の内装工事を行っている。他方，A 県知事は，魚市場の廃止に伴って，観光客を誘引するために，B 漁港その他の県内漁港からの水産物の直売所を本件敷地を含む土地に建設する事業（以下「本件事業」という。）の構想を，2014 年の初めに取りまとめた。なお，本件事業は，法第 1 条にいう漁港漁場整備事業にも，法第 39 条第 2 項にいう特定漁港漁場整備事業にも，該当するものではない。

　C は，これまで受けてきた占用許可に引き続き，2014 年 8 月 1 日からも占用許可を受けるために，本件敷地の占用許可の申請をした。しかし，A 県知事は，C に対する占用許可が本件事業の妨げになることに鑑みて，2014 年 7 月 10 日付けで占用不許可処分（以下「本件不許可処分」という。）をした。C は，「C は長期間継続して占用許可を受けてきたので，本件不許可処分は占用許可を撤回する処分と理解すべきである。」という法律論を主張している。A 県側は，「法第 39 条第 1 項による占用許可をするか否かについて，同条第 2 項に従って判断すべき場合は，法第 1 条の定める法の目的を促進する占用に限定されると解釈すべきである。C による本件敷地の占用は，法第 1 条の定める法の目的を促進するものではないので，C に対し本件敷地の占用許可をするかどうかについては，その実質に照らし，地方自治法第 238 条の 4 第 7 項が行政財

93

産の使用許可について定める基準に従って判断するべきである。」という法律論を主張している。なお，Ｂ漁港は，Ａ県の行政財産である。

　Ａ県の職員から，Ｃがなぜ上記のような法律論を主張しているのか，及び，Ａ県側の法律論は認められるかについて，質問を受けた弁護士Ｄの立場に立って，以下の設問に解答しなさい。なお，法の抜粋を資料として掲げるので，適宜参照しなさい。

〔設問１〕
　本件不許可処分を，占用許可申請を拒否する処分と理解する法律論と，占用許可の撤回処分と理解する法律論とを比べると，後者の法律論は，Ｃにとってどのような利点があるために，Ｃが主張していると考えられるか。行政手続法及び行政事件訴訟法の規定も考慮して答えなさい。

〔設問２〕
(1)　Ｃによる本件敷地の占用を許可するか否かについて，法第39条第2項に従って判断する法律論と，Ａ県側が主張するように，地方自治法第238条の4第7項の定める基準に従って判断する法律論とを比べると，後者の法律論は，Ａ県側にとってどのような利点があるか。両方の規定の文言及び趣旨を比較して答えなさい。
(2)　本件において，Ａ県側の上記の法律論は認められるか，検討しなさい。

【資料】漁港漁場整備法（昭和25年法律第137号）（抜粋）
（目的）
第1条　この法律は，水産業の健全な発展及びこれによる水産物の供給の安定を図るため，環境との調和に配慮しつつ，漁港漁場整備事業を総合的かつ計画的に推進し，及び漁港の維持管理を適正にし，もつて国民生活の安定及び国民経済の発展に寄与し，あわせて豊かで住みよい漁村の振興に資することを目的とする。
（漁港の保全）
第39条　漁港の区域内の水域又は公共空地において，（中略）土地の一部の占用（中略）をしようとする者は，漁港管理者の許可を受けなければならない。
　（以下略）

2 漁港管理者は，前項の許可の申請に係る行為が特定漁港漁場整備事業の施行又は漁港の利用を著しく阻害し，その他漁港の保全に著しく支障を与えるものでない限り，同項の許可をしなければならない。

3〜8 （略）

Ⅰ．基礎編

▶基礎的事項のチェック

1. 公物とは何か。
2. 行政手続法は、どのような行政活動を規律対象にしているか。
3. 申請に対する処分と不利益処分の手続規律は、いかなる点で類似し、また、いかなる点で相違するか。
4. 行政事件訴訟法には、どのような訴訟類型が定められているか。
5. 処分の取消訴訟の本案勝訴要件は何か。
6. 申請型義務付け訴訟の本案勝訴要件は何か。
7. 行政事件訴訟法には、どのような仮の救済手段が定められているか。
8. 撤回は取消しと比較して、どのような特徴をもっているか。
9. 撤回制限の法理とは何か。
10. 行政裁量とは何か。
11. 処分に裁量が認められるか否かは、どのように判断するのか。
12. 公物の利用許可に裁量は認められるか。
13. 公有財産は、何を基準にして、どのように区分されるか。
14. 行政財産とは何か。
15. 行政財産の目的外使用許可とは何か。
16. 行政財産の目的外使用許可に裁量は認められるか。
17. 公物の機能管理と財産管理とは何か。
18. 公物管理法および財産管理法の具体例として、どのような法律があるか。

1. 設問 1 に関する基礎的事項

(1) はじめに

　本問では漁港漁場整備法という、恐らく多くの読者にとって初見の法律が登場する。そこで、まずはこの法律が行政法学上、どのような性格をもった法律として位置づけられるのか、明らかにしておきたい。

　また、設問 1 では、行政手続法および行政事件訴訟法の規定も考慮して解答することが求められている。そのため、この二つの法律がどのような内容をもった法律なのか、あらかじめ把握しておかなければならない。そこで、両者の基本的な規律内容を確認しておきたい。

　さらに、本問では占用許可の撤回が問題にされている。この撤回という行為は行政法学上、特別な意味を持つから、関連する基礎的事項を確認しておこう。

(2) 公物管理法としての漁港漁場整備法

　行政法の学修をしていても、本問で素材とされている漁港漁場整備法に遭遇することは、全くといっていいほどない。この法律はもともと「漁港法」として昭和 25 年に制定されたが、平成 13 年に改正されて、現在の「漁港漁場整備法」になった。仮に行政法の教科書または参考書で同法が出てくるとすれば、(前身の漁港法まで含めると) **法律による行政の原理**が問題となった、いわゆる浦安漁港事件においてであって (最判平成 3 年 3 月 8 日民集 45 巻 3 号 164 頁)、それ以外に同法が教科書または参考書で取り上げられることはない。したがって、行政法の学修上、同法それ自体が重要ということはなく、仮に試験問題に登場してきたとしても、その場で問題を検討するのに必要な限りで同法の仕組みを把握すればよい。

　むしろ重要なのは、漁港漁場整備法が**公物管理法**としての性格を有するという点である。ここで**公物**とは、国家または公共団体が直接に公の目的のために供用する有体物のことをさす。道路や河川は、この意味での公物の典型例である。漁港漁場整備法が定める漁港も、この意味での公物である。したがって漁港漁場整備法は漁港という公物を管理するための法であって、公物管理法として位置づけることができる。

（3）行政手続法という法律

　行政活動は実体面のみならず、手続面からも法律によって規律されている。行政活動を手続面から規律した法律は複数存在するが、中でも重要なのは**行政手続法**である。以下、同法の全体像を把握するため、目次を掲載する。

○行政手続法の目次

```
第 1 章　総則（1 条～4 条）
第 2 章　申請に対する処分（5 条～11 条）
第 3 章　不利益処分（12 条～31 条）
第 4 章　行政指導（32 条～36 条の 2）
第 4 章の 2　処分等の求め（36 条の 3）
第 5 章　届出（37 条）
第 6 章　意見公募手続等（38 条～45 条）
第 7 章　補則（46 条）
```

　この目次からは、行政手続法があらゆる行政活動の手続を規律しているのではなく、一定の行政活動だけを対象にして、その手続を定めていることが読み取れる。具体的には、**処分**（第 2 章、第 3 章、第 4 章の 2）、**行政指導**（第 4 章）、**届出**（第 5 章）、**行政立法**（第 6 章）といった行政活動が対象にされている。したがって、これら以外の行政活動が問題になる場合（たとえば**行政契約**や、**行政計画**など）は、行政手続法の適用はなく、行政手続法上の問題は生じない。もっとも、本問では「占用許可申請を拒否する処分」と「占用許可の撤回処分」が話題にされており、これらはいずれも処分であるから、行政手続法が適用され、同法との関係が問題となる。

（4）行政手続法における申請に対する処分と不利益処分

　設問 1 で指摘されている「占用許可申請を拒否する処分」は行手法第 2 章の「**申請に対する処分**」に該当し、「占用許可の撤回処分」は行手法第 3 章の「**不利益処分**」に該当する。申請拒否処分も、申請人にとっては申請を認められなかったという点で不利益な内容をもつ処分であるから、行手法上の不利益処分に該当するともいえそうであるが、申請拒否処分は行手法の不利益処分の定義から明示的に除外してある（行手法 2 条 4 号ロ）。そのため、申請拒否処分を

行手法上の不利益処分として捉えるのは適切ではない。

　申請に対する処分にせよ、不利益処分にせよ、いずれも処分であるから、行手法の第2章と第3章で定められている手続規律の内容は類似する部分がある（特に不利益処分の手続規律については、平成24年度の基礎編の解説を参照）。具体的には、**審査基準**（申請により求められた許認可等をするかどうかを法令の定めに従って判断するために必要とされる基準をいう。行手法2条8号ロ）、**処分基準**（不利益処分をするかどうか又はどのような不利益処分とするかについて法令の定めに従って判断するために必要とされる基準をいう。行手法2条8号ハ）といった処分を行う際の基準の設定・公表について定めた第5条と第12条が類似するし、**理由の提示**について定めた第8条と第14条も類似する。

　他方、両者の間で決定的に異なるのは、処分の前に**意見陳述の機会**があるかないかという点である。すなわち、申請に対する処分の場合は、申請者が許認可等の申請をしたら、行政庁が申請拒否処分を行おうとする場合であっても、当該処分の前に申請者を呼び出して意見陳述の機会を与える必要はないが、不利益処分の場合は、行政庁が不利益処分をしようとする場合には原則として処分の名あて人に意見陳述の機会を与えなければならない（行手法13条1項）。このように不利益処分をする場合には、申請に対する処分の場合と異なり、原則として意見陳述の機会を与えなければならない点で、行政庁の側に一定の負担がかかる。

○申請に対する処分と不利益処分

	申請に対する処分	不利益処分
類似点	基準の設定・公表（行手法5条、12条） 理由の提示（行手法8条、14条）	
相違点	意見陳述の機会なし	意見陳述の機会あり

　なお、不利益処分の場合の意見陳述には**聴聞**と**弁明の機会の付与**という2種類の手続がある。両者の使い分けは行手法13条1項が定めているが、要約すると、前者の手続は比較的不利益の程度が重い場合（たとえば営業許可の取消処分など）、後者の手続は比較的不利益の程度が軽い場合（たとえば1ヶ月の営業停止処分など）にとられる。

（5）行政事件訴訟法という法律

行政事件訴訟法は行政事件訴訟について定めた法律である。同法2条によれば、行政事件訴訟とは、**抗告訴訟、当事者訴訟、民衆訴訟及び機関訴訟**をいう。このうち抗告訴訟は、本問のように処分を対象にして争う際に利用され、行訴法上、さらに**処分の取消訴訟、裁決の取消訴訟、処分の無効等確認訴訟、不作為の違法確認訴訟、処分の義務付け訴訟、処分の差止め訴訟**に分かれる。このうち処分の義務付け訴訟は、さらに**直接型義務付け訴訟と申請型義務付け訴訟**に分かれる（行訴法3条2〜7項。それぞれどのような訴訟かについては、平成23年度の基礎編の解説を参照）。

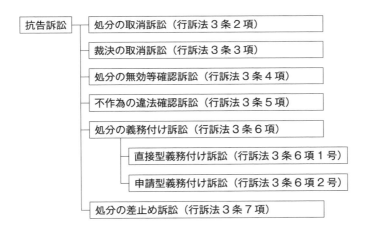

行政事件訴訟法は、これら行政事件訴訟の訴訟手続について定めている法律である。

（6）本案勝訴要件

後述するとおり、本問では、適切な訴訟として取消訴訟と申請型義務付け訴訟が考えられる。そこで、両者の本案勝訴要件を確認しておく。

まず取消訴訟の本案勝訴要件は、処分が違法であることである。このことについて定めた行訴法上の明文規定はないが、**裁量処分については行訴法30条**がある。これによれば、「裁量権の範囲をこえ又はその濫用があった場合に限り、裁判所は、その処分を取り消すことができる」とされており、「違法」へ

の言及はないものの、裁量権の逸脱濫用は違法と評価されるから、結局、裁量処分の場合も、処分が違法であることが本案勝訴要件といえる。

　次に、申請型義務付け訴訟の場合は、①併合提起する一定の抗告訴訟に係る請求に理由があると認められなければならず、さらに②「その義務付けの訴えに係る処分又は裁決につき、行政庁がその処分若しくは裁決をすべきであることがその処分若しくは裁決の根拠となる法令の規定から明らかであると認められ又は行政庁がその処分若しくは裁決をしないことがその裁量権の範囲を超え若しくはその濫用となる」と認められなければならない（行訴法37条の3第5項）。

　取消訴訟と申請型義務付け訴訟を比較した場合、上記②の分だけ、申請型義務付け訴訟のほうが本案勝訴要件のハードルが高くなっている。すなわち、取消訴訟の場合は単に処分が違法でありさえすれば、勝訴できるが、申請型義務付け訴訟の場合は処分が違法であるだけでは不十分で、義務付けの対象が覊束処分であれば処分をすべきであるということまでいえなければならないし、裁量処分であれば処分をしないことが裁量権の逸脱濫用になるということまでいえなければならない。そのため、一般的には、取消訴訟よりも、申請型義務付け訴訟のほうが原告にとって負担が重いといえる。

(7) 仮の救済手段

　行訴法は、本案判決が出されるまでの原告の権利利益を保全するために、仮の救済手段として、①執行停止（行訴法25条2項）、②仮の義務付け（行訴法37条の5第1項）、③仮の差止め（行訴法37条の5第2項）を定めている。これらの仮の救済手段はいずれも抗告訴訟の（適法な）提起を要件としている。抗告訴訟の類型と仮の救済手段の対応関係は以下のとおりである（行訴法上の仮の救済手段については、平成25年度の基礎編の解説を参照）。

○行訴法上の訴訟と仮の救済手段の対応関係

訴訟の類型	仮の救済手段
処分の取消訴訟	執行停止（行訴法 25 条 2 項）
裁決の取消訴訟	執行停止（行訴法 29 条、25 条 2 項）
処分の無効等確認訴訟	執行停止（行訴法 38 条 3 項、25 条 2 項）
不作為の違法確認訴訟	―
処分の義務付け訴訟	仮の義務付け（行訴法 37 条の 5 第 1 項）
処分の差止め訴訟	仮の差止め（行訴法 37 条の 5 第 2 項）

（8）撤回とその制限

　行政法学上、撤回は、取消しと同様、法律関係を消滅させる行為である。もっとも両者の間には、原因、主体、効果の点で以下の違いがある。

○取消しと撤回の違い

	原因	主体	効果
取消し	成立時の瑕疵	処分庁、上級行政庁、裁判所	遡及効
撤回	後発的事情	処分庁	将来効

　撤回は、侵害的処分の撤回か、それとも授益的処分の撤回かによって、考え方が異なる。侵害的処分の撤回は相手方に利益をもたらすことになるため、処分庁は自由に撤回を行うことができると考えられる（これを撤回自由の原則と呼ぶ）。これに対し、授益的処分の撤回は相手方に不利益をもたらすことになるため、行政法関係の法的安定性の確保や信頼保護等の要請から、一定の場合には撤回が制限されると考えられる（これを撤回制限の法理と呼ぶ）。もっとも、どのような場合に撤回権が制限されるのかは必ずしも明らかではない。この点、基本的には、個別の事案ごとに、撤回が相手方に与える不利益と撤回の公益上の必要性を比較衡量して判断することになろう（最判昭和 63 年 6 月 17 日判時 1289 号 39 頁〔菊田医師優生保護医指定撤回事件〕）。

　なお、撤回をめぐっては、法律の直接の根拠なくして撤回を行うことができるかという問題もある。現在では、許認可等の授権法律をもって撤回の法律上の根拠とする立場が有力に主張されている。これによれば、撤回に関する法律

の直接の根拠なくしても、許認可等の授権法律さえあれば、撤回を行うことができるということになる。これに対し、授益的行為の撤回は侵害行為であるから、撤回に関する法律の直接の根拠が必要であるとする立場もある。

2. 設問 2 （1）に関する基礎的事項

（1）はじめに

設問文では「法39条2項に従って判断する法律論」と「地方自治法第238条の4第7項の定める基準に従って判断する法律論」が並べられている。いずれの法律論についても、裁量論との関係は無視できないので、まずは裁量論の基本的事項を確認しておこう。また、特に後者の法律論は行政財産の目的外使用について定めた条文に依拠しているため、行政財産およびその目的外使用についても、基本的事項を確認しておきたい。

（2）行政裁量

行政裁量とは、法令が一義的明白に定めていないために行政機関に認められる判断の余地のことをさす。**裁量処分**（裁量を伴う処分）の場合、裁判所は**裁量権の逸脱濫用の有無**という限定された観点から審査を行うのに対して（行訴法30条）、**羈束処分**（裁量を伴わないで法令に羈束された処分）の場合は、裁判所は全面的な審査を行う。

○処分の種類と審査の方式

羈束処分	→	全面的な審査
裁量処分	→	限定的な審査

このように裁量が認められるか否かによって、裁判所の審査手法が異なる以上、当事者も、当該審査手法を意識した主張を展開する必要がある。そのため、裁量が認められるか否かの判断は重要である。この点、従来は、法律の文言（形式）に着目して裁量の有無を判定する手法と、処分の内容（実質）に着目して裁量の有無を判定する手法がとられてきた（裁量については、平成24年度の基礎編の解説を参照）。

○裁量の有無を判定する手法

(1) 形式的手法：法律の文言に着目する手法
①不確定概念が用いられているか否かによって判定する。
②できる規定になっているか否かによって判定する。
(2) 実質的手法：処分の内容に着目する手法
①専門技術的判断を伴うか否かによって判定する。
②政治的・政策的判断を伴うか否かによって判定する。

　本問では漁港という公物の利用に関する許可が問題とされているが、伝統的に公物の利用許可には広範な裁量が認められてきた。このような理解は、公物の利用許可が講学上の**特許**として理解されてきたことと連動している。すなわち、伝統的な理解によれば、もともと国民に公物を利用する権能は認められず、公物の利用許可によってはじめて国民に認められないはずの権能を認めることになるから、公物の利用許可は講学上の特許に該当し、そして特許である以上は、広範な裁量が認められると考えられてきたのである。しかし、もともと国民に公物を利用する権能が認められないという点は十分な論証がされていないし、特許であるから裁量が認められるという理解も適切ではない。現在においても、公物の利用許可には裁量が認められるという見解は一般に支持されているようにみえるが、その当否は個々の法律にしたがって判断されるべきである。

(3) 行政財産の意義

　国が所有する一定の財産を**国有財産**といい、地方公共団体が所有する一定の財産を**公有財産**という。このうち国有財産は**国有財産法**によって規律されており、公有財産は**地方自治法**によって規律されている。いずれの法律にしたがっても、それらの財産は**行政財産**と**普通財産**に区別される。このうち行政財産は公用または公共用に供し、又は供することと決定した財産をいい、普通財産は行政財産以外の一切の国公有財産をいう（国有財産法3条1〜3項、地自法238条3項、4項）。

○国有財産・公有財産の種類

国有財産・公有財産 ─┬─ 行政財産
　　　　　　　　　　└─ 普通財産

　本問においてB漁港はA県の行政財産であるとされているから、検討に際しては、地方自治法上の行政財産に関する規律を視野に入れる必要がある。

（4）行政財産の目的外使用と裁量

　行政財産の場合、公用または公共用目的以外の目的での使用（これを行政財産の**目的外使用**という）が原則として禁止されているが、許可等があれば、例外的に目的外であっても行政財産の使用は可能である。

　それでは行政財産の目的外使用の許可には裁量が認められるか。この点、最高裁平成18年2月7日判決〔呉市公立学校施設使用不許可事件〕は行政財産の管理者に目的外使用許可の裁量を認めている。

○最判平成18年2月7日民集60巻2号401頁

> 　地方自治法238条の4第4項〔現在の第7項〕、学校教育法85条〔現在の第137条〕の上記文言に加えて、学校施設は、一般公衆の共同使用に供することを主たる目的とする道路や公民館等の施設とは異なり、本来学校教育の目的に使用すべきものとして設置され、それ以外の目的に使用することを基本的に制限されている（学校施設令1条、3条）ことからすれば、学校施設の目的外使用を許可するか否かは、原則として、管理者の裁量にゆだねられているものと解するのが相当である。すなわち、学校教育上支障があれば使用を許可することができないことは明らかであるが、そのような支障がないからといって当然に許可しなくてはならないものではなく、行政財産である学校施設の目的及び用途と目的外使用の目的、態様等との関係に配慮した合理的な裁量判断により使用許可をしないこともできるものである。

　以上のような最高裁の判断は、行政財産の目的外使用許可に広範な裁量を認めてきた従来の裁判実務および学説の立場と一致する。

3. 設問2（2）に関する基礎的事項

（1）はじめに

　設問2（2）では、A県が漁港漁場整備法に係る本件不許可処分の適法性を主張するために、他の法律である地方自治法が定める基準にしたがって判断することの是非が問題とされている。この問題を検討する際には、公物の機能管理と財産管理について基本的な理解を得ておく必要があるし、これと連動して公物管理法と財産管理法についても基本的な理解を得ておく必要がある。

（2）公物の機能管理と財産管理

　公物は公用または公共用に供することを目的にした物である。したがって、その公目的を実現できるように、すなわち公物としての機能を発揮できるように、当該物を管理する必要がある。このような管理は**機能管理**（または公物管理）と呼ぶことができる。

　他方、公物も財産としての側面を有している以上、財産として管理することが考えられる。このような財産としての管理は**財産管理**と呼ぶことができる。

（3）公物管理法と財産管理法

　このように、公物の管理には機能管理と財産管理という2種類の異なる管理があるのであって、これに対応して管理のための法も機能管理を目的とした**公物管理法**と財産管理を目的とした**財産管理法**がある。公物管理法の例として道路法や河川法を挙げることができ、財産管理法の例として国有財産法や地方自治法を挙げることができる。

　既に冒頭で指摘したとおり、本問で問題になっている漁港漁場整備法は公物管理法であるし、地方自治法は財産管理法である。そうすると、設問2（2）では、公物管理法上の不許可処分の適法性を、財産管理法の基準を持ち出すことで正当化できるか、ということが問題になっているといえる。このように、設問2（2）では公物管理法と財産管理法の関係が問われているといえよう。

1. 設問 1 について

(1) はじめに

　設問 1 では、二つの法律論（「占用許可の申請拒否処分と理解する法律論」と「占用許可の撤回処分と理解する法律論」）を比べたうえで、C の利点を行政手続法および行政事件訴訟法の規定も考慮して解答することが求められている。そこで、以下では、それぞれの法律論を行政手続法および行政事件訴訟法との関係で検討するとともに、本案上の主張との関係でも検討し、C にとって後者の法律論には、どのような利点があるのか、指摘する。

(2) 行政手続法との関係

　本問で示されている「占用許可申請を拒否する処分」は行手法上の「申請に対する処分」に該当する。これに対し、「占用許可の撤回処分」は行手法上の「不利益処分」に該当する（行手法 2 条 4 号）。

　行手法上、申請に対する処分と不利益処分で決定的に異なるのは処分の前に意見陳述の機会があるか否かという点である。すなわち申請に対する処分の場合は意見陳述の機会が不要であるが、不利益処分の場合は原則として意見陳述の機会が必要である（行手法 13 条 1 項）。

　本件の場合、本件不許可処分を占用許可の撤回処分として理解すると、当該処分は「許認可等を取り消す不利益処分」に該当するから（行手法 13 条 1 項 1 号イ）、A 県知事は当該処分の前に聴聞の手続をとらなければならない。これに対し、本件不許可処分を申請に対する拒否処分として理解すると、そのような手続は不要である。

(3) 行政事件訴訟法との関係 その 1 〜訴訟

　C が行政事件訴訟を提起する場合、本件不許可処分を占用許可の申請拒否処分と理解するか、占用許可の撤回処分と理解するかによって、提起すべき訴訟が異なる。

　まず本件不許可処分を申請に対する処分として理解すると、C は申請型義務

付け訴訟（行訴法3条6項2号）を提起すべきである。申請型義務付け訴訟の場合、一定の抗告訴訟を併合提起しなければならないが、本件では既に本件不許可処分がされているため、本件不許可処分の取消訴訟か、無効等確認訴訟を提起しなければならない（行訴法37条の3第3項第2号）。仮に取消訴訟の出訴期間内に出訴するのであれば、併合提起する訴訟は取消訴訟ということになる。このように、Cが申請型義務付け訴訟とともに、取消訴訟を併合提起する場合、Cは取消訴訟の請求に理由があるということのほか、「処分又は裁決につき、行政庁がその処分若しくは裁決をすべきであることがその処分若しくは裁決の根拠となる法令の規定から明らかであると認められ又は行政庁がその処分若しくは裁決をしないことがその裁量権の範囲を超え若しくはその濫用となる」ことについて主張していかなければならない（行訴法37条の3第5項）。

　これに対し、本件不許可処分を占用許可の撤回処分として理解すると、Cは本件不許可処分の取消訴訟を提起すれば十分である。なぜなら、そのような理解の下では、取消訴訟を通じて本件不許可処分が取り消されれば、Cに対する占用許可が有効な状態に戻るからである。Cは、その訴訟の中で取消訴訟の請求に理由があるということのみ主張すればよい。

(4) 行政事件訴訟法との関係　その2〜仮の救済

　次にCが仮の救済を得ようとする場合についても、本件不許可処分を占用許可の申請拒否処分と理解するか、占用許可の撤回処分と理解するかによって、利用すべき行訴法上の手段が異なる。

　本件不許可処分を申請に対する拒否処分として理解した場合、Cが仮の救済を得ようとすれば、仮の義務付けを申し立てなければならない（行訴法37条の5第1項）。この場合、処分がされないことにより生ずる「償うことのできない損害」の要件が充足されなければならない。

　これに対し、本件不許可処分を占用許可の撤回処分として構成すると、Cは取消訴訟の提起とともに、執行停止の申立てを行わなければならない（行訴法25条2項）。この場合、「重大な損害」の要件が充足されなければならない。

　執行停止の場合の「重大な損害」の要件と仮の義務付けの場合の「償うことのできない損害」の要件を比較すると、仮の義務付けの決定が現状変更を伴うことから、慎重な判断が求められると考えられているために、前者のほうが、

後者よりも認められやすい。この点で、Cにとっては前者のほうが負担は軽い。

(5) 本案上の主張～撤回に着目した主張

本件不許可処分を占用許可の撤回処分と理解すると、上述のとおり、本件不許可処分の取消訴訟を提起することが適当であるが、この場合、当該訴訟における本案上の主張として、撤回に着目した次のような主張がありうる。

第一に、撤回権の根拠に着目した主張がありうる。すなわち、本件不許可処分を撤回処分と理解すると、当該処分は侵害的処分である。このような侵害的処分は**法律の留保の原則**から法律の根拠を必要とする。それにもかかわらず、本問で与えられた条文にはその根拠が見当たらない。したがって、当該処分は法律の根拠なくして行われた違法な処分であるとの主張が成り立ちうる。もっとも、以上の立論に対しては、撤回を許可制の法的仕組みの一構成要素であると理解する立場から、許可制について定めた条文（本件では漁港漁場整備法39条1項）をもって撤回の法的根拠として捉えることができるという批判がありうる。この立場に立つと、撤回の法的根拠に着目した違法主張はできないことになる。

第二に、撤回制限の法理に着目した主張がありうる。すなわち、法的安定性の確保や、信頼保護の要請から、相手方に与える不利益と撤回の公益上の必要性との比較衡量により、撤回権が制限されることも考えられるところ（最判昭和63年6月17日判時1289号39頁）、Cは2013年に内装工事を行ったばかりで投資額を未だ回収できておらず、実際に撤回されると大きな財産上の不利益を被る一方で、撤回をするだけの公益上の必要性が高いとは認められないと主張することが考えられる。もっとも、これに対しては、B漁港からの水産物の直売所を建設するという本件事業の公益性を強調して、撤回の公益上の必要性のほうが高いという主張がありえよう。

なお、本件不許可処分を占用許可の申請拒否処分と理解すると、当該処分は撤回ではないから、Cは訴訟の中で撤回に着目した上記のような主張を展開することができない。

(6) まとめ

以上を踏まえると、本件不許可処分を占用許可の撤回処分と理解する法律論は、Cにとって複数の利点があるということになる。

第一に、行政手続法との関係では、本件不許可処分を申請拒否処分として構成すると、事前に意見陳述の機会が法的に保障されないが、本件不許可処分を撤回処分として構成すると、事前に意見陳述の機会が法的に保障されることになる（行手法 13 条 1 項）。これによって C は事前の意見陳述に係る手続違法を主張できるようになる。

　第二に、行政事件訴訟法との関係では、本件不許可処分を申請拒否処分として構成すると、申請型義務付け訴訟を提起するのが適切であるということになるが、この場合、併合提起する抗告訴訟で請求が認められるだけでは不十分で、さらに「行政庁がその処分若しくは裁決をすべきであることがその処分若しくは裁決の根拠となる法令の規定から明らかであると認められ又は行政庁がその処分若しくは裁決をしないことがその裁量権の範囲を超え若しくはその濫用となると認められ」なければならず（行訴法 37 条の 3 第 5 項）、本案勝訴要件のハードルが高い。これに対し、本件不許可処分を撤回処分として理解した場合、適切な訴訟は取消訴訟であり、当該訴訟では単に本件不許可処分の違法を主張するのみで足りる。そのため、本案勝訴要件のハードルが相対的に低い。また、仮の救済という点では、本件不許可処分を申請拒否処分と理解すると、仮の義務付けの申立てを行うのが適切であるのに対し、本件不許可処分を撤回処分と理解すると、執行停止の申立てを行うのが適切であるということになるが、前者の場合だと比較的ハードルの高い「償うことのできない損害」の要件を充足しなければならないのに対し、後者の場合だと比較的ハードルの低い「重大な損害」の要件を充足すれば十分である。

　第三に、本件不許可処分を撤回処分と理解すると、撤回制限の法理等に依拠した、撤回に着目した本案主張が可能になるが、本件不許可処分を占用許可の申請拒否処分と理解すると、撤回に着目した本案主張はできない。

　以上のような利点があるため、C は本件不許可処分が占用許可の撤回処分である旨、主張しているといえる。

2. 設問 2（1）について

（1）はじめに

　設問 2（1）では「〔漁港漁場整備〕法第 39 条第 2 項に従って判断する法律

論」と「地方自治法第 238 条の 4 第 7 項の定める基準に従って判断する法律論」を比較することが求められ、しかも、その比較に際しては規定の文言および規定の趣旨を比較することが求められている。そこで、それぞれの法律の文言および趣旨を確認したのち、両者を比較することにしたい。

（2）漁港漁場整備法に従って判断する法律論

漁港漁場整備法 39 条 2 項は申請に係る行為が法目的を阻害する一定の事由に該当しない限り、許可を「しなければならない」と定めている。このような規定は、申請に係る行為が法目的を阻害しない限りは許可をすることによって、同法が掲げる水産業の健全な発展と水産物の安定供給という目的を実現しつつ、漁港区域内の土地を占用しようとする者の利益を保護しようとする趣旨で定められたものと解される。そうすると、漁港管理者には効果裁量が認められないといえるので、漁港管理者は同法 39 条 2 項の要件が充足されている限り、申請者からの申請に対して許可しなければならないといえる。

（3）地方自治法に従って判断する法律論

地方自治法 238 条の 4 第 7 項は、行政財産の用途又は目的を妨げない限度において許可を「することができる」と定めている。このような規定はもともと行政財産の使用権が国民・住民には認められないことを前提にして、行政財産の管理者が許可をする・しないの判断を行う際に、申請に係る行為の目的、態様、使用者の範囲、使用の必要性の程度、許可をするにあたっての支障、許可をした場合の弊害の内容や程度等、諸般の事情を総合考慮して判断すべきであるとの趣旨で定められたものと解される。そうすると、行政財産の管理者には効果裁量が認められるので、たとえ行政財産の用途または目的を妨げないとしても、申請者からの申請を拒否することができるといえる。

（4）まとめ

以上から、漁港漁場整備法 39 条 2 項に従って判断する法律論の場合は効果裁量が認められないのに対し、地方自治法 238 条の 4 第 7 項の定める基準に従って判断する法律論の場合は効果裁量が認められると指摘できる。そして、後者は、司法審査が裁量権の逸脱濫用の有無という限定的観点から行われるに

止まるため、違法との評価を受けにくいといえるので、この点に A 県側の利点を見出すことができる。

3. 設問 2 (2) について

(1) はじめに

　設問 2 (2) では、A 県側の法律論が認められるか、検討することが求められている。具体的には、①漁港漁場整備法と地方自治法の関係をどのように捉えるのか、②C による本件敷地の占用は漁港漁場整備法 1 条の定める法の目的を促進しないといえるのか否か、といった点が問題になろう。そこで、以下、これらの問題について順に検討する。

(2) 漁港漁場整備法と地方自治法の関係

　本問において A 県は漁港漁場整備法に基づく処分を、同法の基準ではなく、地方自治法の基準に基づいて判断すべきとしている。果たしてこのような主張は適切といえるか。この問題は、国公有財産の管理について定めた国有財産法・地方自治法を公物管理の一般法として捉えることができるのか（これと連動して、国有財産法・地方自治法と漁港漁場整備法の関係を一般法と特別法の関係として捉えることができるのか）という問題と密接に関係する。これを肯定的に解すると、（本件に適用可能な漁港漁場整備法上の許可基準の規定が存在しないという前提なら）A 県が実質的に公物管理の一般法たる地方自治法にしたがって判断することは許されるであろうし、逆に否定的に解すると、（たとえ本件に適用可能な漁港漁場整備法上の許可基準の規定が存在しないとしても）A 県が実質的に地方自治法にしたがって判断することは許されないであろう。

　この点、国有財産法・地方自治法を公物管理の一般法として捉える立場（肯定説）は、第一に、国有財産法・地方自治法は公目的を達成するために、行政財産の貸し付けや売り払い等を原則として禁止しており、このような点に公物管理法としての性格を見出すことができること、第二に、国有財産法 1 条が「国有財産の取得、維持、保存及び運用……並びに処分については、他の法律に特別の定めのある場合を除くほか、この法律の定めるところによる。」と定め、同法があたかも一般法としての性格を有するかのような規定を置いている

ことを根拠とする。

　これに対して国有財産法・地方自治法を公物管理の一般法として捉えない立場（否定説）は、第一に、国有財産法・地方自治法は公物の本来の目的を達成させるための管理作用について具体的に規律していないこと、第二に、国有財産法・地方自治法は公物法の最大の関心事である利用関係そのものについて正面から定めておらず、これは主たる関心が財産管理の側面に注がれていることを意味すると解されること、第三に、国有財産法・地方自治法は基本的に動産を国公有財産としていないが、動産である公物も存在するため、この場合は国有財産法・地方自治法が一般法として機能することはありえないこと等を根拠とする。

　以上のうち肯定説が従来の学説および裁判実務の立場である。これによると、本問では地方自治法が公物管理の一般法であり、漁港漁場整備法が特別法であるということになるから、漁港漁場整備法上の処分を行う際に地方自治法の基準に依拠することはありえよう。この場合、Ａ県の法律論は認められうる。

　他方、否定説は近年、学説上、有力に主張されている立場である（塩野宏『行政法Ⅲ（第4版）』（有斐閣、2012）355頁以下、宇賀克也『行政法概説Ⅲ（第4版）』（有斐閣、2015）558頁以下）。これによると、本問では地方自治法と漁港漁場整備法の関係は一般法と特別法の関係にないということになるから、漁港漁場整備法上の処分を行う際に地方自治法にしたがって判断することは許容されないことになろう。この場合、Ａ県側の法律論は認められない。

　なお、本問でＡ県の主張する法律論と類似する法律論を展開する裁判例として、以下のものがある。

○東京高判平成 22 年 9 月 15 日判タ 1359 号 111 頁

　……法〔＝漁港漁場整備法〕39条2項は、漁港区域内の公共空地や水面の一部について、積極的に漁港等の整備、運営をしていくため、水産業の健全な発展等という法の目的に適った利用に係る申請については、特定漁港漁場整備事業の施行又は漁港の利用を著しく阻害するものでなく、その他漁港の保全に著しい支障を与えるものでない限り、許可を与えなければならないことを定めているものと解されるが、申請に係る利用が水産業の健全な発展等という法の目的に関連しない場合は、一般原則に立ち戻り、

許可権者に対し、国有財産法における公共用財産の管理の趣旨に沿って許否を決定する旨の裁量権が認められているものというべきである。すなわち、法は、占用許可申請に係る利用が水産業の健全な発展等という法の目的に関連しない上、公共用財産の自由使用の趣旨に反する場合にまで、その行為が特定漁港漁場整備事業の施行又は漁港の利用を著しく阻害するものでなく、その他漁港の保全に著しく支障を与えるものでないものとして、許可権者に対し、占用許可することを義務付けているものとは到底解されないのである。このような場合は、許可権者は、国有財産法における公共用財産の管理の趣旨に沿って許否を決定する裁量権を有するものというべきである。

(3) 本件敷地の占用の目的

　仮に従来の学説および裁判実務にしたがい、上記の肯定説に立ったとしても、本件敷地の占有が漁港漁場整備法の目的に合致するのであれば、漁業漁場整備法39条2項に依拠して判断できるため（つまり、特別法による許可基準が存在するため）、実質的に地方自治法の基準に依拠して判断する必要がない。この点、A県による水産物の直売所も、Cによる飲食店も、いずれも観光客をターゲットにしており、実際に観光客を集めることができれば、漁港漁場整備法が目的とする水産業の健全な発展にもつながりうる。このように解すると、Cの申請に係る行為は漁港漁場整備法の目的を促進するということになるから、漁港漁場整備法39条2項に照らして許可処分がされるべきで、この場合、実質的に地方自治法の基準にしたがって判断すべきとするA県側の法律論は認められないことになる。

　しかし、一般的には、飲食店経営のための土地の占用は水産業の健全な発展および水産物の安定供給といった漁港漁場整備法の目的を促進するとは言い難い。特に2012年に魚市場が廃止されてからは、魚市場の関係者による利用も考えられないため、なおさら同法の目的とはかけ離れることになる。そうすると、本件敷地の占有は同法の目的を促進するものではないといえるので、上記の肯定説を前提にすると、A県側の法律論が受け入れられる余地はある。

　なお、以上とは逆に、上記の否定説に立った場合には、本件敷地の占用目的をどのように解しようとも、A県側の主張は認められない。なぜなら、本件

敷地の占有が漁港漁場整備法の目的に合致するのであれば、漁港漁場整備法39条2項に依拠して判断することになるし、他方、本件敷地の占有が漁港漁場整備法の目的に合致しないのであれば、本件に適用可能な漁港漁場整備法上の許可基準の規定がないことになり、この場合、地方自治法が公物管理の一般法ではないとの理解（＝否定説）に立つと、地方自治法の基準にしたがって判断することは許されないといえるからである。

（4）地方自治法の基準に依拠した判断

　仮にA県側の法律論にしたがって、実質的に地方自治法の基準に依拠してCからの申請が判断されるとしよう。この場合、許可権者には広範な裁量が認められるため、裁量権の逸脱濫用に当たらない限り、A県知事がCからの申請を拒否したとしても、それは違法ではない。それでは、本件において裁量権の逸脱濫用は認められるか。

　本件の場合、既に30年以上にわたってCが許可を得て適法に占用してきたことから、Cの占用者としての地位が法的に継続して保護されるべき地位にまで高められているとする指摘は考えられなくはない。仮にそのような法的地位が認められるとすれば、本件不許可処分は裁量権の逸脱濫用であって、違法である可能性がある。また、Cは2013年に客層の変化に対応するために店内の内装工事を行っているが、現在が2014年7月であるとすると、その占用目的からして占用期間は短すぎるといえるから、この点でも、本件不許可処分は裁量権の逸脱濫用であって、違法である可能性がある。

　しかし、もともと3年ごとの更新であって期限の定めがあり、今回はその期限が到来する事案であること、しかも、1981年に占用許可を得てから既に30年以上が経過し、飲食店経営という占用目的からして、この期間は不相当に短いとはいえないこと、さらには2014年に本件事業が取りまとめられて、本件事業の実施という公益上の必要性が認められることから、Cからの申請を拒否しても裁量権の逸脱濫用と評価されることはないともいえよう。

4. 出題趣旨について

（1）出題趣旨

　法務省から公表された平成 26 年度予備試験の行政法の出題趣旨は以下のとおりである（http://www.moj.go.jp/content/001128604.pdf）。

> 　本問は、漁港において公共空地の占用許可を継続的に受けてきた事業者が、引き続き占用許可を申請したところ、不許可処分を受けたという事例に即して、行政手続、行政訴訟及び行政処分の違法事由についての基本的な知識及び理解を試す趣旨の問題である。設問 1 では、申請拒否処分と不利益処分について行政手続法が定める規律の相違や抗告訴訟で争う場合の行政事件訴訟上の規定の相違及び授益処分の撤回の制限法理について論じること、設問 2 では、行政財産の目的外使用許可と行政庁の裁量についての理解を前提とした上で、行政庁が占用許可についてどのような法的基準を用いて判断するべきかを、関係規定及び関係制度の文言や趣旨並びに本件の事実関係に照らして論じることが、それぞれ求められている。

（2）コメント

　上記の出題趣旨では、「行政手続、行政訴訟及び行政処分の違法事由についての基本的な知識及び理解を試す趣旨の問題である」とされている。確かに、設問 1 および設問 2（1）は基本的な知識及び理解を試しているといえるが、設問 2（2）は必ずしもそうとはいえない要素を含んでいる。既に指摘したように、本問は、公有財産について規律した地方自治法上の規定を公物管理の一般法としてみることができるかという論点を含んでいる。ところが、この論点は、多くの受験生が使用しているであろう、一冊で行政法を説明する一般の教科書では取り上げられていない。そのため、当該論点をおさえるためには、塩野教授や宇賀教授が執筆しているような、三冊にわたって行政法を説明する教科書にあたらなければならない。

　もっとも、上記の出題趣旨の中で当該論点への言及は明示的にはされておらず、また、解答時間の制約もあることから、当該論点に深く立ち入った解答は求められていないものと思われる。したがって、解答に際しては地方自治法と漁港漁場整備法の関係について必ずしも詳細に論じる必要はなく、両者が一般

法と特別法の関係にあるのか否か、その結論と理由づけが簡潔に示されていれば十分であろう。

5. 参考答案例

第1　設問1
1　本件不許可処分を占用許可の撤回処分と理解する法律論は、Cにとって次のような利点がある。
2　第一に、行政手続法との関係では、本件不許可処分を申請拒否処分として構成すると、事前に意見陳述の機会が法的に保障されないが、本件不許可処分を撤回処分として構成すると、当該処分は不利益処分に該当することから、事前に意見陳述の機会が法的に保障されることになる（行手法13条1項）。これによってCが事前の意見陳述に係る手続違法を主張できるという利点がある。

第二に、行政事件訴訟法との関係では、本件不許可処分を申請拒否処分として構成すると、申請型義務付け訴訟を提起するのが適切であるということになるが、この場合、併合提起する申請拒否処分の取消訴訟で原告の請求が認められるだけでは不十分で、さらに申請型義務付け訴訟の本案勝訴要件が充足されなければならない（行訴法37条の3第5項）。これに対し、本件不許可処分を撤回処分として理解した場合、適切な訴訟は取消訴訟であり、当該訴訟では単に本件不許可処分の違法を主張するのみで足りる。また、仮の救済との関係では、本件不許可処分を申請拒否処分と理解すると、仮の義務付けを申し立てるのが適切であるのに対し、本件不許可処分を撤回処分と理解すると、執行停止の申立てを行うのが適切であるということになるが、前者の場合、比較的厳格な要件である「償うことのできない損害」の要件を充足しなければならないのに対し、後者の場合だとそれほど厳格とはいえない「重大な損害」の要件を充足すればよい。

第三に、本件不許可処分を撤回処分として理解すると、本件は授益的処分が撤回されたケースとみることができるから、行政法関係の法的安定性の確保や信頼保護等の要請から導かれる撤回制限の法理に依拠した本案主張が可能になる。同法理によれば、基本的には、撤回が相手方に与える不利益と撤回の公益上の必要性を比較衡量して授益的処分の撤回の可否が判断されると

ころ、これを本件についてみると、Cは2013年に内装工事を行ったばかり
で投資額を未だ回収できておらず、実際に撤回されると大きな財産上の不利
益を被る一方で、撤回をするだけの公益上の必要性が高いとは認められない
ため、本件不許可処分は撤回制限の法理に照らし、違法である旨、主張でき
よう。これに対し、本件不許可処分を占用許可の申請拒否処分として理解す
ると、そのような本案主張はできない。

第2　設問2（1）

1　法39条2項は申請に係る行為が一定の事由に該当しない限り、許可を
「しなければならない」と定めている。このような規定は、申請に係る行為が
一定の事由に該当しない限りは許可をすることによって、同法が掲げる水産
業の健全な発展と水産物の安定供給という目的を実現しつつ、漁港区域内の
土地を占用しようとする者の利益を保護しようとする趣旨で定められたもの
と解される。そうすると、漁港管理者には効果裁量が認められない。

2　これに対し、地方自治法238条の4第7項は、行政財産の用途又は目的
を妨げない限度において許可を「することができる」と定めている。このよ
うな規定はもともと行政財産の使用権が国民・住民には認められないことを
前提にして、行政財産の管理者が許可をする・しないの判断を行う際に、申
請に係る行為の目的、態様、使用者の範囲、使用の必要性の程度、許可をす
るにあたっての支障、許可をした場合の弊害の内容や程度等、諸般の事情を
総合考慮して判断すべきであるとの趣旨で定められたものと解される。そう
すると、行政財産の管理者には効果裁量が認められる。

3　以上から、法39条2項に従って判断する法律論の場合は効果裁量が認め
られないのに対し、地方自治法238条の4第7項に従って判断する法律論
の場合は効果裁量が認められる。その結果、A県側にとっては、後者のほう
が、司法審査が裁量権の逸脱濫用の有無という限定的観点から行われるに止
まるため、違法との評価を受けにくいという利点が認められる。

第3　設問2（2）

1　A県側の法律論では、Cによる本件敷地の占用許可が法1条の定める法
の目的を促進するものではないという主張が展開されている。この点、飲食
店経営のための土地の占用は水産業の健全な発展および水産物の安定供給と
いった同法の目的を促進するとは言い難い。特に2012年に魚市場が廃止さ
れてからは、魚市場の関係者による利用も考えられないため、なおさら同法

の目的とはかけ離れることになる。そのため、上記のA県の主張は適切である。

2　しかし、A県側の法律論において、地方自治法238条の4第7項が定める基準に従って判断するべきとされている点は適切ではない。なぜなら、地方自治法の公有財産に関する諸規定と法の関係について、第一に、地方自治法の諸規定が公物本来の目的を達成させるための管理作用について具体的な内容を伴った規律をしていないこと、第二に、地方自治法の諸規定が公物法の最大の関心事である利用関係そのものについて正面から定めておらず、これは主たる関心が財産管理の側面に注がれていることを意味すると解されることから、両者は一般法と特別法の関係にないといえるからである。

3　そうすると、A県側の法律論の中で、Cに対する本件敷地の占用許可の判断に際して上記の地方自治法の条項が定める基準に従って判断するという点は適切ではなく、認められない。

以上

Ⅲ. 展開編

1. はじめに

本問では、あらかじめ本件不許可処分を申請拒否処分と理解する可能性と撤回処分と理解する可能性が示され、それぞれの理解が成り立ちうることを前提に小問が設けられている。したがって、どちらの理解を適切と考えるべきかは正面から問われていない。

しかし、実務上、行政財産の使用期間終了間近に従来の使用者が改めて申請を行い、これに対して行政庁が不許可処分をした場合に、これを申請拒否処分とみるか、それとも撤回とみるかは、損失補償の要否との関係で問題にされてきた。形式的観点からすると、行政財産の使用期間が設けられている以上、使用期間が終了したら、いったん法律関係は消滅し、新たな申請を改めてゼロから審査するという理解が適切であるようにも思える。しかし、従来の裁判実務を見る限り、必ずしもそのような理解だけが通用しているのではない。そこで、以下では、本問で問われていない損失補償のことも視野に入れつつ、この点について簡単に整理しておきたい。

2. 東京都中央卸売市場事件

　行政財産の目的外使用許可を取り消した場合に、使用権それ自体の補償が必要か否かが問題となった東京都中央卸売市場事件において、最高裁昭和49年2月5日判決は次のように判示して、使用権それ自体の補償を不要とした。

○最判昭和49年2月5日民集28巻1号1頁

> ……行政財産たる土地につき使用許可によって与えられた使用権は、それが期間の定めのない場合であれば、当該行政財産本来の用途または目的上の必要を生じたときはその時点において原則として消滅すべきものであり、また、権利自体に右のような制約が内在しているものとして付与されているものとみるのが相当である。すなわち、当該行政財産に右の必要を生じたときに右使用権が消滅することを余儀なくされるのは、ひっきょう使用権自体に内在する前記のような制約に由来するものということができるから、右使用権者は、行政財産に右の必要を生じたときは、原則として、地方公共団体に対しもはや当該使用権を保有する実質的理由を失うに至るのであって、その例外は、使用権者が使用許可を受けるに当たりその対価の支払をしているが当該行政財産の使用収益により右対価を償却するに足りないと認められる期間内に当該行政財産に右の必要を生じたとか、使用許可に際し別段の定めがされている等により、行政財産についての右の必要にかかわらず使用権者がなお当該使用権を保有する実質的理由を有すると認めるに足りる特別の事情が存する場合に限られるというべきである。

　この有名な判示部分は、行政財産の使用許可によって与えられた使用権が「期間の定めのない場合」を前提にしている。ところが、原々審の判断（東京地判昭和39年10月5日判タ170号234頁）によれば、当該事件では当初は確かに期間の定めのない許可がされていたものの、昭和27年からは毎年、1年の使用期間が付された許可がされていた。それにもかかわらず、裁判所が当該事案を「期間の定めのない場合」として扱ったのは、申請者が1年毎の期間の定めを了承したうえで書面を提出したとは到底考えられないと判断されたからである（原審の判断である東京高判昭和44年3月27日高民集22巻1号181頁も参照）。このよ

うに、たとえ現実に使用期間の定めがあったとしても、当事者がそれを了承していなければ、期間の定めがないものとして扱われるという裁判実務がある。

3. 判断の方法

　もっとも、このような当事者の主観面に着目した判断方法は法的安定性を損ない、適切ではないという評価がありうる。そこで、学説は、従来、主観面に着目するのではなく、基本的には客観面に着目して判断を行うべきことを主張してきた。たとえば宇賀教授によると、再申請に対する不許可処分を新たな申請に対する拒否処分とみるか、それとも撤回処分とみるかは、「使用（占用）目的との関係で客観的にみて相当の期間が経過しているか否かがポイントになる。然りとすれば、使用（占用）権者の意思如何にかかわらず、使用（占用）関係は消滅し、再申請に対する不許可処分は、実質的にも許可の撤回とは異なると解することができよう。逆に、否とすれば、形式的には申請不許可処分であっても実質は許可の撤回とみるべきことになる。」（宇賀克也「行政財産の使用許可の撤回と損失補償（上）」ジュリスト1016号56頁以下）。

4. 損失補償との関係

　このような理解を前提にすると、再申請に対する不許可処分は、それまでの行政財産の使用が使用目的との関係で客観的にみて相当の期間を経過していれば、実質的にも申請に対する拒否処分とみることができる。この場合、既に行政財産を使用する法的地位は使用期間の終了とともに消滅しているわけであるから、不許可処分を理由にした損失補償は不要ということになろう。
　他方、行政財産の使用が使用目的との関係で客観的にみて相当の期間を経過していない場合、再申請に対する不許可処分は実質的に撤回処分とみることができる。この場合、不許可処分によって使用権が消滅したとみることになるので、当該使用権に対する損失補償の要否は別途、検討されなければならない。もっとも、上記昭和49年最判が示すとおり、行政財産の使用許可に基づく使用権は「当該行政財産本来の用途または目的上の必要を生じたときはその時点において原則として消滅すべきものであり、また、権利自体に右のような制約

が内在しているものとして付与されている」ことを前提にすると、再申請に対する不許可処分を撤回処分と理解したところで、行政財産本来の用途または目的上の必要から当該処分がされたのであれば、使用権に対する損失補償は、やはり不要ということになろう。なお、行政財産本来の用途または目的のために撤回がされるのではなく、それとは別の公目的で撤回がされる場合（たとえば鉄道建設のために河川敷地の占用許可が撤回される場合）の損失補償の要否や、使用権以外の権利利益に対する損失補償の要否（＝付随的損失の補償の要否）については、別途、検討する必要がある。

5. 本件の場合

　以上を踏まえると、本件の場合、3年ごとの占用許可を30年以上の長期に渡って継続して取得し、本件敷地を占用してきたから、飲食店経営という占用目的との関係でいくと、客観的には相当の期間が経過しているといえよう。そうすると、仮にCが損失補償を求めて出訴したとしても、当該請求は認められない。

　もっとも、本件では2013年にCは客層の変化に対応するため店内の内装工事をしている。現在が2014年であることを前提にすると、新たな内装のお店で飲食店経営を行うという目的との関係では、客観的には相当の期間が経過していないともいえる。この場合、本件不許可処分を撤回処分として捉える余地がある。ただし、仮に本件不許可処分を撤回処分として捉えた場合でも、本件事業の実施を目的にした本件敷地の占用が本件敷地の本来的な用途または目的に合致していれば、上記昭和49年最判の理解を前提にする限り、使用権それ自体の損失補償は認められないであろう。逆に本件敷地の占用が本件敷地の本来的な用途または目的に合致していない場合、損失補償の要否は、別途、検討する必要がある。また、使用権以外の権利利益の損失補償の要否についても、別途、検討する必要がある。

河川法に基づく河川区域の指定と不法占拠物件の除却命令

◀ **問題** ▶

　A 県に存する B 川の河川管理者である A 県知事は，1983 年，B 川につき，河川法第 6 条第 1 項第 3 号に基づく河川区域の指定（以下「本件指定」という。）を行い，公示した。本件指定は，縮尺 2500 分の 1 の地図に河川区域の境界を表示した図面（以下「本件図面」という。）によって行われた。

　C は，2000 年，B 川流水域の渓谷にキャンプ場（以下「本件キャンプ場」という。）を設置し，本件キャンプ場内にコテージ 1 棟（以下「本件コテージ」という。）を建築した。その際，C は，本件コテージの位置につき，本件図面が作成された 1983 年当時と土地の形状が変化しているため不明確ではあるものの，本件図面に表示された河川区域の境界から数メートル離れており，河川区域外にあると判断し，本件コテージの建築につき河川法に基づく許可を受けなかった。そして，河川法上の問題について，2014 年 7 月に至るまで，A 県知事から指摘を受けることはなかった。

　2013 年 6 月，A 県知事は，C に対し，本件コテージにつき建築基準法違反があるとして是正の指導（以下「本件指導」という。）をした。C は，本件指導に従うには本件コテージの大規模な改築が必要となり多額の費用を要するため，ちゅうちょしたが，本件指導に従わなければ建築基準法に基づく是正命令を発すると迫られ，やむなく本件指導に従って本件コテージを改築した。C は，本件コテージの改築を決断する際，本件指導に携わる A 県の建築指導課の職員 D に対し，「本件コテージは河川区域外にあると理解しているが間違いないか。」と尋ねた。D は，A 県の河川課の担当職員 E に照会したところ，E から「測量をしないと正確なことは言えないが，今のところ，本件コテージは河川区域外にあると判断している。」旨の回答を受けたので，その旨を C に伝えた。

　2014 年 7 月，A 県外にある他のキャンプ場で河川の急激な増水による事故が発生したことを契機として，A 県知事は本件コテージの設置場所について調査した。そして，本件コテージは，本件指定による河川区域内にあると判断するに至った。そこで，A 県知事は，C に対し，行政手続法上の手続を執った上で，本件コテージの除却命令（以下「本件命令」という。）を発した。

Cは，本件命令の取消しを求める訴訟（以下「本件取消訴訟」という。）を提起し，本件コテージが本件指定による河川区域外にあることを主張している。さらに，Cは，このような主張に加えて，本件コテージが本件指定による河川区域内にあると仮定した場合にも，本件命令の何らかの違法事由を主張することができるか，また，本件取消訴訟以外に何らかの行政訴訟を提起することができるかという点を，明確にしておきたいと考え，弁護士Fに相談した。Fの立場に立って，以下の設問に答えなさい。なお，河川法及び同法施行令の抜粋を資料として掲げるので，適宜参照しなさい。

〔設問1〕

本件取消訴訟以外にCが提起できる行政訴訟があるかを判断する前提として，本件指定が抗告訴訟の対象となる処分に当たるか否かを検討する必要がある。本件指定の処分性の有無に絞り，河川法及び同法施行令の規定に即して検討しなさい。なお，本件取消訴訟以外にCが提起できる行政訴訟の有無までは，検討しなくてよい。

〔設問2〕

本件コテージが本件指定による河川区域内にあり，本件指定に瑕疵はないと仮定した場合，Cは，本件取消訴訟において，本件命令のどのような違法事由を主張することが考えられるか。また，当該違法事由は認められるか。

【資 料】
○ 河川法（昭和39年7月10日法律第167号）（抜粋）
（河川区域）
第6条 この法律において「河川区域」とは，次の各号に掲げる区域をいう。
　一 河川の流水が継続して存する土地及び地形，草木の生茂の状況その他その状況が河川の流水が継続して存する土地に類する状況を呈している土地（中略）の区域
　二 （略）
　三 堤外の土地（中略）の区域のうち，第1号に掲げる区域と一体として管理を行う必要があるものとして河川管理者が指定した区域〔注：「堤外の土地」とは，堤防から見て流水の存する側の土地をいう。〕

2・3　（略）

4　河川管理者は，第1項第3号の区域（中略）を指定するときは，国土交通省令で定めるところにより，その旨を公示しなければならない。これを変更し，又は廃止するときも，同様とする。

5・6　（略）

（河川の台帳）

第12条　河川管理者は，その管理する河川の台帳を調製し，これを保管しなければならない。

2　河川の台帳は，河川現況台帳及び水利台帳とする。

3　河川の台帳の記載事項その他その調製及び保管に関し必要な事項は，政令で定める。

4　河川管理者は，河川の台帳の閲覧を求められた場合においては，正当な理由がなければ，これを拒むことができない。

（工作物の新築等の許可）

第26条　河川区域内の土地において工作物を新築し，改築し，又は除却しようとする者は，国土交通省令で定めるところにより，河川管理者の許可を受けなければならない。（以下略）

2～5　（略）

（河川管理者の監督処分）

第75条　河川管理者は，次の各号のいずれかに該当する者に対して，（中略）工事その他の行為の中止，工作物の改築若しくは除却（中略），工事その他の行為若しくは工作物により生じた若しくは生ずべき損害を除去し，若しくは予防するために必要な施設の設置その他の措置をとること若しくは河川を原状に回復することを命ずることができる。

　一　この法律（中略）の規定（中略）に違反した者（以下略）

　二・三　（略）

2～10　（略）

第102条　次の各号のいずれかに該当する者は，1年以下の懲役又は50万円以下の罰金に処する。

　一　（略）

　二　第26条第1項の規定に違反して，工作物の新築，改築又は除却をした者

三　（略）

○　河川法施行令（昭和40年2月11日政令第14号）（抜粋）

（河川現況台帳）

第5条　（略）

2　河川現況台帳の図面は，付近の地形及び方位を表示した縮尺2500分の1
以上（中略）の平面図（中略）に，次に掲げる事項について記載をして調製
するものとする。

　　一　河川区域の境界

　　二～九　（略）

I. 基礎編

> ▶**基礎的事項のチェック**
>
> 1. 行政事件訴訟には、どのような種類の訴訟があるか。
> 2. 抗告訴訟とは、どのような訴訟か。
> 3. 抗告訴訟の対象は何か。
> 4. 行政事件訴訟法における処分とは何か。
> 5. 行政事件訴訟法における処分か否かは、どのように判断するのか。
> 6. 裁量処分の取消訴訟の本案勝訴要件は何か。
> 7. 処分に裁量が認められるか否かは、どのように判断するのか。
> 8. 裁量権の逸脱濫用は、どのような場合に認められるか。
> 9. 最判昭和62年10月30日判時1262号91頁〔青色申告承認申請
>   懈怠事件〕において、最高裁は、租税法関係への信義則の適用の可否に
>   ついて、どのような判断を示したか。

1. 本問の個別行政法規に関する基礎的事項

（1）はじめに

　本問で登場する個別行政法規として河川法および建築基準法がある。これら
は、通常、教科書の中では、なかなか登場してこない。そのため、問題文の中
で河川法や建築基準法に基づく行為が取り上げられると、戸惑う者も出てくる

かもしれない。そこで、まずは河川法の用語（具体的には「河川管理者」「指定」「除却命令」）および建築基準法の用語（具体的には「是正命令」）について簡単に解説しておきたい。これらの用語に関する知識は設問に対する解答を行う上で必要不可欠というわけでは必ずしもないが、一定の知識をもっていれば、スムーズに問題の検討に入っていくことができる。

(2) 河川法上の河川管理者

【資料】に掲載された河川法の条文を前提にすると、河川管理者の定義規定はないので、河川管理者とはどのような者のことを指すのか、よくわからない。もっとも、ここでは、河川管理者とは河川を管理するための権限を認められた者のことをさす、という程度の理解でよい。この河川管理者の権限は、まずもって河川法等の法律から導き出され、河川敷地等の所有権から導き出されるものではない。

(3) 河川法上の指定

一般に、河川とは流水とその底地が一体になったものと解されている。河川法は、この意味での河川を適切に管理するための法律であるが、河川を適切に管理しようとすると、河川のみならず、河川の周辺の土地も適切に管理する必要がある。ところが、河川の周辺の土地というだけでは無限にその範囲が広がってしまう。そこで、立法者は、これを限定するために、管理の必要がある周辺の土地の範囲を画定して（この画定行為が「指定」である）、当該区域を「河川区域」とし（河川法6条1項）、河川法の規律を及ぼすようにした。

もっとも、この河川区域の指定は、関係者が現地に赴き、場所を細かく特定して行うわけではない。本問で与えられた条文を前提にすると、指定は縮尺2500分の1以上の平面図に河川区域の境界を記載し、台帳を整えることによって行われる（河川法施行令5条2項1号）。そのため、単に平面図上で河川区域を指定しただけでは、河川区域の境界が曖昧であることは否定できず、どこまでが河川区域で、どこからが河川区域でないのか、争いになることがある。このような場合に、ある特定の土地が河川区域内の土地なのか、そうでないのかを明らかにするため、どのような訴訟が考えられるかは、問題になる。もっとも、設問1では指定を抗告訴訟で争う可能性が示唆されているものの、「本件

取消訴訟以外にCが提起できる行政訴訟の有無までは、検討しなくてよい。」
と指示されているので、本問では訴訟形式それ自体を検討する必要はない。た
だ、この問題は重要であると同時に難しい問題でもあるから、後で改めて取り
上げることにしたい（後述の展開編の解説を参照）。

（4）河川法上の除却命令

本件コテージの除却命令（本件命令）は、河川法75条1項に基づく河川管理
者の監督処分として行われたものである。

本件命令が抗告訴訟の対象となる処分であること、および、処分の中でも不
利益処分に該当するということについて、異論はない。

仮に、本件命令が発せられたにもかかわらず、名あて人たるCが本件命令
にしたがわない場合には、河川管理者は行政代執行法に基づいて代執行を行う
可能性がある。実際に代執行が行われれば、Cの本件コテージは行政機関によ
って強制的に除却され、代執行に要した費用はCが支払うことになる（行代法
5条、6条）。このような事態を阻止するために、Cは代執行の前提となる本件
命令の取消訴訟を提起したものと考えられる。

（5）建築基準法上の是正命令

違法な建築物を放置すると、倒壊するなどして通行人等に危害を及ぼす可能
性があるため、建築基準法は、行政庁に違反の是正を命じる権限を認めた。こ
の権限に基づいて行われるのが、是正命令である。

上述の河川法上の除却命令と同様、建築基準法上の是正命令も抗告訴訟の対
象となる処分であること、および、処分の中でも不利益処分に該当するという
ことについて、異論はない。

仮に、是正命令が発せられたにもかかわらず、名あて人が当該是正命令にし
たがわない場合には、行政庁は行政代執行法に基づいて代執行を行う可能性が
ある。このような事態を回避するため、本件において、Cは知事による指導に
したがったものと考えられる。

2. 設問 1 に関する基礎的事項

（1）行政訴訟の意義

　設問 1 では「行政訴訟」という言葉や、「抗告訴訟」という言葉が登場する。そこで、それらの意味および関連する基礎的事項について確認しておく。

　行政訴訟とは、行政事件訴訟ともいい、確立した定義があるわけではないが、ここでは一応、行政活動に関連する紛争についての、民事訴訟とは区別された特別な訴訟としておく。このような行政訴訟を規律しているのが「行政事件訴訟法」である（行訴法 1 条）。このように、民事訴訟とは異なる行政訴訟という類型が用意されているのは、行政活動に関連する紛争が民事紛争には見られない権力性や、公益性を伴っているからである。

（2）行政訴訟の種類

　行政訴訟には抗告訴訟、当事者訴訟、民衆訴訟、機関訴訟という四つの類型がある（行訴法 2 条）。本問では、このうち抗告訴訟に着目することとされている。

（3）抗告訴訟の意義と対象

　抗告訴訟とは、「行政庁の公権力の行使に関する不服の訴訟」をいう（行訴法 3 条 1 項）。そのため、「行政庁の公権力の行使」以外の行政活動に対する不服の訴訟は抗告訴訟として提起できない。仮に、そのような訴訟を抗告訴訟として提起すれば、当該訴えは不適法な訴えとして却下される。このことから明らかなように、抗告訴訟として適法に訴えを提起するのであれば、その対象は「行政庁の公権力の行使」でなければならない。

（4）抗告訴訟の対象と取消訴訟の対象～行訴法３条１項と行訴法３条２項の関係

　それでは、行訴法３条１項でいう「行政庁の公権力の行使」とは何か。この問いに対する回答は確立していない。ただ、「行政庁の公権力の行使」概念は抗告訴訟の一類型としての**取消訴訟**（行訴法３条２項）が対象とする**処分**を含むこと、および、「行政庁の公権力の行使」概念の大部分を取消訴訟の対象としての処分が占めることについて異論はない。そうすると、抗告訴訟は処分を対象にした不服の訴訟であると言い換えることも、あながち不可能ではない。行訴法上、抗告訴訟の対象は処分であるとはどこにも明記されていないにもかかわらず、設問１で「抗告訴訟の対象となる処分」という表現がされているのは、以上の理解に支えられているものと思われる。

　そうすると、本問では「本件指定が抗告訴訟の対象となる処分に当たるか否かを検討する」ために、「本件指定の処分性の有無」が問題にされているが、この本件指定の処分性の有無は、取消訴訟について定めた行訴法３条２項でいう「行政庁の処分その他公権力の行使に当たる行為」といえるか否かという観点から検討すればよいといえる。

（5）処分の意義

　そこで、次に行訴法３条２項でいう「行政庁の処分その他公権力の行使に当たる行為」とは何かということが問題になる。この部分は、大きく、（ア）「行政庁の処分」（狭義の処分）と（イ）「その他公権力の行使に当たる行為」に分けることができる。行訴法は、この二つをまとめて「処分」（広義の処分）と呼んでいる（行訴法３条２項括弧書）。

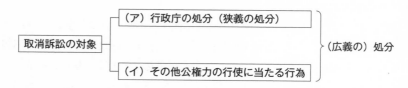

　それでは、（ア）「行政庁の処分」とは何か。「行政庁の処分」について、行訴法は何の定義規定も置いていないので、解釈上、問題となる。この問題につき、最高裁は、既に昭和 30 年代の判例の中で、行政庁の処分とは「公権力の

主体たる国または公共団体が行う行為のうち、その行為によって、直接国民の権利義務を形成しまたはその範囲を確定することが法律上認められているものをいう」（最判昭和39年10月29日民集18巻8号1809頁〔大田区ゴミ焼却場設置事件〕）」と判示している。これによれば、行政庁の処分に該当するか否かは、**公権力性**、**直接性**、**外部性**、**法効果性**の四つの要素をすべて充足するか否かによって判定されることになる。逆にいうと、これら四つの要素のいずれかが欠けると、行政庁の処分として捉えられなくなり、「その他公権力の行使に当たる行為」に該当しない限りは、当該行為は処分とはいえず、取消訴訟の対象ではないということになる。

○行政庁の処分の四要素

```
①公権力性
②直接性
③外部性
④法効果性
```

　以下、各要素について説明する（各要素の詳細については、平成23年度の基礎編の解説を参照）。

　まず、①公権力性については、当該行為が相手方（国民・住民）の同意に基づかないで、法律の規定にしたがって一方的に行われることになっていれば、当該行為に公権力性が認められる。

　次に、②直接性については、当該行為が行われることで、間接的にではなく、直接的に、個別具体的な国民の権利義務の変動が生じることになっていれば、当該行為に直接性が認められる。

　また、③外部性については、当該行為の主体と名宛人の関係が行政機関相互の関係といえる場合（内部関係の場合）には、当該行為に外部性は認められず、逆に行政機関相互の関係ではないといえる場合（外部関係の場合）には、当該行為に外部性が認められる。

　最後に、④法効果性については、当該行為によって権利義務の発生・変動・消滅があれば、法効果性が認められる。

　なお、（イ）「その他公権力の行使に当たる行為」とは何かということも問題

となりうるが、裁判実務上、行政機関の行為が「その他公権力の行使に当たる行為」に該当するか否かが特別に検討されることはほとんどない。

　そうすると、設問1では、まずもって本件指定が上記の（狭義の）処分の四要素を有しているといえるか否かということを検討すればよいということになる。

3. 設問2に関する基礎的事項

（1）違法事由の主張の仕方と裁判所の審査方式

　設問2では、本件命令の取消訴訟において、どのような違法事由を主張すべきかが問われている。そのため、本件命令がどのような法に、どのような点で抵触したといえるのかということを指摘しなければならない。もっとも、処分の取消訴訟においては、裁判所は処分の種類に応じて審査の方式を変えているので、これにあわせて違法事由を主張しなければならない。すなわち、処分が**羈束処分**（処分の中でも、法令が一義的明白に定めているために行政機関に判断の余地が認められない処分）の場合には、裁判所は全面的な審査を行うのに対し、**裁量処分**（処分の中でも、法令が一義的明白に定めていないために行政機関に判断の余地が認められる処分）の場合には、**裁量権の逸脱濫用の有無**という限定的観点からしか審査を行わない（行訴法30条）。後者の場合、裁量権の逸脱濫用が認められれば、裁判所によって裁量処分の違法性が認められることになる。

○処分の種類と裁判所の審査方式

```
羈束処分→全面的な審査
裁量処分→限定的な審査（裁量権の逸脱濫用という限定された観点
　　　　　からの審査）
```

　したがって、裁量処分の取消訴訟において、原告が処分の違法事由を主張するためには、裁量権の逸脱濫用がある旨、指摘しなければならない。逆に羈束処分の取消訴訟においては、裁量権の逸脱濫用がある旨、指摘することは適切ではない。

（2）裁量の有無

　このことを前提にすると、まずは裁量が認められるか否かを検討しなければ
ならない。

　それでは、裁量の有無は、どのようにして判断するのか。これには法律の文
言に着目する形式的手法と処分の内容に着目する実質的手法がある（各手法の詳
細については、平成24年度の基礎編の解説を参照）。

○裁量の有無を判定する手法

（1）形式的手法：法律の文言に着目する手法
①不確定概念が用いられているか否かによって判定する。
②できる規定になっているか否かによって判定する。
（2）実質的手法：処分の内容に着目する手法
①専門技術的判断を伴うか否かによって判定する。
②政治的・政策的判断を伴うか否かによって判定する。

（3）裁量処分の司法統制

　問題となっている処分が上記の手法によって裁量処分であると判断できた場
合、原告としては、次に裁量権の逸脱濫用があったということを指摘しなけれ
ばならない。それでは、どのような場合に裁量権の逸脱濫用が認められるのか。
この点、判例は、「その判断が全く事実の基礎を欠き又は社会通念上著しく妥
当性を欠くことが明らかである場合」と判示している。そして、その具体的な
類型として、通常、指摘されているのが、**比例原則違反**、**平等原則違反**、**目的
拘束の法理違反**、**基本的人権への侵害**、**重大な事実誤認**である（各類型の詳細に
ついては、平成24年度の基礎編の解説を参照）。

○裁量権の逸脱濫用の類型

①比例原則違反
②平等原則違反
③目的拘束の法理違反
④基本的人権への侵害
⑤重大な事誤認実

もっとも、これらの類型はあくまで代表的な例であって、裁量権の逸脱濫用に該当する場合が、これらに限定されるわけではない。

（4）行政上の法律関係における信義則の適用

　既に比例原則違反や平等原則違反が裁量権の逸脱濫用の一類型として把握されているという点にあらわれているように、**法の一般原則に違反する裁量処分**は、裁量権の逸脱濫用が認められ、違法である。したがって、法の一般原則に属する**信義則に違反する裁量処分**も、裁量権の逸脱濫用が認められ、違法である。

　信義則については、かつて、行政上の法律関係に適用されるのか否か、議論されたこともあったが、現在では、行政上の法律関係であることを理由に信義則の適用が否定されることはないと解されている。

　問題になるのは、信義則の適用により、**法律による行政の原理に抵触する事態が発生する場合**である。たとえば税務署の職員による指導にしたがって税金を納めないでいたら、後に当該指導が誤りであり、税金を納めなければならないことが明らかになった場合、信義則を適用して、職員による指導を信じた者の納税義務を否定するのか、それとも法律による行政の原理（租税の場合は租税法律主義）を貫徹して納税者の納税義務を肯定するのか、問題になる。この種の問題を検討する際に参考になるのが最判昭和 62 年 10 月 30 日判時 1262 号 91 頁〔青色申告承認申請懈怠事件〕である。

○最判昭和 62 年 10 月 30 日判時 1262 号 91 頁

　　租税法規に適合する課税処分について、法の一般原理である信義則の法理の適用により、右課税処分を違法なものとして取り消すことができる場合があるとしても、法律による行政の原理なかんずく租税法律主義の原則が貫かれるべき租税法律関係においては、右法理の適用については慎重でなければならず、租税法規の適用における納税者間の平等、公平という要請を犠牲にしてもなお当該課税処分に係る課税を免れしめて納税者の信頼を保護しなければ正義に反するといえるような特別の事情が存する場合に、初めて右法理の適用の是非を考えるべきものである。そして、右特別の事情が存するかどうかの判断に当たっては、少なくとも、税務官庁が納税者

　この判決によれば、行政上の法律関係の一類型である租税法関係において信義則が適用されるのは特別の事情がある場合で、その特別の事情の存否は、①税務官庁によって公的見解が表示されたこと、②納税者がその表示を信頼し、その信頼に基づいて行動をとったこと、③そのことにより納税者が経済的不利益を受けることになったこと、④納税者が信頼に基づいて行動したことにつき、納税者側に帰責事由がないことによって判断される。

　それでは、租税法関係を前提にして形成された以上の判断枠組みは、より一般的に行政上の法律関係に妥当するとみてよいか。この問題は、行政上の法律関係において信義則の適用をどのような要件の下で承認するかという問題でもある。この点、ある論者は、信義則に関する判例を分析したうえで、信義則を適用する際の一般的な考慮要素として、①行政主体の行為態様の経緯、②私人の状況の経緯、③関係する私人の権利利益の法的性質、④信義則の法効果として実現が制限されることになる権利利益の法的性質や法制度の趣旨を挙げている（山本隆司『判例から探求する行政法』（有斐閣、2012年）85頁）。これらの考慮要素は上記昭和62年最判の諸要素を取り込むことができ、その意味でも、より一般化された考慮要素ということができるが、このような整理の仕方は未だ広く浸透していない。結局のところ、現状では、上記の複数の考慮要素に配慮しながら、事案に応じて信義則の適用の可否を判断していくほかないといえよう。

1. 設問 1 について

(1) 本件指定の処分性を検討する意義

設問 1 では河川法に基づく河川区域の指定の処分性が問題になっている。仮に本件指定の処分性が認められれば、C は自己の権利救済を目的にして、たとえば本件指定の取消訴訟を適法に提起することができる。当該訴訟で勝訴できれば、指定は取消判決によって取り消され、最初から無かったことになり、これによって C は河川区域の存在を前提にした河川法に基づく規制を受けないことになる（＝河川区域の存在を前提にした本件命令も違法になるから、C は本件コテージを除却する必要がなくなる）。したがって、本件指定の処分性の有無は、C にとって重要な問題である。

(2) 処分性の有無の判定方法

それでは、本件指定に処分性は認められるか。処分性が認められるためには、問題となっている行為が「行政庁の処分その他公権力の行使に当たる行為」（行訴法 3 条 2 項）に該当しなければならない。判例によれば、このうち行政庁の処分とは「公権力の主体たる国または公共団体が行う行為のうち、その行為によって直接国民の権利義務を形成しまたはその範囲を確定することが法律上認められているもの」である。したがって、処分性が認められるか否かは、基本的に、この定義に当てはまるか否かによって判定する。

(3) 公権力性の有無

上記の定義によれば、処分性が認められるためには、①公権力性、②直接性、③外部性、④法効果性の要素がすべて認められなければならない。このうち公権力性については、本件指定の場合、肯定することができる。ただし、その理由は、行為の主体が地方公共団体の長だからではない。もし国あるいは地方公共団体の機関が行った行為であることを根拠に公権力性が認められるとすれば、私人が処分を行う場合（たとえば地自法 244 条の 2 第 3 項に基づく公共施設の指定管理者が利用許可を行う場合など）をうまく説明できない。公権力性の有無は、当該行

為が相手方（国民・住民）の同意に基づかないで、法律の規定にしたがって一方的に行われることになっているか否かによって判断する。このような観点からすれば、本件指定は河川法6条1項3号に基づいて河川管理者である知事が国民・住民の同意を得ることなく、一方的に行うことになっているといえるので、公権力性が認められるといえる。

（4）問題の所在

本件指定の場合、むしろ問題になるのが、本件指定によって、直接、国民の権利義務が影響を受けたといえるのかという点である。なぜなら、本件指定が行われた段階では、未だ縮尺2500分の1の地図上で河川区域が示されているにすぎないため（河川法12条3項、河川法施行令5条2項1号）、どの土地部分が河川区域に該当するのか、具体的に特定できておらず、その結果、どの土地部分が河川法に基づく制限を受けるのか、具体的に明らかではないからである。

（5）具体的な検討方法

そこで、【資料】で与えられた河川法の条文を手がかりにして、河川法の仕組みを読み解きながら、本件指定の処分性の有無について検討してみる（設問1では「河川法及び同法施行令の規定に即して検討しなさい」という指示があるが、このような指示がなくても、一般に個別行政法規の規定に即して処分性の有無を検討する必要がある）。

そうすると、以下のとおり、本件指定の処分性を否定する見方と肯定する見方がありうることを指摘できる。

（6）本件指定の処分性を否定する見方

本件指定の処分性を否定することは可能である。その際の論拠として考えられるのは、以下の二つである。

第一に、上述したように、本件指定によって、どの土地部分が河川区域なのか具体的に特定されていない。河川区域が特定されていなければ、少なくとも指定がされた段階では権利義務への直接的（あるいは具体的）な影響は認められないといえる。

第二に、実効的な権利救済を図るという観点からすると、本件指定の処分性

を肯定する必要がない。すなわち、仮に指定の処分性を否定したとしても、後続の除却命令（河川法75条1項1号）等の不利益処分が発せられた段階で取消訴訟を提起すれば、権利救済としては十分であると考えられる。

○河川区域の指定から除却命令までの過程と訴えるタイミング

指定　　　　　公示　　　　台帳の整備　　　　　　　　　除却命令
6条1項3号 ⇨ 6条4項 ⇨ 12条1項 ⇨ 違法行為 ⇨ 75条
　↑　　　　　　　　　　　　　　　　　　　　　　　　　↑
この段階で争う必要なし　　　　　　　　　　　　この段階で争えばよい

＊なお、上記条文は河川法の条文をさす。

（7）本件指定の処分性を肯定する見方

　これに対して、本件指定の処分性を肯定することも可能である。その際には、以下の二つが論拠となる。

　第一に、河川法の仕組みからすると、指定によって直接、国民の権利義務が影響を受けるといえる。すなわち、河川法26条によれば、河川区域内の土地で工作物を新築し、改築し、又は除却しようとする場合には、河川管理者の許可を得なければならず、許可を得ないまま工作物を新築等した場合には、河川法102条2号により、1年以下の懲役又は50万円以下の罰金に処せられる。また、許可を得ることなく、工作物を新築等した場合は、河川法26条に違反するから、河川法75条1項1号に該当することになり、監督処分を受ける可能性がある。このように、ひとたび指定によって河川区域内の土地とされてしまえば、河川管理者からの許可を取得しない限り、適法に工作物の新築等ができなくなる。この点に、指定による権利義務に対する直接的な影響を見出すことができる。

　第二に、実効的な権利救済という観点から本件指定の処分性を肯定する必要があるといえる。すなわち、河川法75条1項に基づく除却命令が発せられれば、確かに当該除却命令の取消訴訟を提起して適法に争うことは可能であるが、河川管理者に除却命令を発してもらうためには、実際に工作物を建築するなどして、河川管理者が河川法違反と認定してくれるような行為を敢えて行わなければならない。仮に訴訟の結果、除却命令に違法性がないことが確定したら、除却命令の名あて人は工作物を除却しなければならないが、このようなリスク

を国民の側に負わせることによってしか争えないとすれば、除却命令の取消訴訟が提起できるからといって、実効的権利救済を図ることが可能であるとはいえない。

なお、以上のような本件指定の処分性を肯定する見方を後押しすることにつながるのが、最大判平成 20 年 9 月 10 日民集 62 巻 8 号 2029 頁〔浜松市土地区画整理事業計画事件〕の涌井紀夫裁判官の意見である。

○最大判平成 20 年 9 月 10 日民集 62 巻 8 号 2029 頁における涌井裁判官の意見

　本件で問題とされている土地区画整理事業の事業計画の決定について見ると、多数意見も指摘するとおり、この事業計画が定められ所定の公告がされると、施行地区内の土地については、許可なしには建築物の建築等を行うことができない等の制約が課せられることになっているのであるから、この事業計画決定が個人の権利・利益を直接に侵害・制約するような法的効果を持つものであることは明らかである。確かに、この建築制限等の効果は、土地区画整理事業の円滑な施行を実現するために法が事業計画に特に付与することとした付随的な効果ともいうべき性質を持つものではある。しかし、この建築制限等の効果が発生すると、施行地区内の土地は自由に建築物の建築を行うことができない土地になってしまい、その所有者には、これを他に売却しようとしても通常の取引の場合のような買い手を見つけることが困難になるという、極めて現実的で深刻な影響が生じることになるのである。このような効果は、抗告訴訟の方法による救済を認めるに足りるだけの実質を十分に備えたものということができよう。

　もっとも、それ自体で個人の権利・利益を制約するような効果を持つ行為についても、その行為の段階でその適否を争わせるのでなしに、これに引き続いて行われることが予定されている後続の行為を待ってその適否を争わせることとすることの方が合目的的であり、個人の利益の救済にとってもそれで支障がないと考えられる場合があり得るところであり、そのような場合には、先行行為についてはその処分性を否定することも許されるものと考えられる。

　これを本件の事業計画決定について見ると、例えば施行地区内の土地上に建築物を建築したいと考えている土地所有者の場合には、その建築に対

する不許可処分が行われるのを待ってその不許可処分の適否を争わせることで、その建築制限等に伴う不利益に対する救済としては足りるものと考えることも可能であろう。しかし、このように所有地に自己の建築物を建築したいというのではなく、所有地を他に譲渡・売却する際の不利益を排除するためにこの建築制限等の制約の解除を求めている者の場合には、後にその適否を争うことでその目的を達することのできるような後続の行為なるものは考えられない（例えば、土地区画整理事業の進行に伴って後に行われる換地計画等の行為の取消請求が認容されたとしても、それによって当然にこの建築制限等の効果が解消されることとなるものではないし、仮にこの段階で当初の事業計画決定自体が取り消されることとなったとしても、それまでの間継続して被ってきた不利益がさかのぼって解消されることとなるものでもない。）のであり、抗告訴訟の方法でその権利・利益を救済する機会を保障するには、事業計画決定の段階での訴訟を認める以外に方法がないのである。

　そうすると、本件で問題とされている土地区画整理事業の事業計画の決定については、それが上記のような建築制限等の法的効果を持つことのみで、その処分性を肯定することが十分に可能であり、また、そのように解することが相当なものと考えられるのである。

(8) 小　括

　以上のように、本件指定の処分性を肯定する見方も、また否定する見方も、いずれもありうるところであるから、理由付けさえ適切に示せれば、どちらの立場で解答しても構わないと思われる。もっとも、従来の裁判実務および学説を前提にすると、本件指定の処分性は否定的に解されよう。

2. 設問2について

(1) 前提の確認

　設問2では本件命令の取消訴訟における違法事由の主張が問われている。本件命令は河川法75条1項に基づく行為であるが、同条項に基づく行為が処分であることに異論はない。それでは、本件命令は裁量処分といえるか。本件命令に裁量が認められるか否かによって、本件命令の取消訴訟における違法事由

の主張の仕方が異なるので、問題になる。この点、河川法75条1項に基づく処分には裁量が認められると解される。同条項はいわゆる「できる規定」であるし、また、いかなる場合に、いかなる処分を選択するのか（あるいは、しないのか）、特段、法律上、具体的要件を定めていない。これは、同条項に基づく処分が、処分の原因、対象、河川管理上の支障の程度、態様等を総合的に勘案して行われるべきものと考えられたからであると解される。

　したがって、Cは、本件命令が裁量処分であることを前提にした主張を展開しなければならないから、本件取消訴訟において本件命令の違法事由を主張する際には、裁量権の逸脱濫用があった旨、指摘しなければならない（行訴法30条）。

(2) 考えうる違法事由

　それでは、本件において、いかなる点に違法事由があったといえるか。

　まず、【資料】で与えられた河川法および同法施行令の規定ならびに行政手続法の規定に照らして、実体違法および手続違法を指摘することは難しい。特に手続違法については、問題文の中で、行政手続法上の手続を執った上で本件命令が行われたことが明記されているため、行政手続法違反を違法事由として指摘することはできない。

　しかし、信義則違反を理由に裁量権の逸脱濫用があったことを指摘し、本件命令の違法性を主張していくことは考えられる。Cは、2000年に本件コテージを建築してから2014年7月になるまで、本件コテージが河川区域内にあることについてA県知事から指摘を受けたことはなかったし、また、Cは事前に本件コテージが河川区域外にある旨の回答をA県職員から伝えられていた。こういった事情があったにもかかわらず、本件コテージが河川区域内にあることを前提にした本件命令が発せられたのであるから、信義則違反の主張はありうる。

(3) 信義則違反が認められるか

　それでは、本件命令は信義則違反の行為であって、裁量権の逸脱濫用が認められ、違法であったといえるか。この点、行政上の法律関係への信義則の適用について判示した最判昭和62年10月30日判時1262号91頁〔青色申告承認

申請懈怠事件〕を参考にすると、信義則が適用されるためには、①信頼の対象となる公的見解が表示されたこと、②国民が行政機関による表示を信頼し、その信頼に基づいて行動をとったこと、③国民が信頼に基づいて行動したことにつき、国民の側に帰責事由がないこと等の要件が充足されなければならないと解される。

これを本件について検討してみると、以下の二点を指摘できる。

第一に、本件では信頼の対象となる公的見解が表示されたとはいえない。なぜなら、本件では、河川管理の権限を有する河川管理者ではなく、河川課の担当職員Eが、本件コテージが河川区域外にあると判断していると回答しているにすぎないからである。しかも、Cは建築指導課の担当職員Dから当該回答を伝えられて知ったのであって、CがEから直接、当該回答を聞いたわけでもない。これらのことからすると、本件では信頼の対象となる公的見解があったとはいえない。

第二に、Cが行政側の対応を信頼して本件コテージを建築および改築したことについて、Cの側に帰責事由がないとはいえない。なぜなら、Cは1983年当時の本件図面をもとに本件コテージの位置を確認しているが、本件コテージを建築した2000年には土地の形状が変化していたので、再度、正確な位置を確認する必要性があったのに、それを怠ったと指摘できるうえ、Cは本件コテージを建築する際に、許可が必要か否かを確認することなく、本件コテージの位置が河川区域外にあると勝手に判断して本件コテージを建築したと指摘できるからである。しかも、職員Eは「測量をしないと正確なことはいえないが」と留保を付して回答を行っている以上、Eの回答をそのまま信頼するのは適切ではないということも指摘できる。

以上の点に鑑みると、Cが信義則違反を理由に本件命令の違法事由を主張してみたところで、当該主張は認められないであろう。

(4) その他

本問では比例原則違反を理由に裁量権の逸脱濫用を指摘し、違法事由の主張をすることも考えられなくはない。すなわち、比例原則に鑑みれば、いきなり本件命令を出すというのは、やりすぎで、まずは行政指導によって対応する必要があったと考えられなくはないのである。しかし、問題文の中では、本件命

令の前に何らかの行政指導を行ったか否かについて何の言及もない。また、法務省から公表された後掲の出題趣旨では信義則のことは触れられているが、比例原則のことは触れられていない。これらのことから問題の「空気を読む」と、本問では、比例原則違反を指摘することは出題者が意図していない（少なくとも主たる違法事由とは考えていない）ものと推測される。

3. 出題趣旨について

（1）出題趣旨

　法務省から公表された平成 27 年度予備試験の行政法の出題趣旨は以下のとおりである（http://www.moj.go.jp/content/001165558.pdf）。

> 　本問は、事案及び関係行政法規に即して、行政訴訟及び行政法の一般原則についての基本的な知識及び理解を運用する能力を試す趣旨の問題である。
>
> 　設問 1 は、河川管理者による河川区域の指定の処分性を問うものである。特定の者を名宛人とせずに特定の区域における土地利用を制限する行政庁の決定の処分性に関する最高裁判所の判例の趣旨を踏まえ、河川区域の指定の法的効果を河川法及び同法施行令の規定に即して検討し、処分性認定の要件に結びつけて論じることが求められる。
>
> 　設問 2 は、河川区域内に無許可で設置され改築された工作物の除却命令の違法性を問うものである。最高裁判所昭和 62 年 10 月 30 日第三小法廷判決（判時 1262 号 91 頁）の趣旨を踏まえ、河川区域内における工作物の設置を規制する河川法の趣旨との関係で、信義則が適用されるのはどのような場合か、そして、信義則の適用に当たっては、行政庁による公的見解の表示の有無、相手方が当該表示を信頼したことについての帰責事由の有無等の考慮が不可欠ではないかを検討した上で、本問の具体的な事実関係に即して、信義則の適用により除却命令が違法となるか否かについて論じることが求められる。

（2）コメント

　まず、上記出題趣旨の設問 1 の説明において「特定の者を名宛人とせずに特

定の区域における土地利用を制限する行政庁の決定の処分性に関する最高裁判所の判例」と記されているが、そのような最高裁判例としては、たとえば最判昭和57年4月22日民集36巻4号705頁〔盛岡用途地域指定事件〕、最判平成4年11月26日民集46巻8号2658頁〔第二種市街地再開発事業計画事件〕、最大判平成20年9月10日民集62巻8号2029頁〔浜松市土地区画整理事業計画事件〕などがある。これらの判例は、いずれも特定の区域における土地利用を制限する行政決定について一律に処分性があるとか、ないとか、判示しているのではなく、個別の法律の仕組みを読み解いて、個別に処分性の有無を判断している。そのため、これらの判例で示された視点を念頭に置きつつ、本件を分析する必要があろう。

次に、上記出題趣旨の設問2の説明において「最高裁判所昭和62年10月30日第三小法廷判決」が記されている。この判決は租税法関係を前提にして信義則の適用の可否について判示しているため、そこで示された視点が租税法関係の枠を超えて、行政法関係全般を前提にしてもなお妥当しうるのかという問題はありえよう。もっとも、この点に配慮してか、上記出題趣旨では昭和62年最判の「趣旨を踏まえ」とある。そのため、昭和62年最判で示された視点に必ずしもこだわる必要はないものと思われる。

4. 参考答案例

第1　設問1

1　抗告訴訟の対象となる処分には「行政庁の処分その他公権力の行使に当たる行為」が含まれる（行訴法3条2項）。このうち「行政庁の処分」とは、公権力の主体たる国または公共団体が行う行為のうち、その行為によって直接国民の権利義務を形成しまたはその範囲を確定することが法律上認められているものをいう。本件の場合、特に問題になるのが、本件指定によって、直接、国民の権利義務が影響を受けたといえるのかという点である。

2　この点、河川法26条によれば、河川区域内の土地で工作物を新築し、改築し、又は除却しようとする場合には、河川管理者の許可を得なければならず、許可を得ないまま工作物を新築等した場合には、河川法102条2号により、1年以下の懲役又は50万円以下の罰金に処せられる。また、許可を得ることなく、工作物を新築等した場合は、河川法26条に違反するから、河

川法 75 条 1 項 1 号に該当することになり、監督処分を受ける可能性がある。このように、ひとたび指定によって河川区域内の土地とされてしまえば、河川管理者からの許可を取得しない限り、適法に工作物の新築等ができなくなる。この点に、指定による権利義務に対する直接的な影響を見出すことができるとして、本件指定の処分性を肯定することが考えられる。

3　しかし、本件指定がされた段階では、未だ縮尺 2500 分の 1 の地図上で河川区域が示されているにすぎないため（河川法 12 条 3 項、河川法施行令 5 条 2 項 1 号）、どの土地部分が河川区域に該当するのか、具体的に特定できておらず、その結果、どの土地部分が河川法に基づく制限を受けるのか、具体的に明らかではない。河川区域が特定されていなければ、少なくとも指定がされた段階では権利義務への直接的（あるいは具体的）な影響は認められない。そのため、本件指定は行政庁の処分とはいえない。また、実効的な権利救済を図るという観点からしても、本件指定の処分性を肯定する必要がない。なぜなら、仮に指定の処分性を否定的に解したとしても、後続の除却命令（河川法 75 条 1 項 1 号）等の不利益処分が発せられた段階で取消訴訟を提起すれば、権利救済としては十分であると考えられるからである。

4　以上から、本件指定は行政庁の処分その他公権力の行使に当たる行為とはいえず、抗告訴訟の対象となる処分とはいえない。

第 2　設問 2

1　C による考えうる違法事由の主張

（1）　C は本件命令の違法事由を次のように主張することが考えられる。

（2）　本件命令は、河川法 75 条 1 項に基づく処分であるが、同条項はいわゆる「できる規定」であるし、また、いかなる場合に、いかなる処分を選択するのか、しないのか、詳細に要件を定めていない。これは、同条項に基づく処分が、処分の原因、対象、河川管理上の支障の程度、態様等を総合的に勘案して行われるべきものと考えられたからであると解される。したがって、本件命令は裁量処分であるから、裁量権の逸脱濫用があれば、本件命令は違法である（行訴法 30 条）。

（3）　裁量権の逸脱濫用は、信義則違反がある場合には、認められるが、そのためには、①信頼の対象となる公的見解が表示されたこと、②国民が行政機関による表示を信頼し、その信頼に基づいて行動をとったこと、③国民が信頼に基づいて行動したことにつき、国民の側に帰責事由がないこと等の要件

が充足されなければならないと解される。

（4）　これを本件についてみると、C は本件コテージが河川区域外にあると判断している旨の担当職員 E の回答を A 県職員 D から伝え聞いたこと、これを受けて C は多額の費用をかけて大規模な改築を行っていること、さらに C は本件図面をもとに本件コテージの位置を確認し、2000 年の本件コテージ建築以降、2014 年 7 月になるまで、本件コテージが河川区域内にあることについて A 県知事から指摘を受けたことはないことから、本件命令には信義則違反が認められる。よって、本件命令は社会通念に照らし著しく妥当性を欠き、裁量権の逸脱濫用が認められるので、違法である。

2　上記 C の主張に係る違法事由の検討

（1）　それでは、上記の C による違法事由の主張は認められるか。この点、以下の理由により C の主張は認められない。

（2）　第一に、本件では信頼の対象となる公的見解が表示されたとはいえない。なぜなら、本件では、河川管理の権限を有する河川管理者ではなく、河川課の担当職員 E が、本件コテージが河川区域外にあると判断していると回答しているにすぎないからである。しかも、C は建築指導課の担当職員 D から当該回答を伝えられて知ったのであって、C が E から直接、当該回答を聞いたわけでもない。

　第二に、C が行政側の対応を信頼して本件コテージを建築および改築したことについて、C の側に帰責事由がないとはいえない。なぜなら、確かに C は 1983 年当時の本件図面をもとに本件コテージの位置を確認しているが、本件コテージを建築した 2000 年には土地の形状が変化していたので、再度、正確な位置を確認する必要性があったのに、それを怠ったと指摘できるうえ、C は本件コテージを建築する際に、許可が必要か否かを確認することなく、本件コテージの位置が河川区域外にあると勝手に判断して本件コテージを建築したと指摘できるからである。しかも、職員 E は「測量をしないと正確なことはいえないが」と留保を付して回答を行っている以上、E の回答をそのまま信頼するのは適切ではないということも指摘できる。

（3）　以上の点に鑑みると、本件において信義則違反は認められず、裁量権の逸脱濫用が認められないので、本件命令は違法ではない。したがって、C の主張は認められない。

以上

1. 考えうる訴訟形態

　設問1では本件指定の処分性を検討する際に、「本件取消訴訟以外にCが提起できる行政訴訟の有無までは、検討しなくてよい。」とされている。それでは、仮にこの一文がなく、Cが提起できる行政訴訟の有無まで考慮して、本件指定の処分性を検討するとしたら、どうなるであろうか。

　そこで、まずは本件取消訴訟以外にCが提起できる行政訴訟を考えてみることにしよう。そうすると、本件コテージが河川区域内にないことの確認を求めて訴えを提起することが考えられる。果たして、そのような訴えは適法な訴えといえるであろうか。また、当該訴訟は実質的当事者訴訟（行訴法4条後段）なのか、それとも無名抗告訴訟なのか（本件コテージが河川区域にないことが確認されると、行政庁は河川法75条に基づく除却命令をすることができなくなるので、河川区域にないことの確認を求める訴訟を、「公権力の行使に関する不服の訴訟」（行訴法3条1項）として捉える余地がある）。これらの問題を検討するうえで参考になるのが、本問と同種の事案を扱った最判平成元年7月4日判時1336号86頁〔横川川事件〕である。

2. 横川川事件

（1）最高裁判決

　横川川事件において、原告は問題となっている土地が河川区域でないことの確認を求めて訴え（下記判決でいう第三次的訴え）を提起するとともに、複数の訴え（下記判決でいう第一次的訴えおよび第二次的訴え）を提起した。最高裁は、いずれの訴えも却下している。

○最判平成元年7月4日判時1336号86頁

　……上告人が、河川法75条に基づく監督処分その他の不利益処分をまって、これに関する訴訟等において事後的に本件土地が河川法にいう河川区域に属するかどうかを争ったのでは、回復しがたい重大な損害を被るお

それがある等の特段の事情があるということはできないから、上告人は、あらかじめ河川管理者たる被上告人が河川法上の処分をしてはならない義務があることの確認（第一次的訴え）ないし河川法上の処分権限がないことの確認（第二次的訴え）及びこれらと同趣旨の本件土地が河川法にいう河川区域でないことの確認（第三次的訴え）を求める法律上の利益を有するということはできない……。

そうすると、本訴はいずれも不適法として却下を免れない……。

（2）伊藤正己裁判官の補足意見

上記の判決では、各訴えがどのような訴訟形式として捉えられたのか明らかではないが、伊藤正己裁判官の補足意見の中では、その点についての言及がある。同補足意見によれば、訴えはいずれも無名抗告訴訟である。

○最判平成元年 7 月 4 日判時 1336 号 86 頁における伊藤正己裁判官の補足意見

私は、法廷意見に同調するものであるが、なお若干私の意見を補足しておきたい。

上告人は、本訴において、本件土地につき、将来、河川法 75 条のいわゆる監督処分その他の不利益処分を受けるおそれがあるので、これを防止するため、あらかじめ、河川管理者たる被上告人が河川法上の処分をしてはならない義務があることの確認（第一次的訴え）ないし河川法上の処分権限がないことの確認（第二次的訴え）を求め、さらに、本件土地が河川法にいう河川区域でないことの確認（第三次的訴え）を求めるというのである。

右の第一次的訴え及び第二次的訴えは、講学上いわゆる「無名抗告訴訟」に当たるものと考えられる。このような訴訟は、行政事件訴訟法の認めるものではないということはできないが、その性質上例外的な救済方法であって、それが許容される場合は限られたものというべきである。原判決は、その許容される要件として、当該行政処分について行政庁の第一次的判断権を実質的に侵害しないこと、その処分がされ、又はされないことによって生ずる損害が重大であって、事前の救済を認めるべき緊急の必要性のあること、他に救済を求める手段がないことを挙げているが、この見解は正当として是認することができる。本件の場合、上告人が、右の監督処分そ

の他の不利益処分をまって、これに関する訴訟等において、事後的に、本件土地が河川法にいう河川区域に属するかどうかを争ったのでは、重大な損害を被るおそれがあるとは認められず、したがって、事前の救済を認めるべき緊急の必要性があるとはいえないから、上告人は、右の義務の存在の確認（第一次的訴え）ないし処分権限の不存在の確認（第二次的訴え）を求めることは許されない。

　また、右の第三次的訴えは、訴えそのものの趣旨とするところに上告人の主張の仕方をも併せ考えると、本件土地が河川法上の規制を負わないことの確認を求めていることが明らかであるから、結局、右の第一次的訴えないし第二次的訴えと同趣旨の無名抗告訴訟と解される。そうすると、右の第三次的訴えは、これらの訴えが許されないのと同じ理由をもって許されないといわざるをえない……。

（3）本件へのあてはめ

　上記の補足意見を前提にした場合、本件コテージが河川区域内にないことの確認を求めて提起する訴訟は無名抗告訴訟になるとともに、当該訴訟は、事後の監督処分等の不利益処分を待って訴訟提起することでも権利救済が可能であるために、訴訟要件を充足せず、却下されることになる。

3. 当事者訴訟の可能性

　しかし、横川川事件の第三次的訴えを無名抗告訴訟として捉える見方には、今日、少なからぬ批判がある。たとえば、第三次的訴えが行政庁の処分それ自体ではなく、「行政庁の公権力行使の基礎となるべき現在の法律関係を主題として」争っていることや（大貫裕之「実質的当事者訴訟と抗告訴訟に関する論点　覚書」高木光ほか編『行政法学の未来に向けて』（有斐閣、2012 年）639 頁以下）、2004 年行訴法改正が一方で当事者訴訟の意義を重視し、他方で差止訴訟・義務付け訴訟を法定することで法定外抗告訴訟の問題状況を整理しようとしたことなどを理由に（小早川光郎『行政法講義 下 III』（弘文堂、平成 19 年）336 頁）、第三次的訴えを実質的当事者訴訟として捉える見方がある。現在、横川川事件における第三次的訴えを無名抗告訴訟としてではなく、実質的当事者訴訟として捉える見方は、比

較的多くの学説が支持しているように見受けられる。そうすると、横川川事件と類似する事案である本件においても、本件コテージが河川区域内にないことの確認を求める訴訟は実質的当事者訴訟であると解することも十分ありうるのではないかと思われる。

4. 当事者訴訟における確認の利益

　本件コテージが河川区域にないことの確認を求めて提起する訴訟を、実質的当事者訴訟として捉えるとしても、確認の利益が認められるか否かは別途、問題になる。一般に、実質的当事者訴訟における確認の利益は、民事訴訟における確認の利益にならい、①方法選択の適切性、②即時確定の利益、③対象選択の適切性によって、その有無が判断される。それでは、本件コテージが河川区域にないことの確認を求めて実質的当事者訴訟を提起したら、確認の利益は認められるか。特に本件では河川法 75 条 1 項に基づく除却命令が発せられており、これに対する取消訴訟が考えられる（本件では実際に取消訴訟が提起されている）ので、方法選択の適切性が問題になる。この点、除却命令の取消訴訟を通じて除却命令の取消しが行われても、本件コテージが河川区域内にあるという前提がかわらなければ、再び除却命令が発せられる可能性がある。C としては本件コテージが河川区域内にないことを確認できれば、除却命令が発せられるおそれはなくなり、抜本的な紛争の解決ができる。このように考えると、たとえ除却命令の取消訴訟が可能であるとしても、実質的当事者訴訟の確認の利益は認められる可能性があるといえよう。

5. 当事者訴訟の可否と指定の処分性

（1）当事者訴訟の可能性を肯定的に捉える場合

　仮に本件コテージが河川区域内にないことの確認を求めて適法に実質的当事者訴訟を提起できるとしたら、このことは本件指定の処分性の有無を検討する際に、どのような影響を及ぼすか。

　本件指定の処分性を否定する論拠の一つに、わざわざ本件指定の処分性を認めなくても、後続の除却命令が発せられた段階で、当該除却命令を対象にして

争うことができるので、権利救済上、本件指定の処分性を否定しても問題はないという指摘があった。これに対し、本件指定の処分性を肯定する立場からは、除却命令が発せられないと争えないということは、原告が除却命令を発せられるような建築物を実際に建築しない限り、争えないということを意味し、これでは原告に一定の負担を強いることになるから、実効的な権利救済を図るという観点から望ましくないという批判があった。しかし、このような本件指定の処分性を肯定する立場からの批判に対しては、実質的当事者訴訟の可能性があるならば、たとえ本件指定の処分性を否定したとしても、建築物を実際に建築しない段階で争うことができ、実効的な権利救済を図ることができると反論できるようになる。つまり、実質的当事者訴訟によって争うことができるのであれば、無理をして本件指定の処分性を肯定する必要はないといえるようになる。したがって、実質的当事者訴訟を適法に提起できるという事情は、本件指定の処分性を否定する方向に作用することになる。

(2) 当事者訴訟の可能性を否定的に捉える場合

　以上とは逆に上記の実質的当事者訴訟が認められないとするならば、本件指定の処分性を肯定して取消訴訟で争えるようにしておかないと、実効的な権利救済手段がないことになるといった指摘が考えられる。そのため、実質的当事者訴訟が認められないという事情は、本件指定の処分性を肯定する方向に作用することになる。

風営法上の営業停止処分の取消しを求める訴訟

◀ **問題** ▶

　株式会社 X（代表取締役は A）は，Y 県で飲食店 B を経営しているところ，平成 28 年 3 月 1 日，B 店において，X の従業員 C が未成年者（20 歳未満の者）である D ら 4 名（以下「D ら」という。）にビールやワイン等の酒類を提供するという事件が起きた。

　Y 県公安委員会は，X に対し，風俗営業等の規制及び業務の適正化等に関する法律（以下「法」という。【資料 1】参照。）第 34 条第 2 項に基づく営業停止処分をするに当たり，法第 41 条及び行政手続法所定の聴聞手続を実施した。聴聞手続においては，以下のとおりの事実が明らかになった。

①未成年者の飲酒に起因する事故等が社会的な問題となり，飲食店業界においても，未成年者の飲酒防止のために積極的な取組が行われているところ，B 店では，未成年者に酒類を提供しないよう，客に自動車運転免許証等を提示させて厳格に年齢確認を実施していた。

②事件当日には，未成年者である D らとその友人の成年者である E ら 4 名（以下「E ら」という。）が一緒に来店したために，C は，D らが未成年者であることを確認した上で，D らのグループと E らのグループを分けて，それぞれ別のテーブルに案内した。

③C は，D らのテーブルには酒類を運ばないようにしたが，二つのテーブルが隣接していた上に，C の監視が行き届かなかったこともあって，D らは E らから酒類を回してもらい，飲酒に及んだ。

④その後，B 店では，このような酒類の回し飲みを防ぐために，未成年者と成年者とでフロアを分けるといった対策を実施した。

　聴聞手続に出頭した A も，これらの事実について，特に争うところはないと陳述した。

　その後，聴聞手続の結果を受けて，Y 県公安委員会は，法第 34 条第 2 項に基づき，X に対し，B 店に係る飲食店営業の全部を 3 か月間停止することを

153

命じる行政処分（以下「本件処分」という。）をした。

その際，本件処分に係る処分決定通知書には，「根拠法令等」として「法第32条第3項，第22条第6号違反により，法第34条第2項を適用」，「処分の内容」として「平成28年5月1日から同年7月31日までの間（3か月間），B店に係る飲食店営業の全部の停止を命ずる。」，「処分の理由」として，「Xは，平成28年3月1日，B店において，同店従業員Cをして，Dらに対し，同人らが未成年者であることを知りながら，酒類であるビール及びワイン等を提供したものである。」と記されてあった。

Y県公安委員会は，「風俗営業等の規制及び業務の適正化等に関する法律に基づく営業停止命令等の基準」（以下「本件基準」という。【資料2】参照）を定めて公表しているところ，本件基準によれば，未成年者に対する酒類提供禁止違反（法第32条第3項，第22条第6号）の量定は「Bランク」であり，「40日以上6月以下の営業停止命令。基準期間は，3月。」と定められていた（本件基準1，別表［飲食店営業］〈法（中略）の規定に違反する行為〉(10)）。

Aは，処分決定通知書を本件基準と照らし合わせてみても，どうしてこのように重い処分になるのか分からないとして，本件処分に強い不満を覚えるとともに，仮に，B店で再び未成年者に酒類が提供されて再度の営業停止処分を受ける事態になった場合には，本件基準2の定める加重規定である「最近3年間に営業停止命令を受けた者に対し営業停止命令を行う場合の量定は，（中略）当該営業停止命令の処分事由について1に定める量定の長期及び短期にそれぞれ最近3年間に営業停止命令を受けた回数の2倍の数を乗じた期間を長期及び短期とする。」が適用され，Xの経営に深刻な影響が及ぶおそれがあるかもしれないことを危惧した。

そこで，Xは，直ちに，Y県を被告として本件処分の取消訴訟を提起するとともに，執行停止の申立てをしたが，裁判所は「重大な損害を避けるため緊急の必要がある」とは認められないとして，この申立てを却下した。

Xの立場に立って，以下の設問に答えなさい。

なお，法の抜粋を【資料1】，本件基準の抜粋を【資料2】として掲げるので，適宜参照しなさい。

〔設問1〕
本件処分の取消訴訟の係属中に営業停止期間が満了した後には，いかなる訴

訟要件が問題となり得るか。また，当該訴訟要件が満たされるために X はどのような主張をすべきか，想定される Y 県の反論を踏まえつつ検討しなさい。

〔設問2〕
　本件処分の取消訴訟につき，本案の違法事由として X はどのような主張をすべきか，手続上の違法性と実体上の違法性に分けて，想定される Y 県の反論を踏まえつつ検討しなさい。なお，本件処分について行政手続法が適用されること，問題文中の①から④までの各事実については当事者間に争いがないことをそれぞれ前提にすること。

【資料1】
○　風俗営業等の規制及び業務の適正化等に関する法律（昭和23年法律第122号）（抜　粋）
（禁止行為）
第22条　風俗営業を営む者は，次に掲げる行為をしてはならない。
　　一～五　（略）
　　六　営業所で二十歳未満の者に酒類又はたばこを提供すること。
（深夜における飲食店営業の規制等）
第32条
1・2　（略）
3　第22条（第3号を除く。）の規定は，飲食店営業を営む者について準用する。
　　（以下略）
（指示等）
第34条
1　（略）
2　公安委員会は，飲食店営業者〔(注)「飲食店営業者」とは，「飲食店営業を営む者」をいう。〕若しくはその代理人等が当該営業に関し法令（中略）の規定に違反した場合において，（中略）少年の健全な育成に障害を及ぼすおそれがあると認めるとき（中略）は，当該飲食店営業者に対し，当該施設を用いて営む飲食店営業について，6月を超えない範囲内で期間を定めて営業の全部又は一部の停止を命ずることができる。
（聴聞の特例）

第41条　公安委員会は，（中略）第34条第2項，（中略）の規定により営業の停止を（中略）命じようとするときは，行政手続法（平成5年法律第88号）第13条第1項の規定による意見陳述のための手続の区分にかかわらず，聴聞を行わなければならない。

2～4　（略）

【資料2】
○　風俗営業等の規制及び業務の適正化等に関する法律に基づく営業停止命令等の基準（抜粋）

[飲食店営業]

（量定）

1　営業停止命令の量定の区分は，次のとおりとし，各処分事由に係る量定は，別表に定めるところによるものとする。
　Aランク　6月の営業停止命令。
　Bランク　40日以上6月以下の営業停止命令。基準期間は3月。
　Cランク～H3ランク　（略）

（常習違反加重）

2　最近3年間に営業停止命令を受けた者に対し営業停止命令を行う場合の量定は，その処分事由に係る量定がAランクに相当するときを除き，当該営業停止命令の処分事由について1に定める量定の長期及び短期にそれぞれ最近3年間に営業停止命令を受けた回数の2倍の数を乗じた期間を長期及び短期とする。ただし，その長期は，法定の期間を超えることができない。

（営業停止命令に係る期間の決定）

3　営業停止命令により営業の停止を命ずる期間は，次のとおりとする。
　(1)　原則として，量定がAランクに相当するもの以外のものについて営業停止命令を行う場合は，1に定める基準期間（2に規定する場合は当該処分事由について定められた基準期間の2倍の期間を基準期間とする。）によることとする。
　(2)　量定がAランクに相当するもの以外のものについて営業停止命令を行う場合において次に掲げるような処分を加重し，又は軽減すべき事由があるときは，(1)にかかわらず，情状により，1に定める量定の範囲内において加重し，又は軽減するものとする。

ア　処分を加重すべき事由とは，例えば，次のようなものである。

　（ア）　最近3年間に同一の処分事由により行政処分に処せられたこと。

　（イ）　指示処分の期間中にその処分事由に係る法令違反行為と同種の法令
　　　　違反行為を行ったこと

　（ウ）　処分事由に係る行為の態様が著しく悪質であること。

　（エ）　従業者の大多数が法令違反行為に加担していること。

　（オ）　悔悛の情が見られないこと。

　（カ）　付近の住民からの苦情が多数あること。

　（キ）　結果が重大であり，社会的反響が著しく大きいこと。

　（ク）　16歳未満の者の福祉を害する法令違反行為であること。

イ　処分を軽減すべき事由とは，例えば，次のようなものである。

　（ア）　他人に強いられて法令違反行為を行ったこと。

　（イ）　営業者（法人にあっては役員）の関与がほとんどなく，かつ，処分事
　　　　由に係る法令違反行為を防止できなかったことについて過失がないと認
　　　　められること。

　（ウ）　最近3年間に処分事由に係る法令違反行為を行ったことがなく，悔
　　　　悛の情が著しいこと。

　（エ）　具体的な営業の改善措置を自主的に行っていること。

（3）　量定がAランクに相当するもの以外のものについて，処分を軽減すべ
　　き事由が複数あり，営業停止処分を行うことが著しく不合理であると認め
　　られるときは，(1)(2)にかかわらず，営業停止処分を行わないこととす
　　る。

別表（抜粋）

[飲食店営業]

〈法若しくは法に基づく命令又は法に基づく条例の規定に違反する行為〉

（10）　未成年者に対する酒類・たばこ提供禁止違反（第32条第3項，第22条第
　　　　6号）の量定　Bランク

Ⅰ. 基礎編

▶**基礎的事項のチェック**

1. 処分の取消訴訟とは、どのような訴訟か。
2. 処分の取消訴訟の訴訟要件として、どのようなものがあるか。
3. 狭義の訴えの利益とは何か。
4. 行政機関が定める規範には、どのような種類があるか。
5. 行政手続法における処分基準とは何か。
6. 行政手続法における処分基準は法規命令か、それとも行政規則か。
7. 行政規則の外部化とは何か。
8. 独任制の行政庁とは何か。また合議制の行政庁とは何か。
9. 執行停止の申立てとは何か。
10. 行政手続法上、不利益処分の手続にはどのようなものがあるか。
11. 行政手続法における処分基準は必ず定めなければならないものか。
12. 聴聞とは何か。
13. 行政手続法 14 条 1 項（理由の提示）の立法趣旨は何か。
14. 不利益処分に際して提示すべき理由は、どの程度具体的であればよいか。
15. 行政手続法 14 条 1 項違反は取消事由になるか。
16. 処分に裁量が認められるか否かは、どのように判定するのか。
17. 裁量処分が違法になるのは、どのような場合か。

1. 設問 1 に関する基礎的事項

（1）はじめに

　設問 1 では取消訴訟の訴訟要件が問題にされている。そこで、まずは取消訴訟とは何かということを確認したのち、取消訴訟の訴訟要件全般について確認しておこう。また、本問の場合、特に狭義の訴えの利益が問題になるから、その意義についても確認しておく。さらに、本問で狭義の訴えの利益の有無を検討する際には、本件基準の法的性格について検討する必要がある。本件基準は行政機関が定めた基準であるという点に特徴があり、この点で立法機関が定め

た法律とは大きく異なる。このような行政機関が定めた基準は行政上の基準として、その法的性格等が問題になるので、それらの基礎的事項も、ここで確認しておきたい。

その他、本件では本件処分の行為主体として公安委員会が出てくるし、また、本件処分の取消訴訟の提起とともに執行停止の申立てが行われている。これらに関する基礎的事項について理解を得ておくことは設問1に対する解答をする上で必要不可欠というわけではないが、本件事案をよりよく理解することにつながるので、いずれについても以下で簡単に確認しておきたい。

（2）取消訴訟の意義

本問において X は取消訴訟を提起している。この取消訴訟は行訴法3条2項に定められた訴訟である。同条項によれば、取消訴訟とは「行政庁の処分その他公権力の行使に当たる行為……の取消しを求める訴訟をいう」。本件処分は、この条文中の「行政庁の処分」に該当する（行政庁の処分の意味については、平成23年度の基礎編の解説を参照）。

仮に本件処分の取消訴訟において X が勝訴した場合には、本件処分が取り消される（これを取消判決の形成力と呼ぶ）。本件処分が取り消されれば、取消しの効果として、過去に遡って最初から処分の効力が無かったことになるから、X は、取消判決を得ることで、法的には営業停止処分を受けなかったことになる。そうすると、本件処分で定められた営業停止期間中であっても、取消判決さえ獲得できれば、X は従前どおり適法に営業をすることができる。X は、これを狙って本件処分の取消訴訟を提起したものと考えられる。

（3）取消訴訟の訴訟要件

取消訴訟を適法に提起するためには、訴訟要件を充足しなければならない。訴訟要件を満たさない取消訴訟が提起されると、当該訴訟は却下される。それでは、取消訴訟の訴訟要件には、どのようなものがあるか。以下、列挙する（取消訴訟の訴訟要件の詳細については、平成23年度の基礎編の解説を参照）。

○取消訴訟の訴訟要件

①処分性：取消訴訟の対象は処分でなければならない（行訴法3条2項）。

②**原告適格**：取消訴訟は**法律上の利益を有する者**が提起しなければならない（行訴法9条1項）。

③**狭義の訴えの利益**：取消訴訟で勝訴することによって、原告が現実に救済されなければならない（行訴法9条1項）。

④**被告適格**：取消訴訟の被告は原則として処分庁が所属する行政主体でなければならない（行訴法11条1項）。

⑤**管轄裁判所**：取消訴訟は行訴法12条が定める管轄裁判所に提起しなければならない。

⑥**出訴期間**：取消訴訟は原則として処分があったことを知った日から起算して6ヶ月以内に提起しなければならない（行訴法14条1項）。

⑦**審査請求前置**：法律に特別の定めがある場合には、審査請求の裁決を経てからでなければ、取消訴訟を提起してはならない（行訴法8条1項）。

（4）狭義の訴えの利益

　設問1では、上記の訴訟要件のうち**狭義の訴えの利益**が特に問題になる。そこで、当該訴訟要件について、もう少し立ち入って説明をしておく。

　仮に原告が取消訴訟で勝訴したとしても、それが原告の現実の救済に役立たないのであれば、裁判の意味がない。たとえば飲食店経営者に対して10月1日から同月31日までの期間を営業停止とする旨の処分がされた場合に、その経営者が11月1日に当該処分の取消訴訟を提起してみても、既に営業停止処分の効力は失われてしまっているから、当該処分を取り消してみたところで現実の救済には役立たない。このような場合には狭義の訴えの利益が消滅したとして、取消訴訟は却下される。

　ただし、時間の経過により処分が失効した後であっても、当該処分の取消しを求めなければ回復できないような法律上の利益（＝回復すべき法律上の利益）が存する場合には、狭義の訴えの利益は消滅しない（行訴法9条1項括弧書き）。たとえば国家公務員であった者が免職処分の取消訴訟中に公職選挙に立候補した場合には、取消判決によって免職処分が取り消されたとしても、——公職選挙法により公務員が立候補の届出をすると、公務員を辞職したものとみなされるので——もはや国家公務員の地位は回復しないが、免職処分が取り消されない限り、当該公務員は、違法な免職処分さえなければ公務員として有していた給

料請求権その他の権利利益につき裁判所に救済を求めることができなくなるため、免職処分の取消しを求める訴えの利益が認められる（最判昭和40年4月28日民集19巻3号721頁〔名古屋郵政局職員免職処分取消請求事件〕）。

したがって、狭義の訴えの利益が認められるか否かは、処分が期間の経過によって失効しているか否かという観点からのみ判断するのではなく、期間の経過後であっても、取消しを求めるだけの「回復すべき法律上の利益」があるか否かという観点からも検討する必要がある。

(5) 行政上の基準

上述の行訴法9条1項括弧書きでいう「回復すべき法律上の利益」の有無は、法律にのみ着目して判断するのではなく、法律を含めた法規性を有する規範（＝国民の権利義務に関する規範）に着目して判断する。

それでは行政機関が定める基準は、常に法規性を有する規範といえるか。この点、行政上の基準は多様であって、法規性を有するものと法規性を有しないものがある。従来、前者を**法規命令**と呼び、後者を**行政規則**と呼んできた。両者の間には法規性の有無のほか、次のとおり、いくつかの点で違いがある。

○法規命令と行政規則の差異

種類	法規性	国民への法的拘束力	裁判規範性	法律の根拠
法規命令	○	○	○	必要
行政規則	×	×	×	不要

このように両者は法的性格が大きく異なるので、「回復すべき法律上の利益」の有無を判定する場合には、問題になっている行政上の基準が法規命令なのか、それとも行政規則なのかということを、まずは明らかにしなければならない。仮に当該基準が法規性を有するということであれば、「回復すべき法律上の利益」の有無を検討する際に当該基準にも着目して検討することが許されるのに対し、当該基準が法規性を有しないということであれば、当該基準に着目して検討することは基本的に適切ではない。

(6) 行政手続法上の処分基準の法的性格

本件処分に行手法が適用され、さらに本件処分が同法の**不利益処分**（行手法2

条4号）に該当することも踏まえると、本件基準は同法の**処分基準**に該当する可能性がある。ここで処分基準とは「不利益処分をするかどうか又はどのような不利益処分とするかについてその法令の定めに従って判断するために必要とされる基準をいう」（行手法2条8号ハ）。この行手法上の処分基準は行政庁が設定するものであって（行手法12条1項）、行政上の基準の一類型といえる。

　それでは、行手法上の処分基準は法規命令か、それとも行政規則か。この問題について、一般的な見方は処分基準を行政規則として捉える。その理由は、処分基準が統一的な事務処理を行うために、行政内部の職員に向けて定められる規範であるという点にある。すなわち、処分基準は行政組織の外にいる一般の国民・住民に向けて定められる規範ではないから、国民の権利義務に関する規範（＝法規）とはいえないと理解されているのである。

（7）行政規則の外部化

　法規命令と行政規則の区分に関する上記の基本的理解を前提にすると、行政規則は外部的法効果をもたないから（＝行政組織の外にいる一般の国民・住民や、裁判所を法的に拘束しないから）、基本的に、裁判所は行政規則に依拠して処分の違法・適法の判断をすることはできないし、また原告も処分が行政規則に違反していることを理由に処分の違法を主張することはできない。

　しかし、行政規則が公表されると、一般の国民・住民は公表された行政規則どおりに処分がされるであろうと予測するし、期待もする。また、一般の国民・住民は同じ条件であるならば、行政規則に基づいて同じような処分がされるであろうと予測するし、期待もする。そうすると、そのような予測や期待は法的に保護されてよいという考え方もありえよう。このような考え方に立つ場合、特段の事情がないにもかかわらず、行政規則どおりの処分がされないとすれば、それは信頼保護の原則や平等原則との関係で問題が生じ、当該処分は違法になるといえる。このような構成は実質的に行政規則に外部的法効果を認めることになるため、これを**行政規則の外部化**という。これによって法規命令と行政規則は、かなりの程度、相対化することになる。

（8）公安委員会の位置づけ

　本件処分を行っているのは公安委員会であるが、これは風俗営業等の規制及

び業務の適正化等に関する法律（以下「風営法」という）34条2項による。実際、風営法34条2項は公安委員会が営業停止命令という処分を行うことを認めている。そうすると、処分権限を認められた行政機関が行政庁であると理解されているから、公安委員会は行政庁（処分庁）として捉えることができる。

このように、行政機関としての行政庁は**独任制**以外にも、**合議制**の場合がある。独任制の行政庁の例が大臣や首長であり、合議制の行政庁の例が公安委員会等である。

公安委員会が行政庁であるということになると、たとえば行手法12条に基づいて公安委員会が行手法上の処分基準を設定・公表することもあるということになる。

(9) 執行停止の申立て

本件では、Xは本件処分の取消訴訟とともに**執行停止の申立て**も行っている。これは、行訴法が**執行不停止の原則**を採用していることと密接に関係している。すなわち、行訴法25条1項によれば、「処分の取消しの訴えの提起は、処分の効力、処分の執行又は手続の続行を妨げない」。したがって、取消訴訟を提起したところで、処分の効力は停止しない。本件の場合、たとえXが本件処分の取消訴訟を提起しても、本件処分の効力は停止しないので、Xは本件処分の取消訴訟を提起しただけでは、適法に飲食店Bの営業を継続することができない。そのため、Xは仮の権利救済を得ることを目的にして、行訴法25条2項に基づき、執行停止の申立てを行ったものと考えられる。

2. 設問2に関する基本的事項

(1) はじめに

設問2では、本件処分の手続上の違法性および実体上の違法性に係る主張が問われている。

このうち手続上の違法性については、本件処分が不利益処分であって、不利益処分に係る行手法上の規定が適用されるため、行手法違反の主張をすることが考えられる。

他方、実体上の違法性は、後述するとおり、裁量権の逸脱濫用という形で展

開することが考えられる。

そこで、以下では不利益処分に係る行手法の規定に関する基礎的事項および裁量処分に関する基礎的事項を確認する。

（2）行政手続法における不利益処分の手続

行手法は不利益処分の手続として、①あらかじめ処分基準を設定し、公にしておくよう努力すること（行手法 12 条 1 項）、②不利益処分をしようとしている相手方（被処分者）に原則として意見陳述の機会を与えること（行手法 13 条 1 項）、③不利益処分をする際には理由の提示を行うことを定めている（行手法 14 条 1 項）。

○不利益処分の手続

> ①処分基準の設定・公表
> ②意見陳述の機会の付与
> ③理由の提示

以下、それぞれの手続について、順に確認していくことにしよう（意見陳述の機会および理由の提示については、平成 24 年度の基礎編の解説を参照）。

（3）処分基準の設定・公表

行政庁はあらかじめ、処分基準を設定し、公表するよう努力しなければならない。

この処分基準は、上述したとおり、基本的に行政規則としての性格を有する。

また、処分基準の設定・公表は審査基準の場合（行手法 5 条）と異なり、努力義務に止められている。したがって、行政庁は処分基準を必ず定め、公表しなければならないというわけではない。

（4）意見陳述の機会の付与

行政庁は、不利益処分をしようとする相手方に対して、不利益処分の根拠規定や、不利益処分の原因となる事実等を示した上で、事前に相手方の意見を聴かなければならない。これによって、不利益処分の適正さが手続的観点から担

保されることになる。

このような意見陳述の方法には「聴聞」と「弁明の機会の付与」がある。前者は比較的重い手続であり、許可の取消しなど、不利益の程度が比較的重い処分の場合に実施される（行手法13条1項1号）。他方、後者は比較的軽い手続であり、不利益の程度が比較的軽い処分の場合に実施される（行手法13条1項2号）。

本件では営業停止処分が行われているが、このような不利益処分の場合、行手法に即して考えてみると、弁明の機会の付与が行われるはずである（行手法13条1項2号）。しかし、風営法41条は、同法34条2項に基づく営業停止命令の場合、聴聞を実施する旨、定めている。行手法と風営法は手続面について一般法と特別法の関係にあるから、特別法で聴聞を行う旨、定められていれば、たとえ一般法で弁明の機会の付与を行うことになっていたとしても、聴聞を行わなければならない。そのため、本件では聴聞手続がとられている。

(5) 理由の提示の立法趣旨

行手法14条1項によれば、行政庁が不利益処分をする場合には、原則として理由の提示をしなければならない。その趣旨は、①行政庁の慎重かつ合理的な判断を担保し、恣意的な判断を抑制すること（恣意抑制機能または慎重配慮確保機能）、および、②処分の名宛人による不服申立てに便宜を与えること（不服申立便宜機能）にある。

(6) 提示すべき理由の程度

問題となるのは、提示される理由の具体性の程度である。この点、判例によれば、どの程度具体的な理由を提示すべきかは、「当該処分の根拠法令の規定内容、当該処分に係る処分基準の存否及び内容並びに公表の有無、当該処分の性質及び内容、当該処分の原因となる事実関係の内容等を総合考慮してこれを決定すべきである」（最判平成23年6月7日民集65巻4号2081頁〔一級建築士免許取消処分等取消請求事件〕）とされているが、少なくとも、いかなる事実関係についていかなる法規を適用して当該処分を行ったかを、被処分者においてその記載自体から了知しうるものでなければならないと解されることが多いであろう（最判昭和60年1月22日民集39巻1号1頁〔旅券発給拒否処分理由付記事件〕）。

（7）理由の提示違反と取消事由

　仮に不利益処分の理由がまったく示されていなかったり、あるいは示されていたとしても具体性に欠けていれば、当該不利益処分は行手法 14 条 1 項に違反して違法である。

　それでは、同条項違反は不利益処分の取消事由になるか。仮に同条項違反を理由に不利益処分を取り消してみたところで、再度、適切に理由を提示したうえで同じ内容の不利益処分が行われるとすれば、訴訟経済の観点から不利益処分を取り消すことに意味がないともいえるため、問題になる。

　この問題について判例および学説は、争いがないわけではないものの、行手法 14 条 1 項違反の不利益処分は、たとえ後に同じ内容の不利益処分が行われうるとしても、取り消されるべきであると解している。

（8）裁量の有無と違法主張

　処分の取消訴訟において原告が違法の主張をする場合、当該処分に裁量（法令が一義的明白に定めていないために行政機関に認められる判断の余地）が認められるか否かによって、違法の主張の仕方が異なる。すなわち、**裁量処分の場合は裁量権の逸脱濫用**という観点から違法の主張をする必要があるが（行訴法 30 条）、**覊束処分の場合は、その必要がない**（取消訴訟における違法主張について、平成 24 年度の基礎編の解説を参照）。

（9）裁量の有無を判定する手法

　このように裁量が認められるか否かによって違法主張の仕方は異なるから、裁量が認められるか否かの判断は重要である。この点、従来は、法律の文言（形式）に着目して裁量の有無を判定する手法と、処分の内容（実質）に着目して裁量の有無を判定する手法がとられてきた（これらの手法の詳細については、平成 24 年度の基礎編の解説を参照）。

○裁量の有無を判定する手法

（1）形式的手法：法律の文言に着目する手法
①不確定概念が用いられているか否かによって判定する。
②できる規定になっているか否かによって判定する。
（2）実質的手法：処分の内容に着目する手法
①専門技術的判断を伴うか否かによって判定する。
②政治的・政策的判断を伴うか否かによって判定する。

（10）裁量権の逸脱濫用の有無

　裁量の有無を検討した結果、裁量処分であるということが判明したら、原告は裁量権の逸脱濫用があったということを指摘して、当該処分の違法性を主張しなければならない（行訴法30条）。それでは、どのような場合に裁量権の逸脱濫用が認められるのか。代表的なケースは以下のとおりである（裁量権の逸脱濫用については、平成24年度の基礎編の解説を参照）。

○裁量権の逸脱濫用の類型

①比例原則違反：目的と手段の間に合理的な比例関係が認められず、比例原則に違反する形で裁量権が行使された場合は裁量権の逸脱濫用となる。

②平等原則違反：差別的な取扱いをし、平等原則に違反する形で裁量権が行使された場合には裁量権の逸脱濫用となる。

③目的拘束の法理違反：法令の趣旨・目的に違反するような形で裁量権が行使された場合には裁量権の逸脱濫用となる。

④基本的人権への侵害：基本的人権を侵害するような形で裁量権が行使された場合には裁量権の逸脱濫用となる。

⑤重大な事実誤認：重大な事実誤認に基づいて裁量権が行使された場合には裁量権の逸脱濫用となる。

1. 設問 1 について

（1）はじめに

　取消訴訟の訴訟要件は処分性や原告適格などさまざまなものがあるが、営業停止期間が満了した後で、取消訴訟の訴訟要件との関係で問題が生じるとすれば、それは狭義の訴えの利益である。なぜなら、営業停止期間が満了してしまえば、X は再び営業できる地位にあるので、取消訴訟を提起し、勝訴しても、意味がないようにみえるからである。

　しかし、行訴法 9 条 1 項括弧書きは「処分……の効果が期間の経過その他の理由によりなくなった後においてもなお処分……の取消しによって回復すべき法律上の利益を有する者」が適法に取消訴訟を提起できる旨、定めている。これによれば、X に狭義の訴えの利益が認められるか否かは、回復すべき法律上の利益が認められるか否かによって決まることになる。

（2）本件における「回復すべき法律上の利益」の可能性

　それでは、本件において「回復すべき法律上の利益」として捉えることができそうな利益はあるだろうか。この問題を検討する際には、問題文の次の記述に注目すべきである。

> 　A は、……「仮に、B 店で再び未成年者に酒類が提供されて再度の営業停止処分を受ける事態になった場合には、本件基準 2 の定める加重規定である「最近 3 年間に営業停止命令を受けた者に対し営業停止命令を行う場合の量定は、（中略）当該営業停止命令の処分事由について 1 に定める量定の長期及び短期にそれぞれ最近 3 年間に営業停止命令を受けた回数の 2 倍の数を乗じた期間を長期及び短期とする。」が適用され、X の経営に深刻な影響が及ぶおそれがあるかもしれないことを危惧した。」

　この部分からは、営業停止命令を過去 3 年以内に受けたことがあると、次に営業停止命令を受ける際には、営業停止期間が長くなり、不利益の程度が重くなるということが読み取れる。そうすると、たとえ営業停止期間

の満了後であっても、営業停止処分を取り消しておかないと、次の営業停止命令の処分事由が発生した場合に、加重された不利益処分を受けるおそれがあることになる。このことに着目すれば、営業停止期間満了後であっても、営業停止処分の取消訴訟によって当該処分の取消しを求める実益はあり、狭義の訴えの利益は消滅していないといえそうである。

（3）問題の所在

　ところが、上述のような加重された不利益処分を受けないようにする利益をもって「回復すべき法律上の利益」として捉える見方には、大きな問題がある。なぜなら、加重された不利益処分を受けない利益は、本件基準2との関係で観念できる利益であり、法律から導き出される利益でないため、当該利益が「回復すべき法律上の利益」に該当しない可能性があるからである。

（4）本件基準の法的性格と狭義の訴えの利益の有無

　そこで、本件基準の法的性格に着目し、本件基準が狭義の訴えの利益を肯定する上で有意義な基準といえるのか、明らかにする。

　まず、本件処分は不利益処分であって、行手法が適用される（風営法41条）。Y県公安委員会は地方公共団体の機関であるが、本件処分は法律に基づく処分であるから、行手法が適用除外されることはない（行手法3条3項）。本件処分には行手法が適用されるということを前提にすると、行政庁であるY県公安委員会には処分基準を定め、公表する努力義務が課せられていると指摘できる（行手法12条1項）。実際にY県公安委員会が定めて公表している本件基準は、営業停止命令をするかどうか又はどのような不利益処分とするかについて風営法の定めに従って判断するために必要とされる基準といえ、行手法上の処分基準に該当する（行手法2条8号ハ）。

　この行手法上の処分基準は、一般に講学上の行政規則であると解されている。なぜなら処分基準は行政内部の職員に向けて発せられた基準であり、法規性を有しないと考えられるからである。

　したがって、このような理解を前提にする限り、本件基準は行政規則であるため、本件基準との関係で観念される加重された不利益処分を受けない利益は「回復すべき法律上の利益」として捉えることができないといえる（設問1では

想定される Y 県の反論を踏まえることが求められているが、以上の指摘は Y 県の反論として位置づけることができよう）。

（5）最高裁平成 27 年 3 月 3 日判決

しかし、処分基準であっても、それが公表されていれば、国民・住民は処分基準にしたがって不利益処分が行われるであろうと予測するとともに期待もする。また、同じ条件であれば、処分基準にしたがって同じように扱われるであろうと予測するとともに期待もする。そうすると、これらの予測や期待は信頼保護の原則や、平等原則などと関連づけて法的に保護されてよいとも考えられる。現に最高裁は平成 27 年 3 月 3 日の判決〔風営法処分基準加重事件〕において、そのような考え方を表明した（以下の引用における下線は筆者によるものである）。

○最判平成 27 年 3 月 3 日民集 69 巻 2 号 143 頁

行政手続法は、行政運営における公正の確保と透明性の向上を図り、もって国民の権利利益の保護に資することをその目的とし（1 条 1 項）、行政庁は、不利益処分をするかどうか又はどのような不利益処分とするかについてその法令の定めに従って判断するために必要とされる基準である処分基準（2 条 8 号ハ）を定め、かつ、これを公にしておくよう努めなければならないものと規定している（12 条 1 項）。

上記のような行政手続法の規定の文言や趣旨等に照らすと、同法 12 条 1 項に基づいて定められ公にされている処分基準は、単に行政庁の行政運営上の便宜のためにとどまらず、不利益処分に係る判断過程の公正と透明性を確保し、その相手方の権利利益の保護に資するために定められ公にされるものというべきである。したがって、行政庁が同項の規定により定めて公にしている処分基準において、先行の処分を受けたことを理由として後行の処分に係る量定を加重する旨の不利益な取扱いの定めがある場合に、当該行政庁が後行の処分につき当該処分基準の定めと異なる取扱いをするならば、裁量権の行使における公正かつ平等な取扱いの要請や基準の内容に係る相手方の信頼の保護等の観点から、当該処分基準の定めと異なる取扱いをすることを相当と認めるべき特段の事情がない限り、そのような取扱いは裁量権の範囲の逸脱又はその濫用に当たることとなるものと解され、

この意味において、当該行政庁の後行の処分における裁量権は当該処分基準に従って行使されるべきことがき束されており、先行の処分を受けた者が後行の処分の対象となるときは、上記特段の事情がない限り当該処分基準の定めにより所定の量定の加重がされることになるものということができる。

この判決は、平等原則や、信頼保護の原則等を根拠に、実質的には処分基準にしたがった不利益処分が行われるべきであるとしており、いわゆる「行政規則の外部化」を行った判決として重要な意味をもっている。これによれば、処分基準は、もはや行政規則としてではなく、実質的には法規として機能することになろう。

(6) 本件の場合

本件においても、上記の平成 27 年最判にならって行政規則の外部化を行った場合、加重された不利益処分を受けない利益は、実質的に法規としてみることのできる本件基準との関係で観念できる利益であるから、「回復すべき法律上の利益」として捉えることができる。そうすると、本件においても、X の狭義の訴えの利益を肯定することは可能になる。

なお、本件と類似の事案を扱った上記平成 27 年最判は、行政規則の外部化に関する判示に続けて、以下のとおり判示し、狭義の訴えの利益を認めている。

○最判平成 27 年 3 月 3 日民集 69 巻 2 号 143 頁

以上に鑑みると、行政手続法 12 条 1 項の規定により定められ公にされている処分基準において、先行の処分を受けたことを理由として後行の処分に係る量定を加重する旨の不利益な取扱いの定めがある場合には、上記先行の処分に当たる処分を受けた者は、将来において上記後行の処分に当たる処分の対象となり得るときは、上記先行の処分に当たる処分の効果が期間の経過によりなくなった後においても、当該処分基準の定めにより上記の不利益な取扱いを受けるべき期間内はなお当該処分の取消しによって回復すべき法律上の利益を有するものと解するのが相当である。

そうすると、本件において、上告人は、行政手続法 12 条 1 項の規定に

より定められ公にされている処分基準である本件規程の定めにより将来の営業停止命令における停止期間の量定が加重されるべき本件処分後3年の期間内は、なお本件処分の取消しによって回復すべき法律上の利益を有するものというべきである。

2. 設問2の手続上の違法性について

（1）はじめに

　設問2では手続上の違法性と実体上の違法性に分けて解答することが求められているので、まずは手続上の違法性について検討する。

（2）問題となる手続規律

　本件処分に行手法が適用されることは問題文から明らかである。本件処分は行手法上の不利益処分に該当するから、同法12条以下の規律が及ぶ。不利益処分の手続としては、①処分基準の設定・公表（行手法12条）、②意見陳述の機会の付与（行手法13条）、③理由の提示（行手法14条）の三つがあるが、本件の場合、このうち①および②について問題があるようにはみえない。そこで、本件では③の理由の提示を問題にすることになる。

（3）理由の提示の制度趣旨

　まずは行手法14条1項の理由の提示の制度趣旨について確認しておく。行手法14条1項の趣旨は、名宛人に直接に義務を課しまたはその権利を制限するという不利益処分の性質に鑑み、行政庁の判断の慎重と合理性を担保してその恣意を抑制するとともに、処分の理由を名宛人に知らせて不服申立てに便宜を与えるという点にあるものと解されている。このような理解は既に判例上も確立しているから、答案上、再現できるようにしておく必要がある。

（4）理由の具体性の程度

　問題となるのは、処分理由の具体性の程度である。たとえば「諸般の事情による」という程度の理由しか提示されていなければ、それは上記の行手法14条1項の制度趣旨に反する。そうすると、単に理由が提示されていれば、それ

でよいということにはならず、具体的な理由の提示が必要だということになる。それでは、一体どの程度の具体性をもって処分理由が示されなければならないか。この問題について、判例は、上記の行手法 14 条 1 項の趣旨に照らし、当該処分の根拠法令の規定内容、当該処分に係る処分基準の存否及び内容並びに公表の有無、当該処分の性質及び内容、当該処分の原因となる事実関係の内容等を総合考慮して決定すべきであるとしている（最判平成 23 年 6 月 7 日民集 65 巻 4 号 2081 頁〔一級建築士免許取消処分等取消請求事件〕）。これを前提にすると、どの程度、具体的な理由を示すべきかは個別の事案において検討することになる。

（5）本件における問題の所在

　本件の場合、処分決定通知書には「根拠法令」「処分の内容」「処分の理由」が示されているから、一応、理由の提示はあったと指摘できる。しかし、問題文の中では、「A は、処分決定通知書を本件基準と照らし合わせてみても、どうしてこのように重い処分になるのか分からないとして、本件処分に強い不満を覚え」たと記述されている。そのため、実際に提示された理由の具体性の程度では不十分であるという指摘がありうる。特に本件基準の適用関係が「処分の理由」において提示されていないという点は問題となろう。

（6）従来の判例の立場

　上述したように、本件基準は行手法上の処分基準に該当する。そうすると、不利益処分が行われる際に、処分基準の適用関係まで示さなければ、行手法 14 条 1 項違反になるのか否かという問題について、従来の判例の立場を確認しておくことが、X の主張を検討するうえで有意義であろう。

　そこで、この問題を扱った従来の最高裁判決として、最判昭和 60 年 1 月 22 日民集 39 巻 1 号 1 頁〔旅券発給拒否処分理由付記事件〕があるので、まずは、これを確認することにしよう（以下の引用における傍点および下線は筆者によるものである）。

○最判昭和 60 年 1 月 22 日民集 39 巻 1 号 1 頁

　　……旅券法 14 条は、外務大臣が、同法 13 条の規定に基づき一般旅券の発給をしないと決定したときは、すみやかに、理由を付した書面をもって

一般旅券の発給を申請した者にその旨を通知しなければならないことを規定している。一般に、法律が行政処分に理由を付記すべきものとしている場合に、どの程度の記載をなすべきかは、処分の性質と理由付記を命じた各法律の規定の趣旨・目的に照らしてこれを決定すべきである……。旅券法が右のように一般旅券発給拒否通知書に拒否の理由を付記すべきものとしているのは、一般旅券の発給を拒否すれば、憲法22条2項で国民に保障された基本的人権である外国旅行の自由を制限することになるため、拒否事由の有無についての外務大臣の判断の慎重と公正妥当を担保してその恣意を抑制するとともに、拒否の理由を申請者に知らせることによって、その不服申立てに便宜を与える趣旨に出たものというべきであり、このような理由付記制度の趣旨にかんがみれば、一般旅券発給拒否通知書に付記すべき理由としては、<u>いかなる事実関係に基づきいかなる法規を適用して一般旅券の発給が拒否されたかを、申請者においてその記載自体から了知しうるものでなければならず</u>、単に発給拒否の根拠規定を示すだけでは、それによって当該規定の適用の基礎となった事実関係をも当然知りうるような場合を別として、旅券法の要求する理由付記として十分でないといわなければならない。

この判決によれば、処分理由として提示することが求められるのは、法規の適用関係である。仮に法規の適用関係まで示せば十分であるという趣旨ならば、一般に行手法上の処分基準は行政規則であり、法規ではないと解されているから、処分基準の適用関係まで処分理由の中で示さなくても、行手法14条1項違反にはならないといえよう。

(7) 最高裁平成23年6月7日判決の立場

ところが、その後、最高裁は平成23年6月7日判決〔一級建築士免許取消事件〕の中で、処分基準の適用関係まで示さなければ、行手法14条1項の趣旨に照らし、違法になる旨、判示した（以下の引用における傍点および下線は筆者によるものである）。

○最判平成 23 年 6 月 7 日民集 65 巻 4 号 2081 頁

　　……同項〔建築士法 10 条 1 項〕2 号及び 3 号の定める処分要件はいず
れも抽象的である上、これらに該当する場合に同項所定の戒告、1 年以内
の業務停止又は免許取消しのいずれの処分を選択するかも処分行政庁の裁
量に委ねられている。そして、建築士に対する上記懲戒処分については、
処分内容の決定に関し、本件処分基準が定められているところ、本件処分
基準は、意見公募の手続を経るなど適正を担保すべき手厚い手続を経た上
で定められて公にされており、しかも、その内容は、前記 2（4）のとおり
であって、多様な事例に対応すべくかなり複雑なものとなっている。そう
すると、建築士に対する上記懲戒処分に際して同時に示されるべき理由と
しては、処分の原因となる事実及び処分の根拠法条に加えて、本件処分基
準の適用関係が示されなければ、処分の名宛人において、上記事実及び根
拠法条の提示によって処分要件の該当性に係る理由は知り得るとしても、
いかなる理由に基づいてどのような処分基準の適用によって当該処分が選
択されたのかを知ることは困難であるのが通例であると考えられる。これ
を本件について見ると、本件の事実関係等は前記 2 のとおりであり、本件
免許取消処分は上告人 X1 の一級建築士としての資格を直接にはく奪する
重大な不利益処分であるところ、その処分の理由として、上告人 X1 が、
札幌市内の複数の土地を敷地とする建築物の設計者として、建築基準法令
に定める構造基準に適合しない設計を行い、それにより耐震性等の不足す
る構造上危険な建築物を現出させ、又は構造計算書に偽装が見られる不適
切な設計を行ったという処分の原因となる事実と、建築士法 10 条 1 項 2
号及び 3 号という処分の根拠法条とが示されているのみで、本件処分基準
の適用関係が全く示されておらず、その複雑な基準の下では、上告人 X1
において、上記事実及び根拠法条の提示によって処分要件の該当性に係る
理由は相応に知り得るとしても、いかなる理由に基づいてどのような処分
基準の適用によって免許取消処分が選択されたのかを知ることはできない
ものといわざるを得ない。このような本件の事情の下においては、行政手
続法 14 条 1 項本文の趣旨に照らし、同項本文の要求する理由提示として
は十分でないといわなければならず、本件免許取消処分は、同項本文の定
める理由提示の要件を欠いた違法な処分であるというべきであって、取消
しを免れないものというべきである。

このように、平成 23 年最判は、それまで法規の適用関係まで示すことが求められていたところを、一歩進めて、法規ではない処分基準の適用関係まで示すことを求めたところに大きな意義がある。

　もっとも、平成 23 年最判は、そのような判断の正当性を①処分の裁量性、②処分基準の民主性、③処分基準の複雑性、④不利益処分の重大性に求めているようにみえる。そうすると、平成 23 年最判は、処分基準がある場合には処分基準の適用関係を示せと一律にいっているわけではないともいえる。そうであれば、事案の検討に際しては、上記①〜④の要素にも配慮した個別的な検討が求められよう。

(8) 本件の場合

　上記の平成 23 年最判を念頭におくと、本件における X の主張として次のような主張が考えられよう。

　風営法 34 条 2 項が定める処分要件はいずれも抽象的である上、これらに該当する場合に、どれだけの期間、営業停止にするのか、また、全部を営業停止にするのか、それとも一部を営業停止にするのか、さらにそのような処分をするのか否かも処分庁たる公安委員会の裁量に委ねられている。そして、飲食店営業者に対する営業停止処分については、処分内容の決定に関し、本件基準が定められ、公にされている。しかも、その内容は多様な事例に対応すべくかなり複雑なものになっている。そうすると、飲食店営業者に対する営業停止処分に際して同時に示されるべき理由としては、処分の原因となる事実および処分の根拠法条に加えて、本件基準の適用関係が示されなければ、処分の名あて人において、事実および根拠法条の提示によって処分要件の該当性に係る理由は知り得るとしても、いかなる理由に基づいてどのような本件基準の適用によって当該処分が選択されたのかを知ることは困難である。これを本件について見ると、本件処分は X の B 店に係る飲食店営業の全部を停止させる重大な不利益処分であるところ、本件処分に係る処分決定通知書には、「根拠法令等」として「法第 32 条第 3 項、第 22 条第 6 号違反により、法第 34 条第 2 項を適用」、「処分の理由」として「X は、平成 28 年 3 月 1 日、B 店において、同店従業員 C をして、D らに対し、同人らが未成年者であることを知りながら、酒類であるビール及びワイン等を提供したものである。」と記されているのみ

で、本件基準の適用関係が全く示されておらず、その複雑な基準の下では、X において、事実および根拠法条の提示によって処分要件の該当性に係る理由は相応に知り得るとしても、いかなる理由に基づいてどのような本件基準の適用によって本件処分が選択されたのかを知ることはできない。このような本件の事情の下では、行手法 14 条 1 項本文の趣旨に照らし、同項本文の要求する理由提示としては十分でないといわなければならず、本件処分は、同項本文に違反する違法な処分であるというべきであって、取消しを免れない。

(9) 想定される Y 県の反論

　以上のような X の主張に対して、Y 県は、平成 23 年最判の反対意見等を参考にして、次のように複数の観点から反論することができる。

　第一に、決定書の「処分の理由」の中で処分の適用関係が示されていなくても、X はなぜ自分が本件処分を受けるに至ったのか、十分了知できたはずである。すなわち、決定通知書の「処分の理由」には未成年者に酒類を提供したことが記載されており、そのような場合は本件基準の別表によれば B ランクとして評価されることになり、その B ランクの量定の基準期間は本件基準 1 によれば 3 か月とされ、さらに本件基準 3 (1) によれば、それが原則であるとされている。このように「処分の理由」に記載された内容を本件基準に単純に当てはめて検討していけば、3 か月の営業停止処分になることは一般に了知できるといえる。

　第二に、行手法上、処分基準の設定・公表は努力義務であって、それは行政庁の裁量に委ねられているから、処分基準たる本件基準の適用関係の提示についても、行政庁の裁量に委ねられているといえる。したがって、処分基準の適用関係を示さなかったからといって、行手法 14 条 1 項違反になるわけではない。

○最判平成 23 年 6 月 7 日民集 65 巻 4 号 2081 頁における那須弘平裁判官の反対意見

　……処分基準については、一旦設定・公表された後は、通達等による場合でも、外部的効果ないし自己拘束力を持つことになるとして、処分行政庁に一律に同基準を反映した理由の提示義務を認める見解も有力に主張され

ている。しかし、もともと、不利益処分に関する処分基準については、行政庁はこれを設定・公表する努力義務を負うにとどまるものとされている（行政手続法12条1項）。そうすると、行政庁が、適用関係を理由中に表示することまで必要ないと判断して、これを前提とした処分基準を設定することもその裁量権の範囲内に含まれると解する余地も十分ある。むしろ、そう解することが前記努力義務規定ともよく整合し、現実に対応した柔軟な処理を可能にすることになると考える。

　第三に、平成23年最判（多数意見）の射程は本件に及ばない。すなわち、平成23年最判は一律に処分基準の適用関係を示すことを求めているのではなく、①処分の裁量性、②処分基準の民主性、③処分基準の複雑性、④不利益処分の重大性といった要素の存在を前提にして処分基準の適用関係まで示すことが求められると判示しているところ、本件基準は必ずしも複雑であるとまではいえない上に、本件処分は平成23年最判の事案のように資格を剥奪する重大な不利益処分ともいえない。これらのことからすると、本件は処分基準の適用関係まで示さなければならない事案とはいえず、したがって本件基準の適用関係を処分理由として示していないことが行手法14条1項違反にはならない。

　第四に、本件基準の適用関係が示されていないことを理由に本件処分を取り消してみたところで、再度、（適切に理由を提示したうえで）同じ内容の不利益処分が繰り返される可能性があり、訴訟経済の観点から本件処分を取り消すだけの意味を見出しがたい。

○最判平成23年6月7日民集65巻4号2081頁における那須弘平裁判官の反対意見

　本件では、多数意見のように、当審で原判決を破棄し自判により上告人らの請求を認容して本件免許取消処分を取り消すことも、事例判断の一つとして論理的に採り得ない話ではない。しかし、この場合、処分行政庁が前回と同様な懲戒手続により、理由中で処分基準の適用関係を明示した上で、再度同様な内容の免許取消処分を行い、更に訴訟で争われる事態が生じることもあり得る。このような事態も手続的正義の貫徹という視点から

は積極的に評価できる面もあろうが、これに要する時間、労力及び費用等の訴訟経済の問題を考慮すれば逆の評価をせざるを得ない面もある。

（10）想定されるY県の反論に対する再反論

以上のY県の反論に対しては、平成23年最判の補足意見等を参考にして、さらに次のように再反論することが考えられる。

第一に、本件は決定書の「処分の理由」の中で処分の適用関係まで示されなければ、なぜ本件処分を受けるに至ったのか、十分了知できない事案である。なぜなら、確かに本件の事実を本件基準に当てはめて検討していけば、原則として3ヶ月の営業停止処分になることは了知できるものの、本件基準3（2）では加重事由および軽減事由が定められ、しかも本件基準（3）では複数の軽減事由がある場合には営業停止処分を行わないこともありうるとされているので、特に本件基準3（2）および（3）の適用関係まで示されないと、なぜ本件処分を受けるに至ったのか了知できない。

第二に、確かに処分基準の設定および公表は行政庁の努力義務であるが、いったん処分基準が設定され、公表された場合には、特段の事情がない限り、処分基準どおりに処分がされなければならないはずで、そうである以上は、行政手続の透明性の確保を目的とする行手法の趣旨に照らして本件基準の適用関係まで示す必要があるといえる。

○最判平成23年6月7日民集65巻4号2081頁における田原睦夫裁判官の補足意見

……那須裁判官はその反対意見において、行政手続法12条1項は、行政庁に不利益処分に関する処分基準を設定し公表する努力義務を課しているにすぎないから、「行政庁が、適用関係を理由中に表示することまで必要ないと判断して、これを前提とした処分基準を設定することもその裁量権の範囲内に含まれると解する余地も十分ある。むしろ、そう解することが前記努力義務規定ともよく整合し、現実に対応した柔軟な処理を可能にすることになると考える。」と主張される。

行政庁が、不利益処分の処分基準を定めた上でそれを一切公表せず（そのこと自体、行政手続法12条1項の趣旨に反する。）、全くの内部的な取扱基準

として運用する場合には、那須裁判官の上記の見解も成り立ち得るといえる。しかし、行政庁が不利益処分の処分基準を定めてそれを公表することは、……当該行政庁は、不利益処分をなすに当たっては、特段の事情がない限りその処分基準に覊束されて手続を行うことを宣明することにほかならないのである。そして、一旦、不利益処分は自らが定めた処分基準に従って行うことを宣明しながら、その基準に拠ることなく現実に対応した柔軟な処理をすることもできると解することは、行政手続の透明性に背馳し、行政手続法の立法趣旨に相反するものであって、上記の見解には到底賛同できない。

　第三に、平成23年最判（多数意見）の射程は本件にも及ぶ。この点、処分基準の複雑性に関し、本件基準はさまざまな事情を考慮して営業停止命令に係る期間の決定をすることになっており、その内容からして複雑性を肯定できる。しかも、Aは処分決定通知書と本件基準を照らし合わせてみて、本件処分がされた理由が分からないといっており、これは本件基準が複雑であることの一つの証左である。そうであれば、本件基準の複雑性は肯定され、平成23年最判の射程が及ぶ前提があるといえる。また、確かに平成23年最判と本件の間には不利益処分の重大性という点において異なる部分があるものの、そのことから直ちに平成23年最判の射程が本件に及ばないとするのは早計である。

　第四に、処分基準の適用関係が示されていないことを理由に本件処分を取り消した後に、同じ内容の処分が繰り返される可能性があるとしても、理由の提示に係る手続規律は適正手続の原則を実現する上で極めて重要であって、これまでの判例も理由の提示違反をもって取消事由としているのであるから、行手法14条1項違反は取消事由に該当するといえる。

○最判平成23年6月7日民集65巻4号2081頁における田原睦夫裁判官の補足意見

　なお、那須裁判官は、多数意見のように、当審で原判決を破棄し自判により上告人らの請求を認容して本件免許取消処分を取り消しても、処分行政庁が、前回と同様な懲戒手続により、再度同様の免許取消処分を行うこともあり得るところ、これに要する時間、労力及び費用等の訴訟経済の問

題を考慮すれば、逆の評価をせざるを得ない面もある、と主張される。

しかし、そのような諸点をも考慮の対象とした上で、……行政処分において手続の公正さは貫かれるべきであるとする判例法理が、永年の多数の下級審裁判例や……最高裁判例の積重ねによって形成されてきたのであり、行政処分の正当性は、処分手続の適正さに担保されることによって初めて是認されるのであって、適正手続の遂行の確立の前には、訴訟経済は譲歩を求められてしかるべきである。

3. 設問 2 の実体上の違法性について

(1) 本件処分の裁量の有無

設問 2 では、本件取消訴訟における実体上の違法事由の主張も問われている。本件処分を実体面から検討し、違法事由を指摘しようとする場合には、まずもって本件処分が裁量処分といえるか否かを明らかにしなければならない。なぜなら、実体上、争われている処分に裁量が認められるのであれば、取消訴訟における実体上の違法事由の主張は、裁量権の逸脱濫用ということを意識して展開する必要があるからである（行訴法 30 条）。この点、風営法 34 条 2 項はいわゆる「できる規定」である。また、いかなる場合に、いかなる処分を選択するのか（あるいは、しないのか）、特段、法律上、明文で定めを置いていない。これは、同条項に基づく処分が、処分の原因、対象、態様、処分をした場合の社会的影響等を総合的に勘案して行われるべきものと考えられたからであると解される。そうすると、本件処分は裁量処分であるといえ、X は、本件取消訴訟において実体上の違法事由を主張する際には、裁量権の逸脱濫用があった旨、指摘しなければならない。

(2) 処分基準の外部化

それでは、本件において裁量権の逸脱濫用があったということを指摘するためには、どのような主張を展開すればよいか。

この点、X としては、本件基準に照らすと、有利な事情がいくつか認められるため、本件基準に基づいた主張を展開していくことが考えられよう。ただ、そのためには、本件基準が行手法上の処分基準であって、行政規則であること

から、まずもって行政規則の外部化の作業を行っておかなければならない。そこで、次のような指摘をすることが考えられる。すなわち、裁量権の行使における公正かつ平等な取扱いの要請や基準の内容に係る相手方の信頼の保護等の観点から、本件基準の定めと異なる取扱いをすることを相当と認めるべき特段の事情がない限り、本件基準の定めと異なる取扱いをすることは裁量権の逸脱濫用に当たる（参照、最判平成 27 年 3 月 3 日民集 69 巻 2 号 143 頁〔風営法処分基準加重事件〕）。

このような指摘をしたうえで、X としては次のような主張をさらにすることが有効であろう。

第一に、聴聞手続によって明らかになった①、②、③の事実からすると、本件基準 3（2）イ（イ）に該当する事情が本件には認められるため、基準期間である 3 ヶ月の営業停止処分よりも処分内容は軽減されるはずである。

第二に、聴聞手続によって明らかになった④の事実からすると、本件基準 3（2）イ（エ）に該当する事情が本件には認められるため、基準期間である 3 ヶ月の営業停止処分よりも処分内容は軽減されるはずである。

第三に、上記第一および第二から明らかなとおり、本件では複数の軽減事由が認められるので、このような場合には、本件基準 3（3）により営業停止処分を行わないということもありうる。

以上からすると、3 ヶ月の営業停止処分は本件基準の定めと異なる取扱いがされた結果であり、このような本件基準の定めと異なる取扱いを相当とする特段の事情も見当たらないことから、本件処分には裁量権の逸脱濫用が認められ、違法であるといえる。

(3) 想定される Y 県の反論

以上のような X の主張に対して、Y 県は次のような反論をすることが考えられる。

第一に、D らは E らと友人関係にあるため、E らに酒類を提供すれば、テーブルが隣接していたことからも回し飲みが行われることは容易に予測できた。それにもかかわらず、C は D らを十分に監視せず、その結果として、D らの飲酒が行われたといえるから、過失が認められる。そうすると、本件基準 3（2）イ（イ）の軽減事由は認められない。

第二に、未成年者の飲酒に起因する事故等が社会的問題になり、飲食業界でも未成年者の飲酒防止のための積極的な取組が行われていた中で、今回の事件が発生した。そうすると、本件基準3（2）ア（キ）に該当する加重事由が認められる。

第三に、以上からすると、仮に本件基準3（2）イ（エ）に該当する軽減事由が認められるとしても、他方で加重事由も認められるのであるから、総合的見地から本件処分が本件基準に即して行われたとみることは可能である。

以上から、本件処分に裁量権の逸脱濫用はなく、本件処分は適法であるといえる。

（4）想定されるY県の反論に対する再反論

以上のY県の反論に対しては、Xの立場から、さらに次のように再反論することが考えられる。

第一に、Cは年齢確認をしたうえ、DらとEらを別々のテーブルに案内しており、過失は認められない。そのため、本件基準3（2）イ（イ）の軽減事由が認められる。

第二に、本件事件は結果が重大であるとまではいえず、社会的反響が著しく大きいともいえない。

第三に、仮に百歩譲って本件基準3（2）ア（キ）の加重事由があるとしても、複数の軽減事由（本件基準3（2）イ（イ）および（エ））がある以上、基準期間である3ヶ月よりは短くなるはずである。それにもかかわらず、3ヶ月の営業停止処分をするのは本件基準に即した処分とはいえない。

以上から、本件処分に裁量権の逸脱濫用があり、本件処分は違法であるといえる。

4. 出題趣旨について

（1）出題趣旨

法務省から公表された平成28年度予備試験の行政法の出題趣旨は以下のとおりである（http://www.moj.go.jp/content/001209315.pdf）。

本問は、公安委員会が、未成年者に酒類を提供した飲食店に対して行った風俗営業等の規制及び業務の適正化等に関する法律（以下「風営法」という。）に基づく営業停止処分に関する法的争点について検討させるものである。

　設問1は、営業停止期間の経過により狭義の訴えの利益（行政事件訴訟法第9条第1項括弧書き）が消滅するか否かを問うものである。狭義の訴えの利益に関する一般論を展開した上で、過去の一定期間内に処分を受けたことを理由として処分を加重する旨の加重規定が法令ではなく、処分基準に定められている場合において、処分の直接的効果が営業停止期間の経過によりなくなった後においても、なお当該処分の取消しによって回復すべき法律上の利益を有するものといえるかを検討することが求められている。

　この論点に関する近時の重要判例として最高裁判所平成27年3月3日第三小法廷判決・民集69巻2号143頁がある。同判決は、本問と同様に、処分の加重規定が処分基準に定められている事案であり、行政手続法第12条第1項により定められ公にされている処分基準に一種の拘束力を認めて、処分の直接的効果が期間の経過によりなくなった後においても、なお一定の期間、狭義の訴えの利益が存続することを明らかにしたものである。同判決の正しい理解を前提として、処分基準の内容及び性質を踏まえた検討を加えていることは加点事由となる。

　設問2は、営業停止処分の適法性について問うものであるが、手続的瑕疵と実体的瑕疵の二つに分けて検討することが求められている。

　手続的瑕疵については、不利益処分の理由提示に関する重要判例である最高裁判所平成23年6月7日第三小法廷判決・民集65巻4号2081頁を踏まえて、行政手続法第14条第1項本文に基づき要求される理由提示の程度に関する一般論を展開した上で、営業停止処分につき処分基準の適用関係が示されていない本件の事情の下、理由提示の瑕疵が認められるか否かや、理由提示の瑕疵を肯定する場合にはこれが処分の取消事由となるかを検討することが求められている。上記平成23年判決の事例との相違について検討を加えていることは加点事由となる。

　また、実体的瑕疵については、公安委員会がした営業停止処分が処分基準に即しているか否かを検討した上で、処分基準からの逸脱が裁量の逸脱・濫用を導くか否かについて検討することが求められている。

処分基準は行政規則にすぎないとはいえ、合理的な理由なく処分基準から逸脱することは、信義則や平等原則の観点から処分の違法をもたらすとも考えられる。このような観点から、Xに有利となる事情とXに不利となる事情をそれぞれ踏まえた上で、処分基準に即して裁量権の逸脱・濫用の有無を検討することが求められている。

（2）コメント

　設問1および設問2で扱われている論点はいずれも重要論点であると同時に、基本的な論点ともいえるが、全体としてみた場合に、問題の分量が多く、書くべきこともそれなりにあるから、試験時間との関係で、本問はやや酷な問題だったのではないかと思われる。

　また、設問2の手続違法の主張については、既に行った上記問題解説から明らかなように、平成23年最判の補足意見および反対意見が答案を作成する上で大いに参考になる。このような問題からは、判例の学修に際して、多数意見のみならず、補足意見や反対意見にも目配りするようにとの出題者のメッセージを読み取ることができる。また、出題趣旨の中では、平成23年最判の事例との相違について検討を加えることが加点事由になる旨、指摘されている。この部分からは、判例の学修に際して、規範部分にのみ注目するのではなく、事案の特性にも配慮して学修を進めるようにとの出題者のメッセージを読み取ることができる。

5. 参考答案例

第1　設問1について
1　本件処分の取消訴訟の継続中に営業停止期間が満了すると、狭義の訴えの利益が問題になる。なぜなら、営業停止期間が満了してしまえば、Xは再び営業できる地位にあるので、取消訴訟で勝訴しても、何らXの救済に役立たないともいえるからである。
2　もっとも、行訴法9条1項括弧書きは、処分の効果がなくなった後においても処分の取消しによって回復すべき法律上の利益があれば、適法に取消訴訟を提起できる旨、定めている。そこで、Xは本件基準2に着目し、たと

え営業停止期間の満了後であっても、営業停止処分を取り消しておかないと、次の営業停止命令の処分事由が発生した場合に、加重された不利益処分を受けるおそれがあることから、本件処分の取消しによって回復すべき法律上の利益があり、狭義の訴えの利益は消滅していないと主張することが考えられる。

3　これに対し、Y県は、本件基準が行手法上の処分基準であって、行政内部の職員向けに設けられた基準であり、法規を内容に含まず、行政規則に該当するから、本件基準から導出される上記利益は回復すべき法律上の利益には該当しないと反論することが考えられる。

4　しかし、公にされた処分基準がある場合、その定めと異なる処分をするならば、公正かつ平等な取扱いの要請や相手方の信頼の保護等の観点から、当該処分基準の定めと異なる取扱いをすることを相当と認めるべき特段の事情がない限り、当該処分は違法になるものと解され、この意味において、処分は処分基準に従って行われるべきことが覊束されているといえる。そうすると、本件では本件処分後、3年間は原則として本件基準2の通りに加重された処分がされることになるため、当該期間は本件処分の取消しによって回復すべき法律上の利益が認められる。

第2　設問2について

1　手続上の違法

　本件処分は行手法の不利益処分に該当するため、行手法14条1項が適用される。同条項の趣旨は、行政庁の判断の慎重と合理性を担保してその恣意を抑制するとともに、処分の理由を名宛人に知らせて不服申立てに便宜を与えるという点にあり、この立法趣旨に鑑み、不利益処分に際して提示すべき理由は具体的でなければならず、その具体性の程度は、当該処分の根拠法令の規定内容、当該処分に係る処分基準の存否及び内容並びに公表の有無、当該処分の性質及び内容、当該処分の原因となる事実関係の内容等を総合考慮して決定される。

　この点、Y県からは「根拠法令等」のほかに「処分の理由」も示されているので、本件処分が行手法14条1項違反ではないとの主張がなされることが考えられる。しかし、本件基準の内容はかなり複雑であること、また、本件処分はB店に係る飲食店営業の全部を停止させる重大な不利益処分であることからすると、営業停止処分に際して同時に示されるべき理由としては、

処分の原因となる事実及び処分の根拠法条に加えて、本件基準の適用関係まで示されなければならないといえる。それにもかかわらず、処分決定通知書には本件基準の適用関係が全く示されておらず、複雑な本件基準の下では、Xにおいて、いかなる理由に基づいてどのように本件基準を適用して本件処分が選択されたのかを知ることができない。そのため、本件処分は行手法14条1項に違反するといえる。

これに対し、Y県は行手法14条1項違反を理由に本件処分を取り消してみたところで、再び同じ内容の処分がされることになるため、取消事由が認められないと反論することが考えられるが、Xは理由の提示に係る手続規律は適正手続の原則を実現する上で極めて重要であるから、取消事由として認められると再反論することが考えられる。

2　実体上の違法

本件処分は裁量処分であるから、Xは裁量権の逸脱濫用があった旨、主張しなければならない（行訴法30条）。この点、上述したように、本件基準は処分基準であり、行政規則であるが、原則として、本件基準の定めと異なる取扱いをすることは裁量権の逸脱濫用であって、違法である。Xとしては、このような理解を前提にして、本件には本件基準3（2）イの軽減事由が認められ、基準期間である3ヶ月の営業停止処分よりも処分内容は軽減されるはずであるから、本件基準の定めと異なる取扱いがされた本件処分には裁量権の逸脱濫用が認められ、違法であると主張することになろう。

これに対し、Y県は次のように反論することが考えられる。すなわち、DらはEらと友人関係にあるため、テーブルが隣接していたEらに酒類を提供すれば、回し飲みが行われることは予測できたにもかかわらず、CはDらを十分に監視せず、その結果として、Dらの飲酒が行われた。この点に過失があったといえ、本件基準3（2）イ（イ）の軽減事由が認められないから、本件処分は本件基準の定めどおりの処分であって、裁量権の逸脱濫用はなく、違法ではない。

これに対し、Xは次のように再反論することが考えられる。すなわち、Cは年齢確認をし、DらとEらを別々のテーブルに案内したうえ、Dらのテーブルに酒類を運ばないようにしていたから、過失は認められない。したがって、本件基準3（2）イ（イ）の軽減事由が認められる。加えて、聴聞手続によって明らかになった④の事実からすると、本件基準3（2）イ（エ）に該当

する事情が本件には認められるため、基準期間である３ヶ月の営業停止処分よりも処分内容は軽減されるはずであるし、仮にそうだとすると、本件では複数の軽減事由が認められるので、このような場合には、本件基準３（３）により営業停止処分を行わないということもありうる。そうすると、本件処分は本件基準の定めと異なる取扱いがされた結果であり、このような本件基準の定めと異なる取扱いを相当とする特段の事情も見当たらないことから、本件処分には裁量権の逸脱濫用が認められ、違法であるといえる。

以上

Ⅲ. 展開編

1. 問題の提起

　本件では聴聞手続の中で①〜④の事実が明らかになったとされている。それでは、仮に聴聞手続の過程で①〜④の事実に加えて本件基準の適用関係も明らかになり（聴聞手続における関係者とのやりとりから、処分基準の適用関係が明らかになることはありうる）、Ｘが処分理由を了知していたといえる場合、それでもなお本件処分は行手法14条１項に違反するといえるであろうか。一方で形式的には行手法14条１項が求める具体的な理由が処分時に提示されていないので違法というるが、他方で実質的には行手法14条１項の立法趣旨（①恣意抑制機能および②不服申立便宜機能の確保）からして違法ではないとも考えられるので、問題になる。

2. 判例の立場

　最高裁は、上記の応用編でも取り上げた昭和60年１月22日判決〔旅券発給拒否処分理由付記事件〕の中で、「いかなる事実関係に基づきいかなる法規を適用して一般旅券の発給が拒否されたかを、申請者においてその記載自体から了知しうるものでなければならず」（傍点筆者）と判示している。また、そのほかにも同様の理解を示した最高裁判決が複数みられる。このことから、最高裁は、被処分者が何らかの機会を通じて処分理由を実際に知っていたといえるとしても、そのことは理由の提示に関する手続法違反の判断に影響を与えない

と考えていると指摘できる。このような考え方によれば、聴聞を通じて被処分者が処分理由を具体的に了知していたとしても、処分時に具体的な理由が提示されていなければ、行訴法14条1項違反になろう。

　もっとも、上記の応用編で取り上げた最高裁平成23年6月7日判決〔一級建築士免許取消事件〕における那須裁判官の反対意見は、不利益処分の理由と聴聞手続との関係について、従来の最高裁の考え方とは異なる見解を表明している。

○最判平成23年6月7日民集65巻4号2081頁における那須弘平裁判官の反対意見

> ……不利益処分に先行して行われる聴聞手続の審理では、名宛人となる者が、自らの非違の有無・程度、不利益処分のあるべき内容等について相応の情報を取得し、反論の機会を与えられる。この手続によって、処分行政庁による判断の慎重・合理性を担保して恣意の抑制を図ることや、名宛人による不服の申立てに便宜を供与することもある程度期待できる。この意味で、不利益処分の理由提示と聴聞とは、その機能面において一部重なり合い、相互に補完する関係にあるといえる。
>
> 　特に、一級建築士等の国家資格に基づく専門職に対する聴聞の場合、名宛人とされる者は、自らの資格の得喪に直接関わる不利益処分に関する事項について、質量ともに通常人とは異なる水準の詳細かつ高度な情報を入手できる環境にある。専門職として遵守すべき職業倫理の問題に関しては、専門職の資格を保持していくために必要不可欠のものであるから、処分基準の内容も含め熟知していると考えてよいであろう。したがって、不利益処分の名宛人となるべき一級建築士は、遅くとも聴聞の審理が始まるまでには自らがどのような基準に基づきどのような不利益処分を受けるかは予測できる状態に達しているはずであり、聴聞の審理の中で、更に詳しい情報を入手することもできる。このような場合にもなお、不利益処分の理由中に、一律に処分基準の適用関係を明示しなければ処分自体が違法となるとの原則を固持しなくてはならないものか、疑問が残る。むしろ、具体的事案に応じてその要否を決めることで足りると解すべきであろう。

那須裁判官の反対意見には岡部裁判官も同調しており、5人中2名の裁判官が上記の見解に立っていることになる。そのため、上述した昭和60年最判に代表される最高裁の考え方が判例法理として確立しているとはやや言い難い面がある。

3. 学説の立場

　一般に学説は理由の提示を求める立法趣旨に照らし、聴聞手続の結果を踏まえた理由の提示こそが重要であるとしている。そのため、相手方が聴聞手続を通じて具体的な処分理由を知りえたとしても、聴聞手続の結果を踏まえた理由の提示が確保されなければ、当該処分は違法になるとする。仮に提示された処分理由が不十分であっても、不利益処分の相手方が聴聞手続を通じて処分理由を知りうる状況にあったことを根拠に当該処分が違法にならないとしたら、行政側は、聴聞手続さえやっておけば相手方が処分理由を知りうる状況にあったといえるわけであるから、理由の提示は不十分でも構わないと考えかねない。上記学説には、このような考え方に対する危機意識があるといえる。

4. まとめ

　以上のような平成23年最判の多数意見および学説の見解に対し、上述の平成23年最判の那須裁判官の反対意見は「手続的正義も、常に書面の中に痕跡を残さなくてはこれを実現できない、ということではなかろう」と指摘する。この指摘を参考にすれば、以上の問題は、つまるところ手続的正義は書面の中で処分理由を示すことによってのみ実現可能なのか、それとも書面の中で処分理由を示さなくても実現可能なのかという問題でもあろう。最高裁の多数意見および一般的な学説は前者の立場にたつが、これが唯一絶対の選択肢でないことは上記反対意見が示すとおりである。

廃棄物処理施設の設置許可をめぐる国家賠償請求訴訟と取消訴訟

◀ 問題 ▶

　産業廃棄物の処分等を業とする株式会社 A は，甲県の山中に産業廃棄物の
最終処分場（以下「本件処分場」という。）を設置することを計画し，甲県知事
B に対し，廃棄物の処理及び清掃に関する法律（以下「法」という。）第 15 条
第 1 項に基づく産業廃棄物処理施設の設置許可の申請（以下「本件申請」とい
う。）をした。

　B は，同条第 4 項に基づき，本件申請に係る必要事項を告示し，申請書類及
び本件処分場の設置が周辺地域の生活環境に及ぼす影響についての調査の結果
を記載した書類（A が同条第 3 項に基づき申請書に添付したもの。以下「本件調査
書」という。）を公衆の縦覧に供するとともに，これらの書類を踏まえて許可要
件に関する審査を行い，本件申請が法第 15 条の 2 第 1 項所定の要件を全て満
たしていると判断するに至った。

　しかし，本件処分場の設置予定地（以下「本件予定地」という。）の周辺では
新種の高級ぶどうの栽培が盛んであったため，周辺の住民及びぶどう栽培農家
（以下，併せて「住民」という。）の一部は，本件処分場が設置されると，地下水
の汚染や有害物質の飛散により，住民の健康が脅かされるだけでなく，ぶどう
の栽培にも影響が及ぶのではないかとの懸念を抱き，B に対して本件申請を不
許可とするように求める法第 15 条第 6 項の意見書を提出し，本件処分場の設
置に反対する運動を行った。

　そこで，B は，本件申請に対する許可を一旦留保した上で，A に対し，住
民と十分に協議し，紛争を円満に解決するように求める行政指導を行った。こ
れを受けて，A は，住民に対する説明会を開催し，本件調査書に基づき本件
処分場の安全性を説明するとともに，住民に対し，本件処分場の安全性を直接
確認してもらうため，工事又は業務に支障のない限り，住民が工事現場及び完
成後の本件処分場の施設を見学することを認める旨の提案（以下「本件提案」
という。）をした。

　本件提案を受けて，反対派住民の一部は態度を軟化させたが，その後，上記
の説明会に際して A が，（ア）住民のように装った A 社従業員を説明会に参

191

加させ，本件処分場の安全性に問題がないとする方向の質問をさせたり意見を述べさせたりした，（イ）あえて手狭な説明会場を準備し，賛成派住民を早めに会場に到着させて，反対派住民が十分に参加できないような形で説明会を運営した，という行為に及んでいたことが判明した。

その結果，反対派住民は本件処分場の設置に強く反発し，Ａが本件処分場の安全性に関する説明を尽くしても，円満な解決には至らなかった。他方で，建設資材の価格が上昇しＡの経営状況を圧迫するおそれが生じていたことから，Ａは，本件提案を撤回し，説明会の継続を断念することとし，Ｂに対し，前記の行政指導にはこれ以上応じられないので直ちに本件申請に対して許可をするように求める旨の内容証明郵便を送付した。

これを受けて，Ｂは，Ａに対し，説明会の運営方法を改善するとともに再度本件提案をすることにより住民との紛争を円満に解決するように求める行政指導を行って許可の留保を継続し，Ａも，これに従い，月１回程度の説明会を開催して再度本件提案をするなどして住民の説得を試みたものの，結局，事態が改善する見通しは得られなかった。そこで，Ｂは，上記の内容証明郵便の送付を受けてから 10 か月経過後，本件申請に対する許可（以下「本件許可」という。）をした。

Ａは，この間も建設資材の価格が上昇したため，本件許可の遅延により生じた損害の賠償を求めて，国家賠償法に基づき，甲県を被告とする国家賠償請求訴訟を提起した。

他方，本件予定地の周辺に居住する C1 及び C2 は，本件許可の取消しを求めて甲県を被告とする取消訴訟を提起した。原告両名の置かれている状況は，次のとおりである。C1 は，本件予定地から下流側に約２キロメートル離れた場所に居住しており，居住地内の果樹園で地下水を利用して新種の高級ぶどうを栽培しているが，地下水は飲用していない。C2 は，本件予定地から上流側に約 500 メートル離れた場所に居住しており，地下水を飲用している。なお，環境省が法第 15 条第 3 項の調査に関する技術的な事項を取りまとめて公表している指針において，同調査は，施設の種類及び規模，自然的条件並びに社会的条件を踏まえて，当該施設の設置が生活環境に影響を及ぼすおそれがある地域を対象地域として行うものとされているところ，本件調査書において，C2 の居住地は上記の対象地域に含まれているが，C1 の居住地はこれに含まれていない。

以上を前提として，以下の設問に答えなさい。

なお，関係法令の抜粋を【資料】として掲げるので，適宜参照しなさい。

〔設問1〕

　Aは，上記の国家賠償請求訴訟において，本件申請に対する許可の留保の違法性に関し，どのような主張をすべきか。解答に当たっては，上記の許可の留保がいつの時点から違法になるかを示すとともに，想定される甲県の反論を踏まえつつ検討しなさい。

〔設問2〕

　上記の取消訴訟において，C1及びC2に原告適格は認められるか。解答に当たっては，①仮に本件処分場の有害物質が地下水に浸透した場合，それが，下流側のC1の居住地に到達するおそれは認められるが，上流側のC2の居住地に到達するおそれはないこと，②仮に本件処分場の有害物質が風等の影響で飛散した場合，それがC1及びC2の居住地に到達するおそれの有無については明らかでないことの2点を前提にすること。

【資料】

○　廃棄物の処理及び清掃に関する法律（昭和45年法律第137号）（抜粋）

（目的）

第1条　この法律は，廃棄物の排出を抑制し，及び廃棄物の適正な分別，保管，収集，運搬，再生，処分等の処理をし，並びに生活環境を清潔にすることにより，生活環境の保全及び公衆衛生の向上を図ることを目的とする。

（産業廃棄物処理施設）

第15条　産業廃棄物処理施設（廃プラスチック類処理施設，産業廃棄物の最終処分場その他の産業廃棄物の処理施設で政令で定めるものをいう。以下同じ。）を設置しようとする者は，当該産業廃棄物処理施設を設置しようとする地を管轄する都道府県知事の許可を受けなければならない。

2　前項の許可を受けようとする者は，環境省令で定めるところにより，次に掲げる事項を記載した申請書を提出しなければならない。

　一～九　（略）

3　前項の申請書には，環境省令で定めるところにより，当該産業廃棄物処理

施設を設置することが周辺地域の生活環境に及ぼす影響についての調査の結果を記載した書類を添付しなければならない。（以下略）

4　都道府県知事は，産業廃棄物処理施設（中略）について第1項の許可の申請があつた場合には，遅滞なく，第2項（中略）に掲げる事項，申請年月日及び縦覧場所を告示するとともに，同項の申請書及び前項の書類（中略）を当該告示の日から1月間公衆の縦覧に供しなければならない。

5　（略）

6　第4項の規定による告示があつたときは，当該産業廃棄物処理施設の設置に関し利害関係を有する者は，同項の縦覧期間満了の日の翌日から起算して2週間を経過する日までに，当該都道府県知事に生活環境の保全上の見地からの意見書を提出することができる。

（許可の基準等）

第15条の2　都道府県知事は，前条第1項の許可の申請が次の各号のいずれにも適合していると認めるときでなければ，同項の許可をしてはならない。

　一　その産業廃棄物処理施設の設置に関する計画が環境省令で定める技術上の基準に適合していること。

　二　その産業廃棄物処理施設の設置に関する計画及び維持管理に関する計画が当該産業廃棄物処理施設に係る周辺地域の生活環境の保全及び環境省令で定める周辺の施設について適正な配慮がなされたものであること。

　三　申請者の能力がその産業廃棄物処理施設の設置に関する計画及び維持管理に関する計画に従つて当該産業廃棄物処理施設の設置及び維持管理を的確に，かつ，継続して行うに足りるものとして環境省令で定める基準に適合するものであること。

　四　（略）

2～5　（略）

○　**廃棄物の処理及び清掃に関する法律施行規則**（昭和46年厚生省令第35号）（抜粋）

（生活環境に及ぼす影響についての調査の結果を記載した書類）

第11条の2　法第15条第3項の書類には，次に掲げる事項を記載しなければならない。

　一　設置しようとする産業廃棄物処理施設の種類及び規模並びに処理する産

業廃棄物の種類を勘案し，当該産業廃棄物処理施設を設置することに伴い生ずる大気質，騒音，振動，悪臭，水質又は地下水に係る事項のうち，周辺地域の生活環境に影響を及ぼすおそれがあるものとして調査を行つたもの（以下この条において「産業廃棄物処理施設生活環境影響調査項目」という。）

二　産業廃棄物処理施設生活環境影響調査項目の現況及びその把握の方法

三　当該産業廃棄物処理施設を設置することが周辺地域の生活環境に及ぼす影響の程度を予測するために把握した水象，気象その他自然的条件及び人口，土地利用その他社会的条件の現況並びにその把握の方法

四　当該産業廃棄物処理施設を設置することにより予測される産業廃棄物処理施設生活環境影響調査項目に係る変化の程度及び当該変化の及ぶ範囲並びにその予測の方法

五　当該産業廃棄物処理施設を設置することが周辺地域の生活環境に及ぼす影響の程度を分析した結果

六　大気質，騒音，振動，悪臭，水質又は地下水のうち，これらに係る事項を産業廃棄物処理施設生活環境影響調査項目に含めなかつたもの及びその理由

七　その他当該産業廃棄物処理施設を設置することが周辺地域の生活環境に及ぼす影響についての調査に関して参考となる事項

Ⅰ. 基礎編

▶基礎的事項のチェック

1. 地方公共団体の機関が行う行政指導に行政手続法は適用されるか。
2. 許可の留保に関する規律として、果たしてまたどのような法的規律があるか。
3. 行政指導とは何か。
4. 行政指導には、どのような特徴があるか。
5. 国家賠償法は、どのような法律か。
6. 処分の取消訴訟は、どのような訴訟か。
7. 処分の取消訴訟の原告適格は誰に認められるか。
8. 処分の取消訴訟の原告適格は、どのようにして、その有無を判断するの

1. 廃棄物の処理について

(1) はじめに

　本問では廃棄物の処理及び清掃に関する法律（以下「廃掃法」という。）が素材となっており、初学者には、あまり馴染みのない「産業廃棄物」といった概念や「最終処分場」といった概念が登場してくる。設問1および2に対する解答を行ううえで、これらに関する予備知識は必ずしも必要ないが、紛争の実態をよりよくイメージできるようにするために、廃掃法の基礎的事項について、最初に確認しておきたい。

(2) 廃掃法とは

　人が生活していれば、ごみやふん尿などの不要物は必ず出る。それらを放置しておくと、生活環境が悪化し、公衆衛生上の問題も発生する。そこで、ごみやふん尿などの不要物を適正に処理するための法律が必要になる。このような必要性から制定されたのが廃掃法である（参照、廃掃法1条）。

(3) 産業廃棄物とは

　廃掃法によれば、「廃棄物」とは「ごみ、粗大ごみ、燃え殻、汚泥、ふん尿、廃油、廃酸、廃アルカリ、動物の死体その他の汚物又は不要物であって、固形状又は液状のもの（……）をいう。」（廃掃法2条1項）。このように廃掃法上の廃棄物であるためには、不要物である必要がある。

　さらに、廃掃法によれば、廃棄物は一般廃棄物と産業廃棄物に区分される。このうち、産業廃棄物とは主に「事業活動に伴って生じた廃棄物のうち、燃え殻、汚泥、廃油、廃酸、廃アルカリ、廃プラスチック類その他政令で定める廃棄物」である（廃掃法2条4項1号）。このように産業廃棄物は事業活動に伴って生じた不要物であるという点に特徴があるから、一般家庭から出る生活ごみは産業廃棄物ではない。産業廃棄物の具体例としては、たとえば畜産業を営む過程で発生する動物のふん尿などがある。

　なお、一般廃棄物とは「産業廃棄物以外の廃棄物をいう」（廃掃法2条2項）。

したがって上記の一般家庭から出る生活ごみは一般廃棄物である。

○廃掃法上の廃棄物

（4）最終処分場とは

　産業廃棄物は一般廃棄物と異なり、その特性から特別な処理が必要となる。そこで、産業廃棄物の特別な処理施設として産業廃棄物処理施設という概念が設けられた。この産業廃棄物処理施設には中間処理施設と最終処分場がある。このうち最終処分場は産業廃棄物の埋め立ての用に供する場所のことである。産業廃棄物は最終的には最終処分場で埋め立てられることになるため、最終処分場は、いわゆる迷惑施設として一般に周辺住民から嫌悪される。本問でもC1とC2が本件処分場の設置許可の取消しを求めて提訴しているが、これは本件処分場が嫌悪施設であるためである。

　仮に私人が最終処分場を自由に設置できるとすると、周辺地域の生活環境の保全等に適切な配慮をしないまま最終処分場を設置するおそれがある。そこで、立法者は最終処分場を設置するためには知事の許可が必要であるとした（廃掃法15条1項）。本問で問題とされている本件許可は、この廃掃法15条1項に基づく許可である。

2. 設問 1 に関する基礎的事項

（1）はじめに

　設問1では、申請に対する許可の留保が問題になっている。この許可の留保は行政指導が奏功することを期待して行われているといえるが、果たして行政指導の目的を実現するために許可の留保を行うことは許されるのか。この問題を検討するためには、許可の留保に関する基礎的事項とともに、行政指導の基礎的事項についても確認しておく必要があるので、以下、これらの事項について取り上げる。

なお、本問では国家賠償請求訴訟が前提とされているので、国家賠償法についても、以下で簡単に取り上げることにしよう。

(2) 行政手続法の適用の有無

　設問1では許可の留保が問題にされているが、そこでいう許可は行手法上の**申請に対する処分**に該当する。そのため、当該許可には行手法の規律が及ぶ。もっとも、本件許可の主体は甲県知事Bという地方公共団体の機関であるから、行手法3条3項により行手法が適用除外になるようにもみえる。しかし、同条項の括弧書きに注目すると、適用除外になるのは条例または規則に基づく処分の場合に限られるから、廃掃法という法律に基づく処分が問題になっている本件の場合、行手法3条3項との関係で行手法が適用除外になることはなく、本件許可に関して行手法の適用がある。

　次に、本件では「住民と十分に協議し、紛争を円満に解決するように求める」行政指導が行われている。行手法には行政指導に関する規律（主に行手法第4章）があるから、本件の行政指導についても行手法の適用があるようにみえる。しかし、本件の行政指導の主体は甲県知事Bという地方公共団体の機関である。そうすると、行手法3条3項により行手法は適用されない。申請に対する処分の場合と異なり、行政指導の場合は、その根拠によって適用除外になる・ならないが決まるわけではない（行政指導の場合は、処分の場合のような行手法3条3項の括弧書きがない）。このように、地方公共団体の機関が行う行政指導については、その主体が地方公共団体の機関であるというだけで、行手法は適用除外となる。

　それでは地方公共団体の機関が行う行政指導は何の法的規律にも服さないのであろうか。この点、各普通地方公共団体では、通常、行政手続条例が定められている。その内容は行政手続法と類似し、行政指導に関する規律も行政手続条例の中で設けられている。本件の場合、甲県でも行政手続条例が定められていると推測できるのであるが、【資料】の中には甲県行政手続条例は掲載されていないし、問題文の記述からも、その存在は明らかではない。そのため、本問では、行政指導に関しては行政手続法の見地からも、また行政手続条例の見地からも検討すべきでないといえよう。

(3) 許可の留保

　許認可を得るために申請が行われたら、行政庁は遅滞なく審査を開始しなければならないが（行手法7条）、いつまでに回答しなければならないかという点について、行手法は規律していない。

　この点に関連し、行手法は**標準処理期間**（＝申請がその事務所に到達してから当該申請に対する処分をするまでに通常要すべき標準的な期間）の設定・公表を求めている（行手法6条）。したがって行政庁が標準処理期間を設定している場合には、行政庁は当該期間中に申請に対する回答を行わなければならないようにも思える。しかし、標準処理期間は、あくまで行政内部の職員に向けて事務処理上の基準として設定されるものであって、当該期間を徒過して未だ何の回答がないとしても、そのことによって直ちに違法の評価を受けるわけではない。

　結局、行政庁がいつまでに回答をしないと、違法になるのかは、個々の事案ごとに判断するほかない。

(4) 行政指導の特徴

　行手法によれば、行政指導とは「行政機関がその任務又は所掌事務の範囲内において一定の行政目的を実現するため特定の者に一定の作為又は不作為を求める指導、勧告、助言その他の行為であって処分に該当しないものをいう」（行手法2条6号）。これによれば、行政指導は「処分に該当しないもの」なので、行政指導と処分は異なる。それでは、行政指導は、いかなる点で処分と異なるのか。

　第一に、行政指導は非権力的行為である。この点で、権力的行為である処分とは異なる。

　第二に、行政指導は事実行為である。この点で、法行為（法効果性を伴う行為）である処分とは異なる。

○行政指導の特徴

> ①非権力的行為であること
> ②事実行為であること

　以上の二点は、処分との相違点であると同時に、行政指導の特徴でもある。したがって、行政手続法上の行政指導のみならず、行政手続条例上の行政指導

にも同様のことが当てはまる。

(5) 国家賠償法

　本問でいう国家賠償請求訴訟は国家賠償法に基づいて請求を行う訴訟のことである。具体的には、同法に基づいて、**公務員**という人に起因する責任（国賠法1条1項）と**公の営造物**という物に起因する責任（国賠法2条1項）を追及することができる。本問の場合、特に適用条文は記載されていないが、許可の留保という行為を行った公務員（甲県知事B）に関する責任を追及していると捉えることができるので、本問の国家賠償請求訴訟は国賠法1条1項によるものといえる。

　国賠法1条1項によれば、「国または公共団体の公権力の行使に当る公務員が、その職務を行うについて、故意又は過失によって違法に他人に損害を加えたとき」（傍点筆者）に、国または公共団体に対して損害賠償請求をすることができる。つまり、同条項に基づいて国または公共団体の損害賠償責任が認められるためには、行政活動が違法でなければならない。そのため、設問1では許可の留保という行政活動の違法性が問題にされているといえる。

3. 設問2に関する基礎的事項

(1) はじめに

　本問で提起されている取消訴訟は処分の取消しを求める訴訟であって、行訴法3条2項の取消訴訟である。取消訴訟を通じて本件許可が取り消されれば、過去に遡って最初から当該許可は無かったことになるから、これによってC1およびC2の不満は解消されることになろう。

　もっとも、本問では、そもそもC1およびC2が本件許可の取消しを求める**原告適格**を有しているのか、問題になる。そこで、以下では、取消訴訟の原告適格に関する基礎的事項を確認しておきたい（取消訴訟の原告適格については、平成25年度の基礎編の解説を参照）。

(2) 取消訴訟の原告適格

　取消訴訟の原告適格は「法律上の利益を有する者」にのみ認められる（行訴法

9条1項)。この法律上の利益を有する者とはどのような者か、法律上、定めた規定はないので、解釈上、問題になる。この問題について、最高裁は以下の見方を繰り返し、示している（以下の引用文中（ア）および（イ）の付記ならびに下線は筆者によるものである）。

　　行政事件訴訟法9条は取消訴訟の原告適格について規定するが、同条1項にいう当該処分の取消しを求めるにつき「法律上の利益を有する者」とは、（ア）当該処分により自己の権利若しくは法律上保護された利益を侵害され、又は必然的に侵害されるおそれのある者をいうのであり、当該処分を定めた行政法規が、不特定多数者の具体的利益を専ら一般的公益の中に吸収解消させるにとどめず、それが帰属する個々人の個別的利益としてもこれを保護すべきものとする趣旨を含むと解される場合には、このような利益もここにいう法律上保護された利益に当たり、当該処分によりこれを侵害され又は必然的に侵害されるおそれのある者は、当該処分の取消訴訟における原告適格を有するものというべきである。（イ）そして、処分の相手方以外の者について上記の法律上保護された利益の有無を判断するに当たっては、当該処分の根拠となる法令の規定の文言のみによることなく、当該法令の趣旨及び目的並びに当該処分において考慮されるべき利益の内容及び性質を考慮し、この場合において、当該法令の趣旨及び目的を考慮するに当たっては、当該法令と目的を共通にする関係法令があるときはその趣旨及び目的をも参酌し、当該利益の内容及び性質を考慮するに当たっては、当該処分がその根拠となる法令に違反してされた場合に害されることとなる利益の内容及び性質並びにこれが害される態様及び程度をも勘案すべきものである（同条2項参照）。

　以上の定式化された表現のうち、後半の（イ）の部分は行訴法9条2項を繰り返しているに過ぎない。そのため、重要なのは（ア）の部分である。この（ア）の部分は原告適格が認められるための三つの要件を示している。
　第一の要件は**不利益要件**と呼ばれており、これによれば、処分により何も侵害されていない（あるいは侵害されるおそれもない）者には原告適格は認められない。
　第二の要件は**保護範囲要件**と呼ばれており、これによれば、問題となってい

る利益が処分に関する行政法規によって保護されていなければ、当該利益の侵害を主張する者に原告適格は認められない。

　第三の要件は個別保護要件と呼ばれており、これによれば、問題となっている利益が処分に関する行政法規によって保護されていたとしても、当該利益が一定の者に限定して個別に認められなければ、原告適格は認められない。

　原告適格の有無を判断する際には、以上の諸要件が充足されているか否か（特に保護範囲要件および個別保護要件の充足性）を検討していくことになるが、その際の考慮事項を示したのが（イ）の部分、すなわち行訴法９条２項である。

（3）原告適格の有無を判断する際の考慮事項

　行訴法９条２項によれば、上記の諸要件の充足性を判断する際には、第一に法令の規定の文言、第二に法令の趣旨目的、第三に利益の内容および性質を考慮しなければならず、特に第二および第三の事項を考慮する際には行訴法９条２項が定める一定の事項も勘案しなければならない。

○行訴法９条２項の考慮事項

①当該処分又は裁決の根拠となる法令の規定の文言
②当該法令の趣旨及び目的
→当該法令と目的を共通にする関係法令があるときはその趣旨及び目的をも参酌すること
③当該処分において考慮されるべき利益の内容及び性質
→当該利益の内容及び性質を考慮するに当たっては、当該処分又は裁決がその根拠となる法令に違反してされた場合に害されることとなる利益の内容及び性質並びにこれが害される態様及び程度をも勘案すること

（4）分析の視点

　以上のように、処分の名あて人以外の第三者の原告適格を判断する際の一般的な枠組みは、法律上および実務上、確立しているといえる。しかし、個別事案において、上記の三要件が充足されているといえるか否かの判断は、関係する個別行政法規の定め方や問題となる利益が多種多様であるため、必ずしも容易ではない。

もっとも、考慮事項のうち、法令の規定の文言および法令の趣旨目的を考慮する際には、たとえば次のような視点で法令のチェックを行うと、上記した三要件の充足性の判断が多少なりとも容易になる。

○法令の規定の文言および法令の趣旨目的を分析する際の視点の例

視点①：目的規定があるか否か。目的規定がある場合、どのような目的が定められているか。
視点②：規律内容が詳細に定められているか否か。
視点③：第三者の事前手続への参加について定めた規定があるか否か。
視点④：第三者の情報が記載された申請書類を提出するよう、求める規定があるか否か。
視点⑤：処分に条件（附款）を付すことを許容する規定があるか否か。そのような規定がある場合、何のために条件を付すことが認められているか。

　次に、行訴法9条2項が定める考慮事項のうち被侵害利益を考慮する際には、たとえば次のような視点で事案を分析すると、原告適格の有無の判断が多少なりとも容易になる。

○被侵害利益を分析する際の視点の例

視点①：被侵害利益が高次の利益といえるか否か。
視点②：侵害行為の発生元になる場所と被害を受ける場所が果たしてまたどの程度近接しているか。
視点③：侵害行為が果たしてまたどの程度反復継続して行われるのか。

Ⅱ. 応用編

1. 設問1について

（1）最高裁昭和60年判決
　設問1では、行政指導が行われていることを理由に申請に対する処分を留保することの違法性が問われている。この問題について判示しているのが最判昭

和60年7月16日民集39巻5号989頁〔品川マンション事件〕である。最高裁は、この中で、行政指導が行われていることを理由に申請に対する処分を留保することが直ちに違法になるわけではない旨、指摘している。

○最判昭和60年7月16日民集39巻5号989頁

……普通地方公共団体は、地方公共の秩序を維持し、住民の安全、健康及び福祉を保持すること並びに公害の防止その他の環境の整備保全に関する事項を処理することをその責務のひとつとしているのであり（〔旧〕地方自治法2条3項1号、7号）、また法〔＝建築基準法〕は、国民の生命、健康及び財産の保護を図り、もって公共の福祉の増進に資することを目的として、建築物の敷地、構造、設備及び用途に関する最低の基準を定める（1条）、としているところであるから、これらの規定の趣旨目的に照らせば、関係地方公共団体において、当該建築確認申請に係る建築物が建築計画どおりに建築されると付近住民に対し少なからぬ日照阻害、風害等の被害を及ぼし、良好な居住環境あるいは市街環境を損なうことになるものと考えて、当該地域の生活環境の維持、向上を図るために、建築主に対し、当該建築物の建築計画につき一定の譲歩・協力を求める行政指導を行い、建築主が任意にこれに応じているものと認められる場合においては、社会通念上合理的と認められる期間建築主事が申請に係る建築計画に対する確認処分を留保し、行政指導の結果に期待することがあったとしても、これをもって直ちに違法な措置であるとまではいえないというべきである。

　この判示によれば、一定の場合には、行政機関は申請に対する処分を留保し、行政指導の結果に期待することがあってもよいということになる。しかし、最高裁は、上記判示に続けて、処分の留保が違法になる場合があることを次のように指摘する。

○最判昭和60年7月16日民集39巻5号989頁

　もっとも、右のような確認処分の留保は、建築主の任意の協力・服従のもとに行政指導が行われていることに基づく事実上の措置にとどまるものであるから、建築主において自己の申請に対する確認処分を留保されたままでの行政指導には応じられないとの意思を明確に表明している場合には、

かかる建築主の明示の意思に反してその受忍を強いることは許されない筋
合のものであるといわなければならず、建築主が右のような行政指導に不
協力・不服従の意思を表明している場合には、当該建築主が受ける不利益
と右行政指導の目的とする公益上の必要性とを比較衡量して、右行政指導
に対する建築主の不協力が社会通念上正義の観念に反するものといえるよ
うな特段の事情が存在しない限り、行政指導が行われているとの理由だけ
で確認処分を留保することは、違法であると解するのが相当である。

したがって、いったん行政指導に応じて建築主と付近住民との間に話合
いによる紛争解決をめざして協議が始められた場合でも、右協議の進行状
況及び四囲の客観的状況により、建築主において建築主事に対し、確認処
分を留保されたままでの行政指導にはもはや協力できないとの意思を真摯
かつ明確に表明し、当該確認申請に対し直ちに応答すべきことを求めてい
るものと認められるときには、他に前記特段の事情が存在するものと認め
られない限り、当該行政指導を理由に建築主に対し確認処分の留保の措置
を受忍せしめることの許されないことは前述のとおりであるから、それ以
後の右行政指導を理由とする確認処分の留保は、違法となるものといわな
ければならない。

　上記の判示部分は、申請者が行政指導に応じられないとの意思を真摯かつ明
確に表明した場合の処分の留保の違法性について述べている。これによれば、
申請者が行政指導に応じられないとの意思を真摯かつ明確に表明した場合は原
則として処分の留保が違法になるが、例外的に行政指導をされる側の不利益と
行政指導が目的とする公益上の必要性とを比較衡量して、行政指導への不服従
が社会通念上正義の観念に反するものといえるような特段の事情が存在する場
合には、処分の留保は違法にならない。

(2) A の主張

　以上の昭和 60 年最判を前提にすると、次のような A の主張が考えられる。
　まず、問題文によれば、A は「行政指導にはこれ以上応じられないので直
ちに本件申請に対して許可をするように求める旨の内容証明郵便を送付し」て
いる。そうすると、これによって行政指導に応じられないとの A の意思が真

摯かつ明確に表明されたといえるから、特段の事情がない限り、許可の留保は違法である。それでは、本件において特段の事情は認められるか。この点、Ａが周辺住民と十分協議して紛争を円満に解決するという公益上の必要性は認められるものの、他方でＡの側には建設資材の高騰により経営状況が圧迫されるという不利益が生じている。加えて、この間、Ａは住民に対する説明会を開催し、本件処分場の安全性を説明するとともに、本件処分場の安全性を直接確認してもらうための本件提案もしており、誠実な対応をしてきた。これらのことからすると、Ａが行政指導に従わないことが社会通念上正義の観念に反するとまではいえず、特段の事情は認められない。

　Ａは以上のようにして、行政指導に応じられないとの意思を真摯かつ明確に表明したということ、および、Ａが被る不利益と行政指導が目的とする公益上の必要性とを比較衡量して、Ａが行政指導に従わないことが社会通念上正義の観念に反するといえるような特段の事情は存在しないということを指摘して、許可の留保が違法であることを主張すべきである。

(3) 違法の時点

　当初、Ａは行政指導をされたことを受けて、住民に対する説明会を開催するなどして行政指導に従う姿勢をみせていた。したがって、昭和60年最判を前提にする限り、この時点で許可の留保が違法になることはない。

　許可の留保が違法になるのは、Ａが行政指導にはこれ以上応じられないので直ちに本件申請に対して許可をするように求める旨の内容証明郵便を送付し、甲県知事Ｂが当該内容証明郵便を受けて以降ということになろう。

(4) 甲県の反論

　以上のようなＡの主張に対し、甲県としては、昭和60年最判の判断枠組みを意識して、次のように反論することが考えられる。

　第一に、Ａは確かに「行政指導にはこれ以上応じられないので直ちに本件申請に対して許可をするように求める旨の内容証明郵便を送付し」ているが、しかし、その後、Ａは甲県知事Ｂからの行政指導に従い、月１回程度、説明会を開催するとともに、再度、本件提案を行い、住民の説得を試みている。そのため、内容証明郵便の送付をもって行政指導に応じられないとのＡの意思

が真摯かつ明確に表明されたものとはいえないと指摘できる。そうすると、本件は、申請者が任意に行政指導にしたがっていた事案であるといえる。このような場合は、昭和60年最判を参考にすると、普通地方公共団体が「住民の福祉の増進を図ることを基本として、地域における行政を自主的かつ総合的に実施する役割を広く担う」こととされていること（地自法1条の2第1項）、また廃掃法が「廃棄物の排出を抑制し、及び廃棄物の適正な分別、保管、収集、運搬、再生、処分等の処理をし、並びに生活環境を清潔にすることにより、生活環境の保全及び公衆衛生の向上を図ること」を目的にしていること（廃掃法1条）からして、甲県知事Bが申請に対する処分を留保し、行政指導の結果に期待することがあったとしても、これをもって直ちに違法な措置であるとまではいえない。

　第二に、仮に行政指導に応じられないとのAの意思が真摯かつ明確に表明されたとしても、本件では特段の事情が認められるため、許可の留保は違法ではない。すなわち、確かにAは建設資材の高騰により経営状況が圧迫されるという財産上の不利益を受けているものの、他方で、本件は住民の生命・身体に関する利益が問題となるために、Aが周辺住民と十分協議して紛争を円満に解決する公益上の必要性が認められるのであって、両者を比較衡量すると、より高次な利益を問題にする後者が前者に優る上、Aは問題文の中の（ア）および（イ）のような不適切な行為を行っている。さらにAは本件提案を撤回するとともに、説明会の継続を一度断念している。これらの事情を考慮すると、Aが行政指導に従わないことは社会通念上正義の観念に反するといえ、特段の事情が認められる。したがって、行政指導を続けていることを理由に許可を留保することは、違法ではない。

（5）本件における適用法規

　以上のAの主張およびそれに対する甲県の反論は、基本的に昭和60年最判が提示した判断枠組みを前提にしており、行政手続法または行政手続条例の規律に則して展開されていない。特に行政手続法33条は、「申請の取下げ又は内容の変更を求める行政指導にあっては、行政指導に携わる者は、申請者が当該行政指導に従う意思がない旨を表明したにもかかわらず当該行政指導を継続すること等により当該申請者の権利の行使を妨げるようなことをしてはならな

い。」と定めており、通常、同趣旨の規定は行政手続条例の中にも置かれているから、本問において、これらの規定に依拠した主張が展開されてもよいように思われる。しかし、そのような主張は本問において適切ではない。理由は、以下のとおりである。

　まず、行政手続法は、地方公共団体の機関が行う行政指導については、同法の行政指導に関する規定が適用除外になる旨、定めている（行手法3条3項）。本問では、地方公共団体の機関である甲県知事Bが行う行政指導が問題となっているから、当該行政指導に行政手続法は適用されない。したがって、設問1を行政手続法33条に依拠して検討するのは適切ではない。

　また、本問では甲県行政手続条例の存否は問題文から明らかではない。したがって、行政手続条例の存在を前提にして検討することも適切ではない。

　そうすると、本件では行政指導に関し、行政手続法および行政手続条例による規律を前提にしないで検討しなければならない。結果として、昭和60年最判が提示した判断枠組みに依拠して、双方の主張を検討するほかないということになる。

2. 設問2について

（1）はじめに

　設問2では取消訴訟の原告適格が問題とされている。行訴法9条1項によれば、取消訴訟の原告適格は「法律上の利益を有する者」に認められる。この「法律上の利益を有する者」とは、どのような者のことをさすのか、また「法律上の利益を有する者」に該当するか否かは、どのように判定するのか、問題となる。

（2）基本的な枠組み

　上記の問題について、最高裁は既に基本的な枠組みを確立しているので、答案作成に際しても、これを意識する必要がある。以下の最高裁判決は本問と類似の事案を扱った最判平成26年7月29日民集68巻6号620頁の該当部分である。

○最判平成 26 年 7 月 29 日民集 68 巻 6 号 620 頁

　　　行政事件訴訟法 9 条は、取消訴訟の原告適格について規定するが、同条
　　1 項にいう当該処分の取消しを求めるにつき「法律上の利益を有する者」
　　とは、当該処分により自己の権利若しくは法律上保護された利益を侵害さ
　　れ、又は必然的に侵害されるおそれのある者をいうのであり、当該処分を
　　定めた行政法規が、不特定多数者の具体的利益を専ら一般的公益の中に吸
　　収解消させるにとどめず、それが帰属する個々人の個別的利益としてもこ
　　れを保護すべきものとする趣旨を含むと解される場合には、このような利
　　益もここにいう法律上保護された利益に当たり、当該処分によりこれを侵
　　害され又は必然的に侵害されるおそれのある者は、当該処分の取消訴訟に
　　おける原告適格を有するものというべきである。そして、処分の相手方以
　　外の者について上記の法律上保護された利益の有無を判断するに当たって
　　は、当該処分の根拠となる法令の規定の文言のみによることなく、当該法
　　令の趣旨及び目的並びに当該処分において考慮されるべき利益の内容及び
　　性質を考慮し、この場合において、当該法令の趣旨及び目的を考慮するに
　　当たっては、当該法令と目的を共通にする関係法令があるときはその趣旨
　　及び目的をも参酌し、当該利益の内容及び性質を考慮するに当たっては、
　　当該処分がその根拠となる法令に違反してされた場合に害されることとな
　　る利益の内容及び性質並びにこれが害される態様及び程度をも勘案すべき
　　ものである（同条 2 項……）。

　以下、この枠組みにしたがって、本件を分析する。

（3）法令の規定の文言および趣旨・目的

　まずは廃掃法の目的規定に着目してみる。そうすると、廃掃法は廃棄物の適
正な処理等をすることにより生活環境の保全及び公衆衛生の向上を図ることを
目的にしているということがわかる（廃掃法 1 条）。しかし、これだけでは、廃
掃法が生活環境等の利益を個別的利益として保護しようとしているのか否かに
ついて判断することは難しい。そこで、廃掃法の他の規定から同法の趣旨・目
的をさらに探ってみる。

　廃掃法は、産業廃棄物処理施設の設置について都道府県知事を許可権者とす

る許可制を採用している（廃掃法 15 条 1 項）。廃掃法は当該許可の要件として産業廃棄物処理施設の設置に関する計画が環境省令で定める技術上の基準に適合していること（廃掃法 15 条の 2 第 1 項 1 号）に加えて、産業廃棄物処理施設の設置及び維持管理に関する計画が周辺地域の生活環境の保全について適正に配慮したものであること（同項 2 号）等を要するとしている。また、廃掃法は産業廃棄物処理施設の設置に係る許可の申請に際して、当該施設の設置が周辺地域の生活環境に及ぼす影響について調査した結果を記載した書類（以下「環境影響調査報告書」という）を申請書に添付して公衆の縦覧に供すべきものとし（廃掃法 15 条 3 項、4 項）、利害関係者が生活環境の保全上の見地から意見書を提出することができる旨、定めている（同条 6 項）。そして、環境影響調査報告書には、設置しようとする産業廃棄物処理施設の種類、規模及び処理する産業廃棄物の種類を勘案し、当該施設を設置することに伴い生ずる大気質、水質または地下水等に係る事項のうち、周辺地域の生活環境に影響を及ぼすおそれがあるものとして調査を行ったもの及びその現況等（廃掃法施行規則 11 条の 2 第 1 号、2 号）のほか、当該施設を設置することが周辺地域の生活環境に及ぼす影響の程度を予測するために把握した水象、気象その他自然的条件及び人口、土地利用その他社会的条件の現況等や（同条 3 号）、上記の影響の程度を分析した結果（同条 5 号）等を記載すべきものとされている。

　以上のような規定は、産業廃棄物処理施設の設備に不備や欠陥があって当該施設から有害な物質が排出された場合に、これにより大気や土壌の汚染、水質の汚濁等が生じ、当該施設の周辺地域に居住する住民の生活環境が害されるばかりでなく、その生命や、身体に危害が及ぼされるおそれがあるので、これを防止するために設けられたと解される。

　そうすると、産業廃棄物処理施設の設置許可に関する廃掃法の規定は、産業廃棄物処理施設から有害な物質が排出されることに起因する大気や土壌の汚染、水質の汚濁等によって、その産業廃棄物処理施設の周辺地域に居住する住民に健康または生活環境の被害が発生することを防止し、もってこれらの住民の健康的な生活を確保し、良好な生活環境を保全することを、その趣旨及び目的とするものと解される。

（4）被侵害利益

次に被侵害利益について検討する。

上述のとおり、産業廃棄物処理施設については、その設備に不備や欠陥があって当該施設から有害な物質が排出された場合には、これにより大気や土壌の汚染、水質の汚濁等が生じ、当該施設の周辺地域に居住する住民の生活環境が害されるおそれがあるばかりでなく、住民の健康に被害が生じ、ひいてはその生命、身体に危害が及ぼされるおそれがある。

そして、産業廃棄物処理施設から有害物質が排出されることに起因する大気や土壌の汚染、水質の汚濁等によって当該施設の周辺地域に居住する住民は被害を受けうるが、当該住民が直接的に受ける被害の程度は、その居住地と当該施設との近接の度合い次第で著しい被害を受ける事態にも至りかねない。

（5）小　括

以上のような産業廃棄物処理施設の設置許可に関する廃掃法の規定の趣旨・目的ならびに同法の規定が産業廃棄物処理施設の設置許可の制度を通して保護しようとしている利益の内容および性質等を考慮すれば、廃掃法は、公衆衛生の向上を図るなどの公益的見地から産業廃棄物処理施設の設置を規制するとともに、産業廃棄物処理施設からの有害物質の排出に起因する大気や土壌の汚染、水質の汚濁等によって健康または生活環境に係る著しい被害を直接的に受けるおそれのある個々の住民に対して、そのような被害を受けないという利益を個々人の個別的利益としても保護すべきものとする趣旨を含むと解することができる。

したがって、産業廃棄物処理施設の周辺に居住する住民のうち、当該施設から有害な物質が排出された場合にこれに起因する大気や土壌の汚染、水質の汚濁等による健康または生活環境に係る著しい被害を直接的に受けるおそれのある者は、当該施設の設置許可の取消しを求めるにつき法律上の利益を有し、設置許可の取消訴訟における原告適格を有するといえる。

以上の見方を前提にして、C1 および C2 の原告適格について、さらに検討を行う。

(6) C1 について

本問では、C1 について、次のような事実が与えられている。

①C1 は、本件予定地から下流側に約 2 キロメートル離れた場所に居住しており、居住地内の果樹園で地下水を利用して新種の高級ぶどうを栽培しているが、地下水は飲用していない。

②C1 の居住地は本件調査書において対象地域に含まれていない。

③仮に本件処分場の有害物質が地下水に浸透した場合、それが、下流側のC1 の居住地に到達するおそれがある。

④仮に本件処分場の有害物質が風等の影響で飛散した場合、それがC1 の居住地に到達するおそれがあるか否かは明らかでない。

以上の①〜④の事実を前提にして、C1 の原告適格が認められるか否か、検討する。C1 の場合、確かに有害物質が地下水に浸透すると、それがC1 の居住地に到達するおそれはあるものの（上記③の事実）、しかし、C1 は地下水を飲用していないのだから（上記①の事実）、生命、身体への直接の影響はない。加えて、有害物質が飛散した場合にC1 の居住地に到達するおそれの有無は明らかでない（上記④の事実）。また、C1 の居住地は本件調査書において対象地域に含まれていない（上記②の事実）。そうすると、C1 は、本件処分場から有害物質が排出された場合にこれに起因する大気や土壌の汚染、水質の汚濁等による健康または生活環境に係る著しい被害を直接的に受けるおそれのある者とはいえない。したがって、C1 に本件許可の取消しを求める原告適格は認められない。

なお、以上とは異なり、C1 の原告適格を認める場合には、ぶどう栽培農家の利益侵害が重大であることを強調することになろう。その場合、一度、地下水や土壌が汚染されると、回復は容易ではなく、これによって農業被害が大きくなるといったことを主張していくことになるものと思われる。ただし、その場合、問題文で与えられた廃掃法の規定を前提にして、果たしてまたどのように、ぶどう栽培農家の利益が個別具体的な利益として保護されるべきとする趣旨を読み取るのか、問題になるであろう。

(7) C2 について

本問では、C2 について、次のような事実が与えられている。

①C2 は、本件予定地から上流側に約 500 メートル離れた場所に居住してお

り、地下水を飲用している。

②C2の居住地は本件調査書において対象地域に含まれている。

③仮に本件処分場の有害物質が地下水に浸透した場合、それが、上流側のC2の居住地に到達するおそれはない。

④仮に本件処分場の有害物質が風等の影響で飛散した場合、それがC2の居住地に到達するおそれがあるか否かは明らかでない。

　以上の①〜④の事実を前提にして、C2の原告適格が認められるか否か、検討する。C2の場合、有害物質が地下水に浸透しても、C2の居住地に到達するおそれはない（上記③の事実）。さらに、有害物質が飛散した場合に、それがC2の居住地に到達するおそれがあるかどうか、明らかではない（上記④の事実）。これらの事情からすると、C2に原告適格は認められないようにも思われる。しかし、C2の居住地は、C1の居住地と異なり、本件調査書において対象地域に含まれている（上記②の事実）。この点に着目した場合、以下の平成26年最判が参考になる。

○最判平成26年7月29日民集68巻6号620頁

　　産業廃棄物の最終処分場の周辺に居住する住民が、当該最終処分場から有害な物質が排出された場合にこれに起因する大気や土壌の汚染、水質の汚濁、悪臭等により健康または生活環境に係る著しい被害を直接的に受けるおそれのある者に当たるか否かは、当該住民の居住する地域が上記の著しい被害を直接的に受けるものと想定される地域であるか否かによって判断すべきものと解される。そして、当該住民の居住する地域がそのような地域であるか否かについては、産業廃棄物の最終処分場の種類や規模等の具体的な諸条件を考慮に入れた上で、当該住民の居住する地域と当該最終処分場の位置との距離関係を中心として、社会通念に照らし、合理的に判断すべきものである（……）。

　　しかるところ、産業廃棄物の最終処分場の設置に係る許可に際して申請書の添付書類として提出され審査の対象となる環境影響調査報告書において、当該最終処分場の設置が周辺地域の生活環境に及ぼす影響についての調査の対象とされる地域は、最終処分場からの有害な物質の排出に起因する大気や土壌の汚染、水質の汚濁、悪臭等がその周辺の一定範囲の地域に

広がり得る性質のものであることや、……環境影響調査報告書に記載されるべき調査の項目と内容及び調査の対象とされる地域の選定の基準等に照らせば、一般に、当該最終処分場の種類や規模及び埋立ての対象とされる産業廃棄物等の種類等の具体的な諸条件を踏まえ、その設置により生活環境に影響が及ぶおそれのある地域として上記の調査の対象に選定されるものであるということができる。

　この判示によると、調査の対象になっているということは、当該地域は生活環境に影響が及ぶおそれのある地域であるということを意味する。そうすると、C2 の場合は、上述のように原告適格を否定的に解する事情（上記③④の事実）があるものの、C2 の居住地域が調査対象になっていること（上記②の事実）、さらに、本件予定地から 500 メートルしか離れておらず、近接していること（上記①の事実）を考慮すれば、本件処分場から有害な物質が排出された場合にこれに起因する大気や土壌の汚染、水質の汚濁等による健康または生活環境に係る著しい被害を直接的に受けるものと想定される地域に居住しているといえる。したがって C2 は上記の著しい被害を直接的に受けるおそれのある者といえるから、本件許可の取消しを求める原告適格を有するといえる。

3. 出題趣旨について

（1）出題趣旨

　法務省から公表された平成 29 年度予備試験の行政法の出題趣旨は以下のとおりである（http://www.moj.go.jp/content/001240564.pdf）。

　設問 1 は、産業廃棄物処理施設の設置許可の申請に対し、知事が許可を留保した上で、周辺住民との紛争を調整する行政指導を行った事例について、国家賠償法上の違法性の検討を求めるものである。
　マンションの建築確認を留保して周辺住民との紛争を調整する行政指導を行った事案である最判昭和 60 年 7 月 16 日民集 39 巻 5 号 989 頁を踏まえ、行政指導が継続されている状況の下で許可の留保が違法になる要

件として、申請者において許可を留保されたままでの行政指導にはもはや協力できないとの意思を真摯かつ明確に表明したこと、及び、申請者が受ける不利益と行政指導の目的とする公益上の必要性とを比較衡量して、申請者の行政指導への不協力が社会通念上正義の観念に反するといえるような特段の事情がないことの二つを適切に示すことが求められる。

その上で、問題文中に示された事実を適切に上記の要件に当てはめて、許可の留保の違法性を主張することが求められる。具体的には、真摯かつ明確な意思の表明に関する事情として、内容証明郵便の送付が挙げられる。次に、特段の事情の有無に関わる事情として、①Ａの受ける不利益（建設費用の高騰による経営の圧迫）、②行政指導の目的とする公益（周辺住民との十分な協議による紛争の円満解決）、③社会通念上正義の観念に反する事情（説明会におけるＡの不誠実な対応やＡが示した譲歩策の撤回）が挙げられる。これらの事実を示した上で説得力ある主張を展開することが求められる。なお、上記①及び③の事情については、意思表明の真摯性と関係付けて論じることも考えられる。

設問２は、付近住民が産業廃棄物処理施設の設置許可に対する取消訴訟を提起した場合に、原告適格が認められるか否かを問うものである。「法律上の利益」の解釈を踏まえ、行政事件訴訟法第９条第２項の考慮要素に即して、関係する法令の規定や原告らの置かれている利益状況を適切に考慮して、その有無を判断することが求められる。

まず、法令の趣旨・目的の検討については、廃棄物の処理及び清掃に関する法律第１条の目的規定に定める「生活環境の保全及び公衆衛生の向上」や第15条第６項の定める利害関係者の意見提出権、第15条の２第１項第２号の許可基準の定める「周辺地域の生活環境の保全」等が原告適格を基礎付ける要素に当たるか、また、同法施行規則第11条の２が「周辺地域の生活環境に及ぼす影響」の調査を求めていることが原告適格を基礎付ける要素に当たるかを検討することが求められる。

次に、設置許可において考慮されるべきＣ1及びＣ2それぞれの利益の内容・性質について検討することが求められる。本件処分場がもたらす環境影響として、有害物質の飛散と地下水の汚染がもたらす健康被害や生業上の損害（農作物への被害）が考えられるが、これらの利益の内容及び性質（重要性や回復可能性等）や侵害の可能性を踏まえて判断することが求めら

る。

　さらに、原告適格が認められる者の具体的範囲について、本件調査書における「対象地域」をどのように考慮し得るかが問題となる。近時の判例（最判平成 26 年 7 月 29 日民集 68 巻 6 号 620 頁）では、本問と類似の事案において、具体的な権利侵害の証明がされない場合でも、対象地域内に居住すること等を考慮して原告適格が認められており、この判断を踏まえた検討がされることが望ましい。

（2）コメント

　上記の出題趣旨によれば、設問 1 については、品川マンション事件の昭和 60 年最判を意識して解答することが求められている。同判決は行政法の重要判例のうちの一つであり、その判断枠組みは受験生としておさえていなければならないが、万が一、その判断枠組みを試験会場で思い出せなければ、行手法 33 条を参照するとよい。なぜなら、同条は品川マンション事件の昭和 60 年最判を参考にしてつくられたからである。ただし、同条は昭和 60 年最判が示した「特段の事情」について条文化していないので、いずれにせよ、その部分は補って考えなければならない（他方、地方公共団体の行政手続条例のレベルでは「特段の事情」が条文化されている可能性があるので、その場合は、条文に則して検討すればよい）。

　次に、設問 2 については、行訴法 9 条 2 項の考慮要素を意識して検討する必要があるが、上記の出題趣旨では同条項の「目的を共通にする関係法令」への言及はされていない。仮に関係法令に該当する可能性があるとすれば、【資料】に掲載されている廃掃法施行規則 11 条の 2 であるが、当該規則は行訴法 9 条 2 項でいう「目的を共通にする関係法令」として位置づけられるのではなく、処分の「根拠となる法令」として位置づけられる。なぜなら廃掃法施行規則 11 条の 2 は廃掃法 15 条 3 項の委任を受けて制定されたもので、廃掃法 15 条と一体になって処分の「根拠となる法令」を構成していると解されるからである。したがって、本問では廃掃法施行規則を「目的を共通にする関係法令」として捉え、その趣旨・目的を検討してはいけない。

4. 参考答案例

第1 設問1

1　申請者が許可を留保されたままでの行政指導にはもはや協力できないとの意思を真摯かつ明確に表明した場合、申請者が受ける不利益と行政指導の目的とする公益上の必要性とを比較衡量して、申請者の行政指導への不協力が社会通念上正義の観念に反するといえるような特段の事情がない限り、許可の留保は違法になる。

　本件の場合、Aは行政指導にこれ以上応じられない旨の内容証明郵便を送付している。これによってAの意思が真摯かつ明確に表明されたといえるから、許可の留保は違法といえる。この場合、許可の留保が違法になるのは、Aが当該内容証明郵便を送付し、甲県知事Bがこれを受けて以降ということになろう。

2　これに対し、甲県は次のように反論することが考えられる。すなわち、Aは建設費用の高騰により経営状況が圧迫され、財産上の不利益を受けているものの、本件は住民の生命・身体に関する利益が問題となるために、Aが周辺住民と十分協議して紛争を円満に解決する公益上の必要性が認められるのであって、両者を比較衡量すると、より高次な利益を問題にする後者が前者に優る上、Aは問題文の（ア）および（イ）のような不適切な行為を行っている。さらにAは本件提案を撤回するとともに、説明会の継続を一度断念している。これらの事情を考慮すると、Aが行政指導に従わないことは社会通念上正義の観念に反するといえる。したがって、このような特段の事情がある場合には、許可の留保は違法ではない。

3　これに対し、Aは次のように再反論することが考えられる。すなわち、周辺住民と協議して紛争を円満に解決するという公益上の必要性は認められるものの、他方でAの側には財産上の不利益が生じている。加えて、Aは住民に対する説明会を開催するとともに、本件処分場の安全性を直接確認してもらうための本件提案もしており、誠実な対応をしてきた。これらのことからすると、Aが行政指導に従わないことが社会通念上正義の観念に反するとまではいえず、特段の事情は存在しないといえるので、許可の留保は違法である。

第2　設問2

1　取消訴訟の原告適格は法律上の利益を有する者に認められる（行訴法9条1項）。この法律上の利益を有する者とは、当該処分により自己の権利若しくは法律上保護された利益を侵害され、又は必然的に侵害されるおそれのある者をいうのであり、当該処分を定めた行政法規が、不特定多数者の具体的利益を専ら一般的公益の中に吸収解消させるにとどめず、それが帰属する個々人の個別的利益としてもこれを保護すべきものとする趣旨を含むと解される場合には、このような利益もここにいう法律上保護された利益に当たり、当該処分によりこれを侵害され又は必然的に侵害されるおそれのある者は、当該処分の取消訴訟における原告適格を有する。そして、処分の相手方以外の者について上記の法律上保護された利益の有無を判断するに当たっては、行訴法9条2項に掲げられた事項を考慮しなければならない。

2　本件の場合、法は生活環境の保全及び公衆衛生の向上を図ることを目的にするとともに（法1条）、許可要件として、産業廃棄物処理施設の設置及び維持管理に関する計画が周辺地域の生活環境の保全について適正に配慮したものであること（法15条の2第1項2号）等を要するとしている。また、法は許可申請に際して、施設の設置が周辺地域の生活環境に及ぼす影響について調査した結果を記載した書類（以下「報告書」という。）を申請書に添付して公衆の縦覧に供すべきものとし（法15条3項、4項）、利害関係者が生活環境の保全上の見地から意見書を提出できる旨、定めている（同条6項）。そして、報告書には産業廃棄物処理施設生活環境影響調査項目及びその現況等（法施行規則11条の2第1号、2号）のほか、当該施設を設置することが周辺地域の生活環境に及ぼす影響の程度を分析した結果（同条5号）等を記載すべきとされている。これらの規定は、産業廃棄物処理施設の設備に不備や欠陥があって当該施設から有害な物質が排出された場合に、これにより周辺住民の生活環境が害されるばかりでなく、その生命や、身体に危害が及ぼされるおそれがあるので、これを防止するために設けられたと解される。また、そこで問題とされる生命、身体に関する利益は高次の利益であり、被害の程度は、住民の居住地と当該施設との近接の度合い次第で著しいものになりかねない。

　そうすると、法は産業廃棄物処理施設からの有害物質の排出に起因する健康又は生活環境に係る著しい被害を直接的に受けるおそれのある個々の住民

に対して、そのような被害を受けないという利益を個々人の個別的利益としても保護すべきものとする趣旨を含むと解することができる。

　したがって、周辺住民のうち、当該施設から有害な物質が排出された場合に健康又は生活環境に係る著しい被害を直接的に受けるおそれのある者は設置許可の取消訴訟における原告適格を有する。

3　C1 の場合、地下水を飲用していないため、生命、身体への直接の影響はない。加えて、有害物質が飛散した場合に C1 の居住地に到達するおそれの有無は明らかでない。また、C1 の居住地は本件調査書において対象地域に含まれていない。そうすると、C1 は、本件処分場から有害物質が排出された場合に健康又は生活環境に係る著しい被害を直接的に受けるおそれのある者とはいえないから、C1 に原告適格は認められない。

4　C2 の場合、その居住地は本件調査書において対象地域に含まれている。対象地域になっているということは、生活環境に影響が及ぶおそれのある地域であるということを意味すると解される。そうすると、C2 の場合は、その居住地域が調査対象になっていること、さらに、本件予定地から 500 メートルしか離れておらず、近接している上、地下水を飲用していることから、本件処分場から有害な物質が排出された場合に健康又は生活環境に係る著しい被害を直接的に受けるものと想定される地域に居住しているといえる。したがって、C2 に原告適格は認められる。

以上

Ⅲ. 展開編

1. 問題の提起

　本問では許可がされたものの、許可の遅延によって損害が生じたので、国家賠償請求訴訟を通じて賠償を求めていくことが前提とされている。それでは、本問の前提を若干かえて、知事 B が A からの申請に対して未だ産業廃棄物処理施設の設置許可を行わないで、行政指導を行っていることを理由に当該許可を留保し続けているとしたら、A は許可を得るためにどのような訴訟（行政事件訴訟法に定められたものに限る）を提起したらよいか。また、当該訴訟では、どのような本案上の主張を行えばよいか。以下、これらの問題について検討して

みることにしよう。

2. 提起すべき訴訟

　産業廃棄物の設置許可が申請に対する処分であることは明らかなので、A
は当該許可を得るために、申請型義務付け訴訟（行訴法3条6項2号）を提起す
べきである。申請型義務付け訴訟の場合、一定の抗告訴訟を必ず併合提起する
必要があるが、本件の場合は不作為の違法確認訴訟を提起する必要がある（行
訴法37条の3第3項1号）。なぜなら、申請をしたものの、許可が留保され続け
ているということは、相当の期間内に何らの処分もされておらず（行訴法37条
の3第1項第1号）、不作為状態が継続しているということを意味すると考えら
れるからである。

3. 本案上の主張

（1）申請型義務付け訴訟の本案勝訴要件

　申請型義務付け訴訟の本案勝訴要件は行訴法37条の3第5項に定められて
いる。それによれば、Aが当該訴訟で勝訴するためには、①併合提起する抗
告訴訟の請求に理由があると認められ、かつ、②行政庁が処分をすべきである
ことがその処分の根拠となる法令の規定から明らかであると認められ又は行政
庁がその処分をしないことがその裁量権の範囲を超え若しくはその濫用となる
と認められることが必要である。

（2）不作為の違法確認訴訟における本案上の主張

　そこで、Aとしては、まず併合提起する不作為の違法確認訴訟について請
求に理由があるということを主張しなければならない。
　不作為の違法確認訴訟において請求に理由があることを認めてもらうために
は、原告は「相当の期間」を経過して不作為状態が続いているということを主
張しなければならない（行訴法3条5項）。それでは許可が留保されている場合
に、そのことから直ちに「相当の期間」を経過して、違法な不作為状態があっ
たといえるか。

この点、昭和60年最判を参考にすると、行政機関が行政指導を行い、これ
に申請者の側がしたがっている間は「相当の期間」を経過したとはいえないで
あろう。そうすると、行政指導を理由にした許可の留保が直ちに不作為の違法
になるわけではないということになる。

それでは、行政指導を理由にした許可の留保が不作為の違法という評価を受
けることはないのか。この問題についてもまた昭和60年最判を参考にすると、
申請者が行政指導にはこれ以上応じられない旨の真摯かつ明確な意思表示をし
ている場合には、特段の事情がない限り、許可の留保は違法になるといえよう。

このような理解に立った場合に、本件の事実に即したAの主張およびBの
考えうる反論は上記の応用編で行った解説の内容と重複するであろうから、こ
こでは繰り返さない。

なお、以上の指摘は国家賠償請求訴訟の事案であった昭和60年最判の違法
判断の枠組みを参考にしており、国賠違法と抗告訴訟の違法が同一であるとい
う前提に立った場合に許容される主張である。仮にその前提に立たない場合に
は、主張の仕方がかわる可能性がある。

（3）申請型義務付け訴訟における本案上の主張

本問では、Aによる申請が廃掃法「15条の2第1項所定の要件を全て満た
している」ことが前提とされている。そうすると、処分要件が充足されている
にもかかわらず、なお申請を拒否するだけの効果裁量を知事が有しているのか
否かという問題が重要になってくる。そこで、まずは、この問題を検討するう
えで必要と思われる廃掃法の関係条文を以下に引用する。

○廃棄物の処理及び清掃に関する法律（抜粋）
（一般廃棄物処理計画）
第6条　市町村は、当該市町村の区域内の一般廃棄物の処理に関する計画
　　（以下「一般廃棄物処理計画」という。）を定めなければならない。
2〜5　（略）
（市町村の処理等）
第6条の2　市町村は、一般廃棄物処理計画に従って、その区域内における
　　一般廃棄物を生活環境の保全上支障が生じないうちに収集し、これを運
　　搬し、及び処分……しなければならない。

2〜7 （略）

（一般廃棄物処理業）

第7条 （略）

2〜5 （略）

6 一般廃棄物の処分を業として行おうとする者は、当該業を行おうとする区域を管轄する市町村長の許可を受けなければならない。……。

7〜9 （略）

10 市町村長は、第6項の許可の申請が次の各号に適合していると認めるときでなければ、同項の許可をしてはならない。

一 当該市町村による一般廃棄物の処分が困難であること。

二 その申請の内容が一般廃棄物処理計画に適合するものであること。

三〜四 （略）

11〜16 （略）

第11条 事業者は、その産業廃棄物を自ら処理しなければならない。

2 市町村は、単独に又は共同して、一般廃棄物とあわせて処理することができる産業廃棄物その他市町村が処理することが必要であると認める産業廃棄物の処理をその事務として行なうことができる。

3 都道府県は、産業廃棄物の適正な処理を確保するために都道府県が処理することが必要であると認める産業廃棄物の処理をその事務として行うことができる。

（産業廃棄物処理業）

第14条 産業廃棄物（略）の収集又は運搬を業として行おうとする者は、当該業を行おうとする区域（略）を管轄する都道府県知事の許可を受けなければならない。……。

2〜4 （略）

5 都道府県知事は、第1項の許可の申請が次の各号に適合していると認めるときでなければ、同項の許可をしてはならない。

一 その事業の用に供する施設及び申請者の能力がその事業を的確に、かつ、継続して行うに足りるものとして環境省令で定める基準に適合するものであること。

二 申請者が次のいずれにも該当しないこと。

イ （略）

ロ ……暴力団員でなくなった日から五年を経過しない者……

ハ〜ヘ （略）

6 産業廃棄物の処分を業として行おうとする者は、当該業を行おうとする区域を管轄する都道府県知事の許可を受けなければならない。……。

7～9　（略）

10　都道府県知事は、第6項の許可の申請が次の各号に適合していると認めるときでなければ、同項の許可をしてはならない。

一　その事業の用に供する施設及び申請者の能力がその事業を的確に、かつ、継続して行うに足りるものとして環境省令で定める基準に適合するものであること。

二　申請者が第5項第二号イからへまでのいずれにも該当しないこと。

11～17　（略）

　一般に廃掃法15条1項の許可は警察許可として理解されており、効果裁量は認められない。それでは、なぜそのような解釈が可能なのか。

　この点、産業廃棄物処理施設の設置許可（廃掃法15条1項）と産業廃棄物処理業（収集・運搬・処分）の許可（廃掃法14条1項、6項）は同じ構造の条文になっており、いずれも一定の事由が満たされなければ許可をしてはならないというつくりになっている（廃掃法15条の2第1項、同法14条5項、10項）。そして、産業廃棄物処理業の許可は効果裁量がないと解されていることから、条文構造が同じであれば、産業廃棄物処理施設の設置許可も効果裁量がないと解することができる。

　このように条文構造が類似することから産業廃棄物の設置許可は効果裁量がないものとして捉えることができるが、それでは、産業廃棄物処理業の許可はなぜ効果裁量がないと解されているのか。通常、この問題は、一般廃棄物処理業（収集・運搬・処分）の許可と対比して論じられる。すなわち、廃掃法上、廃棄物は一般廃棄物と産業廃棄物に区別されるが、このうち一般廃棄物については、市町村が一般廃棄物処理の計画を定め（廃掃法6条1項）、当該計画にしたがって市町村が一般廃棄物の収集・運搬・処分をしなければならない（廃掃法6条の2第1項）。しかも、一般廃棄物処理業の許可（廃掃法7条6項）にあたっては、市町村が策定した廃棄物処理計画に適合することが求められるとともに（廃掃法7条10項2号）、当該市町村による一般廃棄物の収集または運搬が困難であることも求められている（廃掃法7条10項1号）。これらのことからすると、廃掃法は、本来的に一般廃棄物処理業を私人が行いうる自由な経済的活動として捉えておらず、市町村が行うべき活動として捉えているといえる。したがって、一般廃棄物処理業の許可は、かつての「特許」のように、本来的には国民

に認められていない特別の地位を付与するものとして理解することができる。このような場合、一般に行政庁の裁量は広く認められる。これに対し、産業廃棄物処理業の場合、同様の規律は設けられていない。すなわち、原則として事業者が産業廃棄物を処理することとされ、地方公共団体は事業者による処理を補完するものとして規律されている（廃掃法11条）。このような規律からすると、廃掃法は本来的には私人が産業廃棄物処理業を行うものであるという理解を前提にしているといえる。そうすると、産業廃棄物処理業に係る活動には憲法上の経済活動の自由が保障されると解されるので、そのような見地から産業廃棄物処理業の許可に関する廃掃法の規定は解釈されなければならない。これを踏まえると、法定事由以外の事由を理由にして申請を拒否することは経済活動の自由を侵害することにつながるので、法定事由以外の事由を理由にした申請の拒否は認められない。結果として、法定された産業廃棄物処理業の許可要件が充足されているのであれば、もはや申請を拒否する余地は行政庁にはなく、許可をしなければならないといえる。

　以上のようにして産業廃棄物処理業の許可について効果裁量を否定できれば、本件の場合、Aによる申請が廃掃法「15条の2第1項所定の要件を全て満たしている」ことが前提とされているから、許可すべき事案であったといえる。そして、そうであるならば、本件は「行政庁がその処分……をすべきであることがその処分……の根拠となる法令の規定から明らかであると認められ」る場合であるといえる（行訴法37条の3第5項）。

消費生活条例に基づく勧告・公表をめぐる紛争

◀ 問題 ▶

　X は Y 県において浄水器の販売業を営む株式会社であるところ，Y 県に対して「X が消費者に対して浄水器の購入の勧誘を執拗に繰り返している。」との苦情が多数寄せられた。Y 県による実態調査の結果，X の従業員の一部が，購入を断っている消費者に対して，（ア）「水道水に含まれる化学物質は健康に有害ですよ。」，（イ）「今月のノルマが達成できないと会社を首になるんです。人助けだと思って買ってください。」と繰り返し述べて浄水器の購入を勧誘していたことが判明した。

　そこで Y 県の知事（以下「知事」という。）は，X に対して Y 県消費生活条例（以下「条例」という。）第 48 条に基づき勧告を行うこととし，条例第 49 条に基づき X に意見陳述の機会を与えた。X は，この意見陳述において，①X の従業員がした勧誘は不適正なものではなかったこと，②仮にそれが不適正なものに当たるとしても，そのような勧誘をしたのは従業員の一部にすぎないこと，③今後は適正な勧誘をするよう従業員に対する指導教育をしたことの 3 点を主張した。

　しかし知事は，X のこれらの主張を受け入れず，X に対し，条例第 25 条第 4 号に違反して不適正な取引行為を行ったことを理由として，条例第 48 条に基づく勧告（以下「本件勧告」という。）をした。本件勧告の内容は，「X は浄水器の販売に際し，条例第 25 条第 4 号の定める不適正な取引行為をしないこと」であった。

　本件勧告は対外的に周知されることはなかったものの，X に対して多額の融資をしていた金融機関 A は，X の勧誘について Y 県に多数の苦情が寄せられていることを知り，X に対し，X が法令違反を理由に何らかの行政上の措置を受けて信用を失墜すれば，融資を停止せざるを得ない旨を通告した。

　X は，融資が停止されると経営に深刻な影響が及ぶことになるため，Y 県に対し，本件勧告の取消しを求めて取消訴訟を提起したが，さらに，条例第50 条に基づく公表（以下「本件公表」という。）がされることも予想されたことから，本件公表の差止めを求めて差止訴訟を提起した。

以上を前提として，以下の設問に答えなさい。

なお，条例の抜粋を【資料】として掲げるので，適宜参照しなさい。

〔設問1〕

Xは，本件勧告及び本件公表が抗告訴訟の対象となる「行政庁の処分その他公権力の行使に当たる行為」に当たることについて，どのような主張をすべきか。本件勧告及び本件公表のそれぞれについて，想定されるY県の反論を踏まえて検討しなさい。

〔設問2〕

Xは，本件勧告の取消訴訟において，本件勧告が違法であることについてどのような主張をすべきか。想定されるY県の反論を踏まえて検討しなさい（本件勧告の取消訴訟が適法に係属していること，また，条例が適法なものであることを前提とすること）。

【資料】

○Y県消費生活条例

（不適正な取引行為の禁止）

第25条　事業者は，事業者が消費者との間で行う取引（中略）に関して，次のいずれかに該当する不適正な取引行為をしてはならない。

　　一～三　（略）

　　四　消費者を威迫して困惑させる方法で，消費者に迷惑を覚えさせるような方法で，又は消費者を心理的に不安な状態若しくは正常な判断ができない状態に陥らせる方法で，契約の締結を勧誘し，又は契約を締結させること。

　　五～九　（略）

（指導及び勧告）

第48条　知事は，事業者が第25条の規定に違反した場合において，消費者の利益が害されるおそれがあると認めるときは，当該事業者に対し，当該違反の是正をするよう指導し，又は勧告することができる。

（意見陳述の機会の付与）

第49条　知事は，前条の規定による勧告をしようとするときは，当該勧告に係る事業者に対し，当該事案について意見を述べ，証拠を提示する機会を与

えなければならない。

（公表）

第50条　知事は，事業者が第48条の規定による勧告に従わないときは，その旨を公表するものとする。

（注）　Y県消費生活条例においては，資料として掲げた条文のほかに，事業者が第48条の規定による勧告に従わなかった場合や第50条の規定による公表がされた後も不適正な取引行為を継続した場合に，当該事業者に罰則等の制裁を科する規定は存在しない。

Ⅰ. 基礎編

> ▶基礎的事項のチェック
> 1. 勧告とは何か。また、勧告はどのような法的性質を有しているか。
> 2. 行政庁が不利益処分を行う前に、相手方に対して意見陳述の機会を与えることに、どのような意義があるか。
> 3. 公表はどのような法的性質を有しているか。
> 4. 取消訴訟とは何か。
> 5. 差止訴訟とは何か。
> 6. 抗告訴訟とは何か。
> 7. 「行政庁の処分その他公権力の行使に当たる行為」とは何か。
> 8. 取消訴訟の本案勝訴要件は何か。

1. 設問 1 に関する基礎的事項

（1）はじめに

　設問1では、勧告及び公表が抗告訴訟の対象となる「行政庁の処分その他公権力の行使に当たる行為」に当たるか否かが問われている。仮に勧告及び公表が「行政庁の処分その他公権力の行使に当たる行為」に該当しなければ、訴えは却下されることになるため、この問題を検討する実益がある。ただ、この問題に答えるためには、まず勧告及び公表がどのような性質を有する行為なのか、

あらかじめ把握しておく必要がある。また、問題文で出てくる抗告訴訟、取消訴訟、差止め訴訟とはそれぞれどのような訴訟か、さらには「行政庁の処分その他公権力の行使に当たる行為」とは何かということについても、基礎的な理解がなければならない。そこで、以下、これらについて順に解説していくことにする。

　なお、問題文の中でXに意見陳述の機会が付与されているが、この意見陳述の機会についても一定の理解があると、設問に対する解答をしやすくなる。そこで、この点についても解説しておく。

(2) 勧告について

　「勧告」という用語は様々な法令の中で使われているが、勧告それ自体を一般的に定義した法令は存在しない。そのため、勧告とは何か、また、勧告はどのような性質を有しているか、問題となる。

　一般に、勧告とは一定の行為（不作為を含む。）を相手方に促すことを内容とする行政機関の行為であって、勧告の内容は相手方の任意の協力によって実現される。勧告によって相手方に法的義務が課されるわけではない。このように、勧告は一般に**非権力的作用**であるとともに、**事実行為**であるという点に大きな特徴がある。このことから、勧告は通常、**行政指導**の一類型として把握されている。実際、行政指導の定義をしている**行政手続法第2条第第6号**では「行政機関がその任務又は所掌事務の範囲内において一定の行政目的を実現するため特定の者に一定の作為又は不作為を求める指導、勧告、助言その他の行為であって処分に該当しないものをいう」（傍点筆者）と定められている。

(3) 公表について

　「公表」という用語も様々な法令の中で使われているが、公表それ自体を一般的に定義している法令は存在しない。もっとも、公表の意味については文字通り理解すれば十分である。

　公表について問題となるのは、その法的性格である。一般に公表は事実行為として理解されている。公表それ自体によって権利義務関係が変動することはないというのが、通常の理解である。

(4) 抗告訴訟

　抗告訴訟は行政事件訴訟の四つの類型のうちの一つであり（行訴法2条）、「公権力の行使に関する不服の訴訟」をいう（行訴法3条1項）。

　このような抗告訴訟には、行政事件訴訟法上、処分の取消訴訟、裁決の取消訴訟、処分の無効等確認訴訟、不作為の違法確認訴訟、処分の義務付け訴訟、処分の差止め訴訟がある（行訴法3条2項〜7項）。このうち、本件で問題となっているのが取消訴訟（行訴法3条2項）と差止め訴訟（行訴法3条7項）である。

○行政事件訴訟の類型

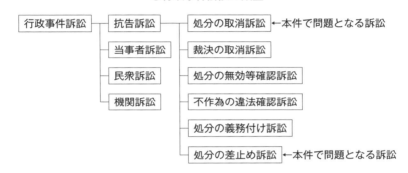

(5) 抗告訴訟の対象

　設問1では、「抗告訴訟の対象となる「行政庁の処分その他公権力の行使に当たる行為」」と記載されており、抗告訴訟の対象＝「行政庁の処分その他公権力の行使に当たる行為」という前提になっている。しかし、条文上、抗告訴訟の対象は「行政庁の公権力の行使」なのであって（行訴法3条1項）、「行政庁の処分その他公権力の行使に当たる行為」ではない。そのため、「行政庁の公権力の行使」と「行政庁の処分その他公権力の行使に当たる行為」の関係が問題となりうるが、一般に両者は厳密に区別されておらず、内容が重なるものと解される傾向にある。したがって、設問1の問題文は、このような傾向を反映して作られているといえる。

　なお、「行政庁の処分その他公権力の行使に当たる行為」は行訴法3条2項の取消訴訟の対象を指しており、このような行為が同条項のカッコ書きによって「処分」と呼ばれることになっている。そのため、設問1では勧告及び公表

が行訴法上の「処分」に該当するか否かが問われているといえる。

（6）行政庁の処分その他公権力の行使に当たる行為その1〜基本的視点

　「行政庁の処分その他公権力の行使に当たる行為」とは何か、行訴法上、定義規定がないので、解釈上、問題となる。

　この「行政庁の処分その他公権力の行使に当たる行為」は（ア）「行政庁の処分」という部分と（イ）「その他公権力の行使に当たる行為」という部分から成っている。

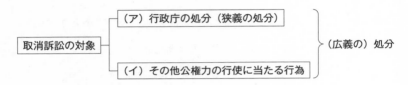

　このうち、前者の（ア）「行政庁の処分」については、判例上、「公権力の主体たる国または公共団体が行う行為のうち、その行為によって、直接国民の権利義務を形成しまたはその範囲を確定することが法律上認められているものをいう」（最判昭39年10月29日民集18巻8号1809頁〔大田区ゴミ焼却場設置事件〕）とされている。これによれば、行政庁の処分に該当するか否かは、以下の四つの要素すべてを有しているか否かによって判定されることになる（これらの四要素の詳細については、平成23年度及び平成27年度の基礎編の解説を参照）。逆にいうと、これら四つの要素のいずれか一つでも欠けると、行政庁の処分として捉えることができなくなり、「その他公権力の行使に当たる行為」に該当しない限りは、当該行為は取消訴訟の対象ではないということになる。

○「行政庁の処分」の4要素

①公権力性
②直接性
③外部性
④法効果性

　他方、後者の（イ）「その他公権力の行使に当たる行為」については確立し

た見方は存在せず、裁判実務上も、これに該当するか否かが特別に検討されることはほとんどない。

以上の結果、設問1では、まずもって勧告及び公表が上記の四つの要件を有しているか否かを検討することになる。

（7）行政庁の処分その他公権力の行使に当たる行為その2〜発展的視点

行政庁の行為が処分性を有するか否かは、まずもって上記の四要素に着目して検討することになるが、実際に検討してみると、処分性の有無が判然としない場合がある。そのような場合には、さらに以下の補助的な視点を使って処分性の有無を検討するとよい。

○処分性の有無を判定する視点

1. （狭義の）処分を想起させる法律の文言（たとえば「命じる」など）はあるか。
2. 処分性を肯定することにつながる個別法上の手続規定はあるか。
   ①問題となっている行為を行政不服申立ての対象とする旨、定めている規定はあるか。
   ②問題となっている行為の事前手続として意見陳述（聴聞）の機会を付与する規定はあるか。
   ③問題となっている行為について、行政手続法上の「申請に対する処分」または「不利益処分」に関する規定を適用除外にする旨、定めている規定はあるか。
3. 処分性を肯定する方向に作用する法令の仕組みがあるか。
   ①問題となっている行為の実効性を担保する手段として、罰則等の一定の制裁を科す仕組みがあるか。
   ②法令の体系上、問題となっている行為と対をなす行為が観念でき、その対をなす行為の処分性を肯定できるか。
4. 取消訴訟の特別な訴訟手続に服さしめるのが適切といえるか。
   ①出訴期間の制限（行訴法14条1項）を課してまで早期の法律関係の安定が求められる行為か。
   ②第三者効（行訴法32条1項）を有する取消判決によって紛争を解決するのが適切な行為か。

5. 実効的権利救済を確保できるか。

　①問題となっている行為の処分性を否定し、他の救済手段で争わせても、実効的な権利救済を確保できるか。

　②問題となっている行為の処分性を否定し、他の行為を争わせることにしても、実効的な権利救済を確保できるか。

（8）意見陳述の機会の付与

　行政法上の重要法律の中で、意見陳述の機会について定めているのは、行政手続法である。同法によれば、行政庁が不利益処分を行おうとする場合、事前に、原則として不利益処分の相手方に意見陳述の機会を与えなければならない（行手法13条1項）。このような意見陳述の機会があれば、不利益処分の相手方は事前に行政庁に対して事情を詳細に説明することができるし、行政庁はこれによって正確な情報を入手することができる。そのため、意見陳述の機会は行政庁にとっても、また相手方にとっても有意義である。

　意見陳述の具体的な手続としては、聴聞と弁明の機会の付与の二つがある。前者は行政庁によって行われようとしている不利益処分の不利益の程度が比較的重い場合（たとえば営業許可の取消処分の場合）にとられる手続である。これに対し、後者は行政庁によって行われようとしている不利益処分の不利益の程度が比較的軽い場合（たとえば1カ月の営業停止処分の場合）にとられる手続である。

　なお、同様の事前手続は各地方公共団体の行政手続条例の中でも規律されている。

2. 設問 2 に関する基礎的事項

（1）はじめに

　設問 2 では、「本件勧告の取消訴訟において、本件勧告が違法であることについてどのような主張をすべきか」が問われている。ここで求められているのは取消訴訟の本案主張であるから、以下、取消訴訟の本案主張を行う際に前提とされている取消訴訟の本案勝訴要件について確認しておく。

（2）取消訴訟の本案勝訴要件

　取消訴訟における本案勝訴要件は明文の規定がないものの、「処分が違法であること」である。この処分の違法性は実体法の見地からの違法性と手続法の見地からの違法性の二つが考えられる。したがって、事案の分析に際しては、実体法と手続法の両面から検討する必要がある。

（3）裁量処分の場合

　処分には覊束処分と裁量処分の区別があるが、どちらを対象にして取消訴訟を提起しても、「処分が違法であること」が本案勝訴要件であることにかわりはない。もっとも、裁量処分の場合は、裁量権の逸脱濫用が認められなければ裁量処分の違法性は認められないので（行訴法 30 条）、原告は裁量処分の取消訴訟を提起する場合、裁量権の逸脱濫用があったことを指摘して、処分の違法性を主張しなければならない。

（4）裁量の有無

　このように裁量があるか否かによって、原告の本案主張の仕方が異なってくるので、問題となる処分が裁量処分か否かは事案の検討に際して重要である。この点について、従来は、法律の文言（形式）に着目して裁量の有無を判定する手法と、行為の内容（実質）に着目して裁量の有無を判定する手法がとられてきた（これらの手法の詳細については、平成 24 年度の基礎編の解説を参照）。

○裁量の有無を判定する手法

（1）形式的手法：処分の根拠規定（文言）に着目する手法
①不確定概念が用いられているか否かによって判定する。
②できる規定になっているか否かによって判定する。
（2）実質的手法：処分の内容に着目する手法
①専門技術的判断を伴っているか否かによって判定する。
②政治的・政策的判断を伴っているか否かによって判定する。

（5）裁量の種類

　裁量には要件裁量と効果裁量がある。

　このうち要件裁量は、処分要件が充足されたといえるか否かの判断について、行政機関に認められる判断の余地のことである。

　他方、効果裁量は、処分要件が充足されていることを前提にして、処分を行うか否か、行うとしてどのような処分を行うかの判断について、行政機関に認められる判断の余地のことである。

　このように裁量には要件裁量と効果裁量があるのだから、裁量の有無を検討する際には、どちらの裁量の有無を検討するのか、意識する必要がある。

（6）裁量権の逸脱濫用の有無

　上述したように、裁量処分の取消訴訟において、原告は裁量権の逸脱濫用があったということを指摘して、処分の違法性を主張しなければならない。それでは、どのような場合に裁量権の逸脱濫用が認められるのか。代表的なケースは以下のとおりである（裁量権の逸脱濫用については、平成24年度の基礎編の解説を参照）。

○裁量権の逸脱濫用の類型

　①比例原則違反：目的と手段の間に合理的な比例関係が認められず、比例
　　原則に違反する形で裁量権が行使された場合は裁量権の逸脱濫用となる。
　②平等原則違反：差別的な取扱いをし、平等原則に違反する形で裁量権が
　　行使された場合には裁量権の逸脱濫用となる。
　③目的拘束の法理違反：法令の趣旨・目的に違反するような形で裁量権が

行使された場合には裁量権の逸脱濫用となる。

④基本的人権の侵害：基本的人権を侵害するような形で裁量権が行使され
た場合には裁量権の逸脱濫用となる。

⑤重大な事実誤認：重大な事実誤認に基づいて裁量権が行使された場合に
は裁量権の逸脱濫用となる。

Ⅱ. 応用編

1. 設問 1 について

（1）問題の所在と条例の仕組み

　設問 1 では勧告及び公表の処分性が問題になっている。判例によれば、処分
に該当するか否かは、まずもって「公権力の主体たる国または公共団体が行う
行為のうち、その行為によって、直接国民の権利義務を形成しまたはその範囲
を確定することが法律上認められている」か否かによって、判断することにな
る。そのため、勧告と公表が、それぞれ、この定義に該当するか、ということ
から検討を始める必要がある。

　もっとも、設問の検討を始める前に、勧告と公表をめぐる本件条例の仕組み
は正確に把握しておく必要がある。そこで、以下、条例の仕組みを図示する。

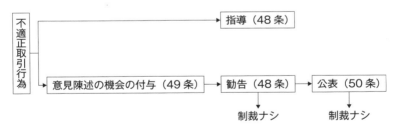

　勧告にせよ、公表にせよ、処分性を論じる際には、このような行為の流れを
意識する必要がある。

(2) 勧告の処分性

　勧告は一般的に事実行為として理解されており、行政指導としての性格を有する。したがって、本件勧告も、法効果性を欠き、処分性を肯定できないと考えることは可能である。

　もっとも、このようにして勧告の処分性を否定する立場に対しては、処分性を肯定する立場から次のような指摘が可能である。

　第一に、条例第50条は勧告が行われた後、相手方がこれに従わなければ公表する旨、定めているが、同条は、いわゆる「できる規定」ではないため、勧告が行われた後、相手方がこれに従わない場合には、公表をする・しないについて行政機関に裁量の余地はなく、勧告が行われれば、相手方がこれに従わない限り、公表されることになる。そうすると、勧告が行われれば、相手方は、勧告に従わない限り、公表されることになるという法的地位に新たに立たされることになるので、この点に勧告の法効果性を認めることができ、処分性を肯定できる。

　第二に、条例第49条は勧告の事前手続として相手方に意見陳述の機会を付与する旨、定めている。一般に意見陳述の機会が付与されるのは不利益処分が行われる場合であることを想起すると（参照、行政手続法13条1項）、条例第49条に定める事前手続は、勧告を不利益処分と同視するか、あるいはそれに準じる行為として捉えているために、設けられたものといえる。そうであれば、勧告に処分性を認めることは可能である。

　第三に、仮に勧告に処分性が認められず、取消訴訟では争えないとすると、上述のように公表する・しないについて裁量は認められないため、公表されることになるが、ひとたび勧告に従わない事実が公表されてしまうと、本件の場合、融資が停止され、経営上、深刻な影響を受けることになり、権利利益の回復が困難になってしまう。そのため、実効的な権利救済の確保という観点から勧告の処分性を肯定する必要がある。

　以上のような勧告の処分性を肯定する立場に対しては、処分性を否定する立場から、さらに以下の反論が考えられる。

　第一に、確かに条例第50条によって勧告が行われれば、それに従わない限り、公表されることになるものの、公表それ自体は権利義務関係に影響を及ぼさないから、勧告に従わなければ、公表されることになる地位は法的な地位で

はなく、事実上の地位にしかすぎない。そのため、法効果性を肯定することはできず、処分性を認めることはできない。

第二に、確かに条例第49条によって勧告の事前手続として意見陳述の機会の付与が定められているものの、だからといって、これを根拠に勧告を処分として捉えることはできない。単に同条は情報収集のために設けられた規定なのであって、それ以上でもそれ以下でもない。そのため、同条を根拠に勧告の処分性を肯定するのは適切ではない。

第三に、仮に勧告の処分性を否定しても、勧告が違法であることの確認の訴えや、勧告に従う義務がないことの確認の訴えを（実質的）当事者訴訟（行訴法4条後段）として提起することが考えられる。このように、勧告の取消訴訟以外でも、実効的な権利救済を図る手段が考えられるので、実効的な権利救済の必要性から勧告の処分性を肯定するのは適切ではない。

（3）医療法上の勧告に処分性を認めた最高裁判例との関係

「勧告」に処分性を認めた最高裁判例として、最判平成17年7月15日民集59巻6号1661頁〔病院開設中止勧告事件〕があるので、この最高裁判決と本設問との関係についてコメントしておく。

同判決は、医療法上、勧告が行政指導であるということを正面から認めているので、論理的には、行政庁の処分（狭義の処分）に該当する余地はないものと思われる。それにもかかわらず、最高裁が処分性（広義の処分）を肯定したのは、医療法上の勧告に従わないと「相当程度の確実さをもって、病院を開設しても保険医療機関の指定を受けることができなくなるという結果」になり、「保険医療機関の指定を受けることができない場合には、実際上病院の開設自体を断念せざるを得ない」ことになるためである。当該事案では、勧告に従わないことが通常、病院開設の断念という不利益につながるという事情があった。ところが、本件の場合、勧告に従わないことによってXは確かに経営上、深刻な不利益を被ることが想定されるものの、そのような不利益は勧告への不服従に通常認められる不利益とまではいえない（問題文の中で、公表によって、公表された事業者は全員、経営上、深刻な不利益を被ることになる旨、指摘されていれば、話は別である。）。そのため、上記最判の存在は本件勧告の処分性を肯定するのに有利に作用するわけではない。

（4）公表の処分性

　公表は一般に事実行為として理解されている。したがって、本件公表も法効果性を欠き、処分性を肯定することができない、と考えることは可能である。

　しかし、このような立場に対しては、本件公表の処分性を肯定する立場から次のような主張が可能である。

　第一に、公表がひとたび行われると、当事者の信用等に関する利益が毀損されるところ、そのような利益は法的な保護に値する利益といえる。そのため、公表は法的利益に影響を及ぼすので、法効果性を肯定することができ、処分性を認めることができる。

　第二に、公表が行われると、当事者の信用等が毀損されることから、公表には制裁としての機能が認められる。そうすると、それは相手方に一方的に不利益を課す不利益処分と同視できるか、不利益処分に準じて扱うことができるので、処分性を肯定することができる。

　第三に、公表はひとたび行われると、それによって信用等が毀損され、権利利益の救済が著しく困難になる。そのため、公表の処分性を認めて、事前に差止訴訟を提起できるようにしないと、実効的な権利救済が不可能になってしまう。

　しかし、これらの主張に対しては、さらに処分性を否定する立場から次のような反論が考えられる。

　第一に、公表によって毀損される信用は事実上のものに過ぎず、法的な保護に値しない利益である。そのため、公表に法効果性を認めることはできない。

　第二に、公表は住民に向けた単なる情報提供でしかなく、制裁としての機能は認められない。そのため公表に制裁機能が認められることを前提にして処分性を肯定するのは適切ではない。

　第三に、公表を差止め訴訟の対象にしなくても、勧告の処分性を肯定できるのであれば勧告の取消訴訟を提起して争うことができる。また、勧告の処分性を否定する場合には（実質的）当事者訴訟を提起して争うことも考えられる。これらの訴訟によって争うことができれば、実質的にみて、公表を阻止する権利救済手段が存在することになるから、公表の処分性を否定しても、権利救済上、特段の支障がない。

（5）公表の処分性に関する裁判実務の傾向

　実務上、公表の処分性が争われたケースは複数あるが、裁判所は公表の処分性を否定する傾向にある。たとえば東京高判平成21年11月19日は、次のように述べて公表の処分性を否定している（便宜上番号を付す）。

○　**東京高判平成21年11月19日D1-Law（28162417）**

　……〔①〕本件公表は、川崎市長による調停受諾勧告を受けた者が、同勧告に正当な理由なく応じなかったことを一般的に知らせる行為であって、国民に対する情報提供としての側面を有する非権力的な事実行為であり、それ自体によって、直接国民の権利義務に影響を及ぼすとはいえず、控訴人に対し、事実上調停受諾を促す制裁的な側面が認められるとしても、それ自体が直接法律効果を生じさせるものでない以上、処分性があるとはいえない。〔②〕仮に本件公表により控訴人の権利が違法に侵害されている場合には、不法行為を理由として法的救済を求めることができるのであって、何らの法的効果を伴わない事実行為としての「公表」に対する法的救済手段としては、そのような方法によるべきであり、取消訴訟によることはできないというべきである。
　……〔③〕紛争調整条例は、「あらかじめ当該公表される者にその理由を通知し、その者が意見を述べ、証拠を提示する機会を与えなければならない。」と弁明手続を規定しているが、これは、紛争調整条例により公表できる場合であるか否かを適切に判断するため、公表される者に弁明の機会を与えているものであって、このような弁明手続が定められているからといって、本件通知及び本件公表が事実行為であるということに変わりはないというべきである。

　上記裁判例では公表の処分性が否定されているが、その理由は、①公表は国民への情報提供にすぎず、権利義務に影響を及ぼさない、②事実行為としての公表によって権利侵害が生じたとしても、それに対する法的救済手段としては不法行為を理由とする救済手段がある、③事前の意見陳述の機会の付与に関する規定があるからといって公表の処分性を根拠づける理由にはならない、といった点に求められている。

公表の処分性を否定した他の裁判例においても、これと同様の理解が示される傾向にある。このような裁判例の実態も、設問1の解答に際して参考になろう。

（6）まとめ方に関する注意点

検討の結果、当該行為の処分性を肯定する場合には、「行政庁の処分その他公権力の行使に当たる行為」に該当する旨、指摘すれば十分である。それ以上に、問題となった行為が「行政庁の処分」に該当するのか、それとも「その他公権力の行使に当たる行為」に該当するのかは、明らかにする必要がない。なぜなら、取消訴訟の対象として相応しいか否かだけが裁判実務上、重要だからである。

もっとも、「行政庁の処分」と「その他公権力の行使に当たる行為」の、どちらに該当するのか、明確に指摘できる場合には、その旨、指摘しても、特段、問題はない。

2. 設問2について

（1）前提の確認

設問2の設問文では、カッコ書きの中で二つの前提が指摘されている。

まず「本件勧告の取消訴訟が適法に係属していること」が前提とされている。そのため、本件勧告は処分であるという前提だから、本件には処分の取消訴訟に関する行訴法上の規定が適用されると考えてよい。

次に設問2では「条例が適法なものであること」も前提とされている。したがって、たとえば「条例が違法であり、無効であるから、そのような条例に基づいて行われた勧告は違法である。」といった主張は、本問の解答として適切ではない。

（2）検討の出発点

設問2では、本件勧告の取消訴訟において本件勧告が違法であることの主張（＝本案上の主張）が求められているところ、仮に本件勧告が裁量行為であるとすれば、原告は裁量権の逸脱濫用が認められることを主張しなければならない

（行訴法 30 条）。そこで、まずは本件勧告に裁量が認められるか否か、仮に認められるとして、どの部分に裁量が認められるかということを明らかにする必要がある。以下、要件裁量の有無および効果裁量の有無について、確認する。

（3）要件裁量の有無

本件勧告の要件は、「事業者が第 25 条の規定に違反した場合」であること、および、知事が「消費者の利益が害されるおそれがあると認める」ことである。

このうち前者の要件が充足されているか否かについて、裁量の余地は認められない。「事業者が第 25 条の規定に違反した場合」であるか否かは、結局のところ、問題となる取引行為が「消費者を威迫して困惑させる方法で、消費者に迷惑を覚えさせるような方法で、又は消費者を心理的に不安な状態若しくは正常な判断ができない状態に陥らせる方法で、契約の締結を勧誘し、又は契約を締結させること」に該当する行為であったか否かの判断であるが、この判断について、司法機関が行政機関の判断を尊重しなければならない実質的理由は見当たらない（専門技術的知見を必要とする判断でもなければ、政治的・政策的知見を必要とする判断等でもない。）。そのため、「事業者が第 25 条の規定に違反した場合」の要件充足性の判断について、裁量は認められない。

他方、「消費者の利益が害されるおそれがあると認める」という要件に係る判断については、文言が抽象的であるから、裁量を認める余地があるようにも思われる。しかし、「消費者の利益が害されるおそれがある」か否かの判断について、ここでも司法機関が行政機関の判断を尊重しなければならない実質的理由は見当たらない（専門技術的知見を必要とする判断でもなければ、政治的・政策的知見を必要とする判断等でもない。）。そのため、「消費者の利益が害されるおそれがある」の要件充足性の判断について、裁量は認められない。

なお、本件勧告処分が警察規制の性格を有することも含めて考えれば、やはり要件充足性の判断について裁量は認められないといえる。

ちなみに、東京地判平成 26 年 11 月 21 日（判例地方自治 401 号 76 頁）は、本問の処分要件と類似する（旧）「特定商取引に関する法律」における「購入者若しくは役務の提供を受ける者の利益が著しく害されるおそれ」について取り上げている。これによれば、当該おそれがあったと認められるか否かについて、裁判所は全面的に審査を行っており（＝裁量権の逸脱濫用の有無という限定的観点か

らは審査を行っておらず)、このことは裁判所が上記判断に裁量を認めていないことを意味する。後掲の本問の出題趣旨においても、裁量権の逸脱濫用は効果に関する記述の中で比較的詳細に言及されているにすぎない（逆にいうと、要件充足性に関する記述の中では言及されていない。）。このような点からも、本問において要件裁量を承認するのは適切ではないといえる。

(4) 効果裁量の有無

本件勧告処分の根拠条文である条例第48条は「指導し、又は勧告することができる」と定めている。これによると、指導を行うのか、それとも勧告を行うのか、選択の余地が認められている。しかも、同条は、いわゆる「できる規定」であるから、当該行為を行うのか否かについても、判断の余地が認められる。さらに、実質的にみても、不適正取引行為に対して果たしてまたどのような対応をすべきかについては、現場の状況を最も適切に把握できる立場にある行政機関の判断に委ねるのが適切であるといえる。これらのことからすると、効果裁量は認められる。

(5) 基本方針の確認

以上のように要件裁量は認められず、他方で効果裁量は認められるということだと、本件勧告の違法性について主張する場合には、第一に要件の部分に着目し、端的に勧告の要件が充足されていなかったこと、第二に効果の部分に着目し、裁量権の逸脱濫用があったことを指摘することが考えられる。以下、それぞれについて解説する。

(6) 要件充足性についての主張

処分要件が充足されていないのに処分がされれば、当該処分は違法である。そこで、処分要件を改めて確認しておきたい。本件における処分要件は二つである。

処分要件その1は、「事業者が第25条の規定に違反した場合」であることである。実際には、25条違反の場合は複数ありうるが、本問では四号しか挙がっていないので、「①消費者を威迫して困惑させる方法で、②消費者に迷惑を覚えさせるような方法で、又は③消費者を心理的に不安な状態若しくは正常

な判断ができない状態に陥らせる方法で、契約の締結を勧誘し、又は契約を締結させること」（便宜上、番号を付した）が 25 条違反といえる。これによれば、①〜③の三つの方法のいずれかにより、勧誘行為が行われれば、処分要件その 1 が満たされたことになる。

処分要件その 2 は「消費者の利益が害されるおそれがある」ことである。

以上を前提にして、処分要件の充足性に関し、当事者双方の考えうる主張を以下に指摘する。

〈被告の主張〉

問題文における勧誘行為の（ア）は条例第 25 条の「消費者を心理的に不安な状態若しくは正常な判断ができない状態に陥らせる方法」に該当する。また、問題文における勧誘行為の（イ）は同条の「消費者に迷惑を覚えさせるような方法」に該当する。そのため、処分要件 1 は満たされる。

また、処分要件 2 については、不適正な取引行為が行われれば、消費者の利益が害されるおそれは当然に認められるし、また、X の従業員は繰り返し不適正な取引行為を行ってきたことから、一層、消費者の利益が害されるおそれが高いといえる。

〈原告の主張〉

まず、処分要件 1 については、問題文（X の意見陳述①）にあるとおり、X の従業員が行った勧誘は不適正な取引行為ではなかったから、処分要件 1 は満たされていない。

また、処分要件 2 については、X の従業員の一部が不適正な取引行為を行っていただけである（X の意見陳述②）。しかも、今後、適正な勧誘行為を行うよう、指導教育した（X の意見陳述③）。したがって、将来にわたって消費者の利益が害されるとまではいえず、処分要件 2 は満たされていない。

（7）裁量権の逸脱濫用に関する主張

上述のとおり、本件では効果裁量が認められる。そのため、原告側からすると、当該効果裁量との関係で裁量権の逸脱濫用があったことを主張する必要がある。仮に本件において裁量権の逸脱濫用を指摘するとすれば、比例原則違反の観点からであろう。そのため、原告側としては、比例原則違反があったことを指摘することが考えられる。

ここで比例原則とは、行政機関が用いる手段は行政目的に照らして均衡のとれたものでなければならないとする原則である。本件の場合、消費者利益を保護するという行政目的に照らして勧告という処分を行ったことが、果たして均衡のとれたものであったといえるかという点が問題になりうる。

　この点、原告の立場からすると、効果裁量に関連して、次のような主張をすることが考えられる。すなわち、仮に処分要件が充足されていたとしても、被侵害利益の重大性や、今後の改善可能性を考慮すると、いきなり法定の処分（勧告）を行うのは行き過ぎで、まずは行政指導を行い、事態の推移を見守るべきである。その後、事態が改善されないようであれば、そのとき初めて処分（勧告）を行うことが許されると考えるべきである。それにもかかわらず、本件では、いきなり本件処分が行われたのだから、本件処分は比例原則に違反しており、社会通念上著しく妥当性を欠く。そのため、裁量権の逸脱濫用が認められ、本件処分は違法である。

（8）本問のまとめ方について

　以上の解説を前提にすると、「裁量権の逸脱濫用について被告からの主張は必要ないのか？」とか、「特に処分要件その1の充足性について、双方から処分要件の充足性に関する主張が行われているが、特段、その根拠は示されていない。それでも、よいのか？」といった疑問をもつかもしれない。ただ、いずれについても、予備試験の特性（与えられている事実がわずかであること、起案の時間が限定されていること）を踏まえると、原告・被告それぞれの立場から指摘できることを指摘すれば十分であると思われる。

3. 出題趣旨について

（1）出題趣旨

　法務省から公表された平成30年度予備試験の行政法の出題趣旨は以下のとおりである（http://www.moj.go.jp/content/001281223.pdf）。

　　設問1は、Y県消費生活条例（以下「条例」という）に基づく勧告と公表
　のそれぞれについて、その処分性（行政事件訴訟法第3条第2項にいう「行政

庁の処分その他公権力の行使に当たる行為」への該当性）の有無の検討を求めるものである。

　まず、最高裁判所昭和 39 年 10 月 29 日判決（民集 18 巻 8 号 1809 頁。大田区ゴミ焼却場事件）などで示された処分性の一般論を正しく説明し、処分性の有無を判定する際の考慮要素を挙げることが求められる。また、最高裁判所平成 20 年 9 月 10 日判決（民集 62 巻 8 号 2029 頁。土地区画整理事業計画事件）などの近時の判例では、実効的な権利救済を図るという観点を考慮する場合もあるが、このような実効的な権利救済について指摘することは加点事由となる。

　その上で、勧告の処分性については、「公表を受け得る地位に立たされる」という法効果が認められるか否か、条例第 49 条に基づく手続保障の存在が処分性を基礎付けるか否か、勧告段階での実効的な救済の必要が認められるか否か、の 3 点について当事者の主張を展開することが求められる。

　同様に、公表の処分性についても、公表のもたらす信用毀損等が法的な効果に当たるか否か、公表に制裁的機能が認められるか否か、公表に対する差止訴訟を認めることが実効的な権利救済の観点から必要か否か、の 3 点について当事者の主張を展開することが求められる。

　設問 2 は、勧告に処分性が認められることを前提にした上で、勧告の違法性について検討を求めるものである。

　まず、条例の文言の抽象性、侵害される権利利益の性質・重大性、専門的判断の必要性の 3 つを踏まえて、行政庁の裁量権が認められるか否かについて、当事者の主張を展開することが求められる。

　次に、X がした勧誘行為が条例第 25 条に掲げる「不適正な取引行為」の類型に当てはまるか否かの検討が必要となる。具体的には、同条第 4 号にいう「威迫して困惑させること」、「迷惑を覚えさせること」、「心理的に不安な状態若しくは正常な判断ができない状態にすること」の 3 つの要件の該当性を検討することが求められる。

　また、条例第 48 条にいう「消費者の利益が害されるおそれ」の要件については、将来において違反行為が繰り返される可能性を踏まえて、その有無を検討することが求められる。

　3 つ目として、仮に要件該当性が認められるとしても、その効果として、

勧告を行うことが比例原則に反するか否か、あるいは裁量権の逸脱・濫用に当たるか否かの検討が求められる。具体的には、前者については、比例原則に関する一般論を展開した上で、Xの違反行為の態様やその後の対応、Xが受ける不利益の程度を考慮に入れて当事者の主張を展開することが求められる。また、後者については、裁量権の逸脱・濫用に関する一般論を展開した上で、Xの違反行為の態様やその後の対応、Xが受ける不利益の程度を考慮に入れて当事者の主張を展開することが求められる。

（2）コメント

　出題趣旨における設問1の説明では、平成20年最判を引用したうえで、「実効的な権利救済」の観点が指摘されている。これは、平成20年最判が「事業計画の適否が争われる場合、実効的な権利救済を図るためには、事業計画の決定がされた段階で、これを対象とした取消訴訟の提起を認めることに合理性があるというべきである」（傍点筆者）と指摘したことを受けている。そこでは、どのタイミングで争わせるのが原告の権利救済の観点から望ましいのかということが意識されている。したがって、本問においても、条例の仕組みを前提にして、時間軸（あるいは手続の流れ）を意識しながら事案を分析する必要があろう。

　次に、設問2の説明は、効果に関連して、比例原則違反の主張と裁量権の逸脱濫用の主張があたかも相互に独立した主張であるかのような印象を与える説明になっている。しかし、既に解説したところから明らかなとおり、裁量権の逸脱濫用の一類型として比例原則違反を指摘することができるので、両者は相互に相容れない別個の主張というわけではない。

4. 参考答案例

第1　設問1
1　抗告訴訟の対象となる「行政庁の処分その他公権力の行使に当たる行為」のうち、「行政庁の処分」とは、公権力の主体たる国または公共団体が行う行為のうち、その行為によって、直接国民の権利義務を形成しまたはその範囲を確定することが法律上認められているものをいう。

この点について、Xは本件勧告及び本件公表のいずれもが行政庁の処分に該当すると主張することが考えられる。

　これに対し、Y県は本件勧告及び本件公表が事実行為に当たるため、抗告訴訟の対象にならないと反論することが考えられる。

2　そこで、Xはまず本件勧告の処分性について、次のとおり主張すべきである。

　第一に、条例第50条によれば、勧告が行われれば、相手方は、勧告に従わない限り、公表されることになるから、勧告によって、新たにそのような法的地位に立たされることになる。そうすると、この点に法効果性を認めることができるので、本件勧告が事実行為であるとはいえない。

　第二に、条例第49条は勧告の事前手続として意見陳述の機会を付与する旨、定めている。一般に意見陳述の機会が付与されるのは不利益処分の場合であることを想起すると（参照、行手法13条1項）、条例第49条に定める事前手続は、勧告を不利益処分と同視するか、あるいは不利益処分に準じる行為として捉えることを前提にして、設けられたものといえる。

　第三に、仮に勧告に処分性が認められず、取消訴訟で争えないとすると、本件の場合、勧告に従わない事実が公表されることで、融資が停止され、Xは経営上、深刻な影響を受け、権利利益の回復が困難になってしまう。そのため、実効的な権利救済の確保という観点から勧告の処分性を肯定すべきである。

3　次に本件公表の処分性について、Xは次のとおり主張すべきである。

　第一に、公表が行われると、当事者の信用等に関する利益が毀損されるところ、そのような利益は法的な保護に値する利益である。そのため、公表は法的利益に影響を及ぼすので、法効果性を肯定することができる。

　第二に、公表が行われると、当事者の信用等が毀損されることから、公表には制裁としての機能が認められる。そのような機能を持った行為は相手方に一方的に不利益を課す不利益処分と同視できるか、不利益処分に準じて扱うことができる。

　第三に、公表はひとたび行われると、それによって信用等が毀損され、権利利益の救済が著しく困難になる。そのため、公表の処分性を認めて、事前に差止め訴訟（行訴法3条7項）を提起できるようにしないと、実効的な権利救済が不可能になってしまう。

4　以上のようにして、Xは、本件勧告と本件公表が抗告訴訟の対象となる「行政庁の処分その他公権力の行使に当たる行為」に該当する旨、主張すべきである。

第2　設問2

1　本件勧告は条例第48条に基づいて行われているところ、当該行為に要件裁量は認められない。この点、要件規定は不確定概念が用いられているものの、勧告は警察規制の性格を有し、司法機関の判断よりも行政機関の判断を尊重すべきものではないから、要件裁量は認められない。他方、条例第48条がいわゆる「できる規定」であることに加えて、不適正取引行為に対して果たしてまたどのような対応をすべきかについては、現場の状況を最も適切に把握できる立場にある行政機関の判断に委ねるのが適切であるから、効果裁量は認められる。そうすると、Xとしては、第一に要件の部分に着目し、端的に勧告の要件が充足されていなかったこと、第二に効果の部分に着目し、裁量権の逸脱濫用があったこと（行訴法30条）を指摘すべきである。以下、順に指摘する。

2　まず、要件充足性についてであるが、本件の場合、処分要件は「事業者が第25条の規定に違反した場合」であること（以下「要件1」とする。）および「消費者の利益が害されるおそれがある」こと（以下「要件2」とする。）である（条例48条）。

　これらの要件について、Y県は、まず問題文における勧誘行為の（ア）が条例第25条の「消費者を心理的に不安な状態若しくは正常な判断ができない状態に陥らせる方法」に該当するとともに、問題文における勧誘行為の（イ）が同条の「消費者に迷惑を覚えさせるような方法」に該当するため、要件1は満たされると主張することになろう。また、Y県は、不適正な取引行為が行われれば、消費者の利益が害されるおそれは当然に認められるし、Xの従業員は繰り返し不適正な取引行為を行ってきたことから、一層、消費者の利益が害されるおそれが高いため、要件2も満たされると主張することになろう。

　これに対し、Xは、まず要件1について、問題文にあるとおり、不適正な取引行為ではなかった旨主張し、さらに要件2について、Xの従業員の一部が不適正な取引行為を行っていただけであるし、今後、適正な勧誘行為を行うよう、指導教育したので、将来にわたって消費者の利益が害されるとまで

はいえないと主張すべきである。

3　次に、Ｘは、効果裁量との関係で裁量権の逸脱濫用があったことを主張すべきである。この点、仮に処分要件が充足されていたとしても、被侵害利益の重大性や、今後の改善可能性を考慮すると、いきなり法定の処分（勧告）を行うのは行き過ぎで、まずは行政指導を行い、事態が改善されるかどうか、見守るべきである。その後、事態が改善されないようであれば、そのとき初めて処分（勧告）を行うことが許されると考えるべきである。それにもかかわらず、本件では、いきなり本件処分が行われたのだから、本件処分は比例原則に違反しており、社会通念上著しく妥当性を欠く。そのため、裁量権の逸脱濫用が認められ、本件処分は違法である。

以上

Ⅲ. 展開編

1. 問題の所在

　本問では、最後の注意書きで、条例の中に罰則等の制裁を科する規定が存在しない旨、指摘されている。果たして、この注意書きの意味は何か。仮に条例の中に罰則等の制裁を科する規定があったとしたら、解答の中身は変わるであろうか。以下、この問題について簡単に触れておきたい。

2. 罰則規定の有無とその法的意味

　罰則等の制裁規定がある場合、人は通常、制裁を受けたいとは思わないから、法が禁止する行為を行わないようになったり、法が求める行為を行うようになったりする。そうすると、罰則等の制裁規定は人の行動を強制する機能を有するといえるから、罰則等の制裁規定によって担保された行為は、処分性が肯定されやすくなる。

　そのため、罰則規定等の制裁規定があるかないかという視点は、処分性の有無を検討する際の一つの有益な視点となる。

3. 本問における意味

　本問において勧告の処分性について検討する場合、仮に条例上、罰則等の制裁規定があるという前提だと、受験者が、そのことだけに着目して解答してしまう恐れがある。条例の仕組みを読み解き、後行行為たる公表の性格まで視野に入れて解答できるかどうかを試したいというのが出題者の意図だとすれば、条例の中で罰則等の制裁規定はないとしておくほうが、受験者の行政法の実力を測るうえで適切といえる。

　また、公表の処分性について検討する場合も同様のことがいえる。すなわち、仮に条例上、罰則等の制裁規定があるという前提だと、受験者が、そのことだけに着目して解答してしまう恐れがある。条例の仕組みを読み解き、一連の行政過程の中で公表が有する意味についてどう考えるのかをみてみたいというのが出題者の意図だとすれば、条例の中で罰則等の制裁規定はないとしておくほうが、受験者の行政法の実力を測るうえで適切といえる。

平成31（令和元）年予備試験問題

屋外広告物条例に基づく広告物等の表示・設置許可をめぐる法的問題

◀ **問 題** ▶

屋外広告物法は，都道府県が条例により「屋外広告物」（常時又は一定の期間継続して屋外で公衆に表示されるものであって，看板，立看板，はり紙及びはり札並びに広告塔，広告板，建物その他の工作物等に掲出され，又は表示されたもの並びにこれらに類するもの）を規制することを認めており，これを受けて，Ａ県は，屋外広告物（以下「広告物」という。）を規制するため，Ａ県屋外広告物条例（以下「条例」という。）を制定している。条例は，一定の地域，区域又は場所について，広告物又は広告物を掲出する物件（以下「広告物等」という。）の表示又は設置が禁止されている禁止地域等としているが，それ以外の条例第6条第1項各号所定の地域，区域又は場所（以下「許可地域等」という。）についても，広告物等の表示又は設置には，同項により，知事の許可を要するものとしている。そして，同項及び第9条の委任を受けて定められたＡ県屋外広告物条例施行規則（以下「規則」という。）第10条第1項及び別表第4は，各広告物等に共通する許可基準を定め，規則第10条第2項及び別表第5二は，建築物等から独立した広告物等の許可基準を定めている。

広告事業者であるＢは，Ａ県内の土地を賃借し，依頼主の広告を表示するため，建築物等から独立した広告物等である広告用電光掲示板（大型ディスプレイを使い，店舗や商品のコマーシャル映像を放映するもの。以下「本件広告物」という。）の設置を計画した。そして，当該土地が都市計画区域内であり，条例第6条第1項第1号所定の許可地域等に含まれているため，Ｂは，Ａ県知事に対し，同項による許可の申請（以下「本件申請」という。）をした。

本件広告物の設置が申請された地点（以下「本件申請地点」という。）の付近には鉄道の線路があり，その一部区間の線路と本件申請地点との距離は100メートル未満である。もっとも，当該区間の線路は地下にあるため，設置予定の本件広告物を電車内から見通すことはできない。また，本件申請地点は商業地域ではなく，本件広告物は「自己の事務所等に自己の名称等を表示する広告物等」には該当しない。これらのことから，Ａ県の担当課は，本件申請について，規則別表第5二（ハ）の基準（以下「基準1」という。）に適合しない旨

の判断をした。他方，規則別表第4及び第5のその他の基準については適合するとの判断がされたことから，担当課は，Bに対し，本件広告物の設置場所の変更を指導したものの，Bは，これに納得せず，設置場所の変更には応じていない。

　一方，本件申請がされたことは，本件申請地点の隣地に居住するCの知るところとなった。そして，Cは，本件広告物について，派手な色彩や動きの速い動画が表示されることにより，落ちついた住宅地である周辺の景観を害し，また，明るすぎる映像が深夜まで表示されることにより，本件広告物に面した寝室を用いるCの安眠を害するおそれがあり，規則別表第4二の基準（以下「基準2」という。）に適合しないとして，これを許可しないよう，A県の担当課に強く申し入れている。

　以上を前提として，以下の設問に答えなさい。

　なお，条例及び規則の抜粋を【資料】として掲げるので，適宜参照しなさい。

〔設問1〕

　A県知事が本件申請に対して許可処分（以下「本件許可処分」という。）をした場合，Cは，これが基準2に適合しないとして，本件許可処分の取消訴訟（以下「本件取消訴訟1」という。）の提起を予定している。Cは，本件取消訴訟1における自己の原告適格について，どのような主張をすべきか。想定されるA県の反論を踏まえながら，検討しなさい。

〔設問2〕

　A県知事が本件広告物の基準1への違反を理由として本件申請に対して不許可処分（以下「本件不許可処分」という。）をした場合，Bは，本件不許可処分の取消訴訟（以下「本件取消訴訟2」という。）の提起を予定している。Bは，本件取消訴訟2において，本件不許可処分の違法事由として，基準1が条例に反して無効である旨を主張したい。この点につき，Bがすべき主張を検討しなさい。

【資料】
○　A県屋外広告物条例（抜粋）
（目的）
第1条　この条例は，屋外広告物法に基づき，屋外広告物（以下「広告物」と

いう。）及び屋外広告業について必要な規制を行い，もって良好な景観を形成し，及び風致を維持し，並びに公衆に対する危害を防止することを目的とする。

（広告物の在り方）

第2条　広告物又は広告物を掲出する物件（以下「広告物等」という。）は，良好な景観の形成を阻害し，及び風致を害し，並びに公衆に対し危害を及ぼすおそれのないものでなければならない。

（許可地域等）

第6条　次の各号に掲げる地域，区域又は場所（禁止地域等を除く。以下「許可地域等」という。）において，広告物等を表示し，又は設置しようとする者は，規則で定めるところにより，知事の許可を受けなければならない。

　一　都市計画区域

　二　道路及び鉄道等に接続し，かつ，当該道路及び鉄道等から展望できる地域のうち，知事が交通の安全を妨げるおそれがあり，又は自然の景観を害するおそれがあると認めて指定する区域（第1号の区域を除く。）

　三，四　略

　五　前各号に掲げるもののほか，知事が良好な景観を形成し，若しくは風致を維持し，又は公衆に対する危害を防止するため必要と認めて指定する地域又は場所

2　略

（許可の基準）

第9条　第6条第1項の規定による許可の基準は，規則で定める。

○　A県屋外広告物条例施行規則（抜粋）

（趣旨）

第1条　この規則は，A県屋外広告物条例（以下「条例」という。）に基づき，条例の施行に関し必要な事項を定めるものとする。

（許可の基準）

第10条　条例第6条第1項の規定による許可の基準のうち，各広告物等に共通する基準は，別表第4のとおりとする。

2　前項に規定するもののほか，条例第6条第1項の規定による許可の基準は別表第5のとおりとする。

別表第4（第10条第1項関係）

　一　地色に黒色又は原色（赤，青及び黄の色をいう。）を使用したことにより，良好な景観の形成を阻害し，若しくは風致を害し，又は交通の安全を妨げるものでないこと。

　二　蛍光塗料，発光塗料又は反射の著しい材料等を使用したこと等により，良好な景観の形成を阻害し，若しくは風致を害し，又は交通の安全を妨げるものでないこと。

別表第5（第10条第2項関係）

　一　略

　二　建築物等から独立した広告物等

　　（イ）　一表示面積は，30平方メートル以下であること。

　　（ロ）　上端の高さは，15メートル以下であること。

　　（ハ）　自己の事務所等に自己の名称等を表示する広告物等以外の広告物等について，鉄道等までの距離は，100メートル（商業地域にあっては，20メートル）以上であること。

　三～九　略

Ⅰ. 基礎編

▶基礎的事項のチェック

1. 処分の取消訴訟とは、どのような訴訟か。
2. 処分の取消訴訟の原告適格は誰に認められるか。
3. 処分の取消訴訟の原告適格は、どのようにして、その有無を判断するのか。
4. 条例とは何か。
5. 規則とは何か。
6. 条例と規則は、どのような関係にあるか。

1. 設問1に関する基礎的事項

　本問で提起が予定されている本件取消訴訟1は処分の取消しを求める訴訟で

あって、行訴法3条2項の**取消訴訟**である。取消訴訟を通じて本件許可処分が取り消されれば、過去に遡って最初から本件許可処分は無かったことになるから、Bは本件広告物を設置することができなくなる。これによってCの不満は解消されることになろう。

　もっとも、本問では、そもそもCが本件許可処分の取消しを求める**原告適格**を有しているのかが問題となる（行訴法9条1項および2項）。そこで、取消訴訟の原告適格に関する基礎的事項を確認する必要があるが、これについては、平成25年度および平成29年度の基礎編にて既に解説済みであるから、必要に応じて、当該箇所を参照してもらいたい。

2. 設問2に関する基礎的事項

（1）はじめに

　設問2では、規則で定められた「基準1が条例に反して無効である」旨を指摘するために必要な主張が求められている。そのような主張を展開するためには、まずもって**条例と規則**について基本的な理解が必要であるし、さらに両者の関係についても基本的な理解が必要である。

　条例と規則は、いずれも地方公共団体の自主法である。このうち条例は多くの者にとって比較的馴染みのある法規範であろうが、後者は必ずしもそうではないであろう。行政法の学修者の中には「規則」の名称が付されたルールと講学上の**行政規則**を混同しているケースも見られることから、まずは、条例と規則の概念について確認しておきたい。そのうえで、両者の関係について確認することにする。

（2）条　例

　条例は、地方公共団体の議会が制定する法規範である。制定主体が地方議会であることが重要である。

　また、条例は国の法令に違反してはならず、国の法令の範囲内においてのみ定めることができる（憲法94条、地自法14条1項）。

（3）規　則

「規則」と名付けられている規範には、国の機関が定める規則（人事院規則等）と地方公共団体の機関が定める規則がある。このうち、地方公共団体の機関が定める規則の中には**執行機関**が定める規則がある。都道府県知事・市町村長といった首長は執行機関であるが、そのほかに、教育委員会や人事委員会等の委員会・委員も執行機関である。そのため、首長が定める規則のほかに、首長以外の執行機関が定める規則がある（以下では、「規則」といった場合、首長によって定められる規則を前提とする）。

「規則」は、講学上の行政規則と同じものとして捉えられがちであるが、そのような理解は適切ではない。一般に、首長は、法令や条例の委任がなくても、法規の性格をもった規則を定めることができると解されているからである。このような規則の法規性に関する理解は、首長が直接、選挙によって選ばれることになっていることから（憲法93条）、正当化される。

（4）条例と規則の関係

規則は条例の委任によって定められることが多く、この場合、規則は条例による委任の範囲を超えてはならない（このような場合、条例と規則の関係は法律と政令の関係と同様に、あたかも上位法と下位法の関係として捉えられることになる。）。規則が条例による委任の範囲を超えているかどうかの判断は、条例の趣旨目的、規則の内容等を考慮して、事案ごとに判断しなければならない。

Ⅱ. 応用編

1. 設問1の検討の指針

（1）はじめに

設問1では取消訴訟における原告適格が問題とされている。行訴法9条1項によれば、取消訴訟の原告適格は「法律上の利益を有する者」に認められる。この「法律上の利益を有する者」とは、どのような者をさすのか、また「法律上の利益を有する者」に該当するか否かは、どのように判定するのか、問題となる。

この問題につき、処分の名宛人が「法律上の利益を有する者」に該当することは異論がない。問題となるのは、本件のCのように処分の名宛人以外の第三者が原告となる場合である。

（2）基本的な判断枠組み

上記の問題について、最高裁は基本的な判断枠組みを確立しているので、起案をする際にも、これを意識する必要がある。以下、最高裁の確立した判断枠組みを確認する。

> 　行政事件訴訟法9条は、取消訴訟の原告適格について規定するが、同条第1項にいう当該処分の取消しを求めるにつき「法律上の利益を有する者」とは、当該処分により自己の権利若しくは法律上保護された利益を侵害され、又は必然的に侵害されるおそれのある者をいうのであり、当該処分を定めた行政法規が、不特定多数者の具体的利益を専ら一般的公益の中に吸収解消させるにとどめず、それが帰属する個々人の個別的利益としてもこれを保護すべきものとする趣旨を含むと解される場合には、このような利益もここにいう法律上保護された利益に当たり、当該処分によりこれを侵害され又は必然的に侵害されるおそれのある者は、当該処分の取消訴訟における原告適格を有するものというべきである。そして、処分の相手方以外の者について上記の法律上保護された利益の有無を判断するに当たっては、当該処分の根拠となる法令の規定の文言のみによることなく、当該法令の趣旨及び目的並びに当該処分において考慮されるべき利益の内容及び性質を考慮し、この場合において、当該法令の趣旨及び目的を考慮するに当たっては、当該法令と目的を共通にする関係法令があるときはその趣旨及び目的をも参酌し、当該利益の内容及び性質を考慮するに当たっては、当該処分がその根拠となる法令に違反してされた場合に害されることとなる利益の内容及び性質並びにこれが害される態様及び程度をも勘案すべきものである（同条2項……）。

（3）本件における処分の根拠法規と関係法令

上記の枠組みにしたがい本件を具体的に検討していくにあたって、まずは本

件条例と本件規則がそれぞれ行訴法9条2項でいうところの「処分の根拠となる法令」に該当するのか、それとも「目的を共通にする関係法令」に該当するのか、確認しておきたい。

　この点、条例は許可処分について定めた条項（条例6条1項）を有しているから、「処分の根拠となる法令」であることは明らかである。問題になるのは、規則の位置づけである。規則は条例とは別の法規範であるものの、許可基準について定めており、本件条例に関係している法規範といえるので、行訴法9条2項でいうところの「目的を共通にする関係法令」であるといえそうである。しかし、規則で定められている許可基準はもともと条例で定められるべきものであり、それが条例の制定主体（議会）によって首長に委任されたに過ぎない。そうすると、規則は条例と一体となって「処分の根拠となる法令」を構成する規範であるといえる。したがって、本問において規則を「関係法令」として位置づけ、検討するのは適切ではない。

(4) 検討の基本方針

　本件では、Cが景観に関する利益および安眠に関する利益を主張しており、これを前提にして、Cが自己の原告適格について、どのように主張すべきかが問われている。そこで、判例上確立された上記の判断枠組みを踏まえて、まずはCの立場から原告適格を肯定する主張を展開するとすれば、どのような主張になるのか、検討する必要がある。もっとも、設問文では、A県の反論を踏まえることも指示されているので、Cの主張→A県の反論→Cの再反論という順序で起案をすることが考えられる。

　なお、Cは景観に関する利益と安眠に関する利益という二つの異なる利益を問題にしているので、以下でも、この二つをわけて検討することにする。

2. 景観に関する利益

(1) Cの主張

　上記の判例上確立された判断枠組みにしたがうと、まずは処分の根拠法令の文言のほかに、当該法令の趣旨・目的を考慮しなければならない。そこで、そのような観点から条例及び規則の内容を確認すると、以下の指摘が可能である。

条例は「良好な景観を形成し、及び風致を維持」することを目的として制定され（条例1条）、広告物等が「良好な景観の形成を阻害し、及び風致を害……すおそれのないものでなければならない」としたうえで（本件条例2条）、「知事が……自然の景観を害するおそれがあると認めて指定する区域」（条例6条1項2号）や、「知事が良好な景観を形成し、若しくは風致を維持……するため必要と認めて指定する地域又は場所」（条例6条1項4号）で広告物等を表示し、又は設置しようとする者に知事の許可を受けるよう、求めている。さらにその許可基準について定めた規則は「良好な景観の形成を阻害し、若しくは風致を害」するものでないこと（規則10条1項、別表第4の1号、2号）を許可要件としている。条例及び規則のこれらの規定は、広告物等が表示され、又は設置されると、これにより当該広告物等の周辺地域の良好な景観が害され、若しくは風致が害されるおそれがあるために、これを防止する目的で設けられたものと解される。

　また、規則は、広告物等の地色について具体的な色を示したうで規律するとともに、材料等についても具体的な種類を示して規制している（規則別表第4の1号、2号）。さらに、規則は具体的な数値を示したうえで、広告物等の表示面積や高さのほか、距離制限まで行っている（規則別表第5の1号イ〜ハ）。このように規則は広告物等の表示・設置基準について詳細な定めを置いて規律している。

　さらに、広告物等の表示又は設置は、その表示形態や設置場所によって景観・風致に関する利益を害するおそれがあり、その被害の程度は、当該利益の享受者と当該広告物等との近接の度合いや、当該広告物等が視界に入ってくる時間的長さ（日常性）により著しい被害となる可能性もある。

　そうすると、条例及び規則は、広告物等の表示・設置に伴い、景観・風致に関する利益が著しく侵害される恐れがあると位置的に認められる区域に居住する者に対し、広告物等の表示・設置に関する違法な許可に起因して良好な景観の形成及び風致の維持に係る著しい被害を受けないという個別的利益を保護したものとして解することができる。

　これを本件についてみるに、Cは本件申請地点の隣地に居住しており、広告物等の表示・設置に伴い、景観・風致に関する利益が著しく侵害される恐れがあると位置的に認められる区域に居住する者である。そのため、Cは本件許可

処分の取消しを求める法律上の利益を有するといえ、Cは本件許可処分の取消
訴訟における原告適格を有するといえる。

(2) A県の反論

　以上のようなCの主張に対し、A県は、景観や風致は抽象的であり、どこ
までも広がりをもつことになるため、条例及び規則の規定からは個々人の個別
的利益として保護すべきものとする趣旨を読み取ることはできないと反論する
ことが考えられる。

(3) Cの再反論

　このようなA県の反論に対して、Cは、次のように再反論することが考え
られる。
　条例は広告物の表示又は設置の許可に関し、許可基準を規則で定めることと
しており（条例9条）、これを受けて、規則は許可地域等における広告物等の表
示・設置者は広告物等が鉄道等までの距離にして100メートル以上でないと
許可されない旨、定めている（規則別表第5第2号ハ）。そうすると、条例及び規
則は、少なくとも鉄道等から100メートル未満の距離の中で居住する者に対
し、広告物等の表示・設置に関する違法な許可に起因して良好な景観の形成及
び風致の維持に係る著しい被害を受けないという具体的利益を保護したものと
して解することができる。
　これを本件についてみるに、Cは本件申請地点の隣地に居住しており、その
本件申請地点は鉄道までの距離が100メートル未満である。そのため、Cは
本件許可処分の取消しを求める法律上の利益を有するといえ、Cは本件許可処
分の取消訴訟における原告適格を有するといえる。

3. 安眠に関する利益

(1) Cの主張

　安眠に関する利益を引き合いに出してCが自己の原告適格を肯定しようと
する場合も、やはりまずは処分の根拠法令の文言とともに、当該法令の趣旨・
目的を検討しなければならない。そこで、条例及び規則の内容を確認すると、

以下の指摘が可能である。

　まず条例は「公衆に対する危害を防止すること」を目的としており（条例1条）、この目的を達成するために、広告物等が「公衆に対し危害を及ぼすおそれのないものでなければならない」と定めるとともに（条例2条）、「知事が……公衆に対する危害を防止するため必要と認めて指定する地域又は場所」（6条1項4号）で広告物等を表示し、又は設置しようとする者は知事の許可を得なければならないと定めている。これらの規定からすると、本件条例は、広告物等が表示され、又は設置されることにより公衆への危害（付近住民の健康被害を含む。）が発生することがありうるので、これを防止するために設けられたものと解される。

　また、規則は、広告物等の地色について具体的な色を示したうで規律するとともに、材料等についても具体的な種類を示して規制している（規則別表第4の1号、2号）。さらに、規則は具体的な数値を示したうえで、広告物等の表示面積や高さのほか、距離制限まで行っている（規則別表第5の1号イ～ハ）。このように規則は広告物等の表示・設置基準について詳細な定めを置いて規律している。

　さらに、広告物等の表示又は設置は、その表示形態や設置場所によっては付近住民の安眠を妨害し、これによって当該住民の健康や生命に危害が及ぼされうる。そして、その被害の程度は、当該利益の享受者と当該広告物等との近接の度合いや、当該広告物等が視界に入ってくる時間的長さ（日常性）により著しい被害となる可能性もある。

　以上のような条例の規定の趣旨・目的並びに同条例の規定が許可制度を通して保護しようとしている利益の内容及び性質等を考慮すれば、条例は、公衆への危害の防止を図るなどの公益的見地から広告物等の表示・設置を規制するとともに、広告物等の表示・設置に起因する安眠妨害等によって健康に係る著しい被害を直接的に受けるおそれのある個々の住民に対して、そのような被害を受けないという利益を個々人の個別的利益としても保護すべきものとする趣旨を含むと解することができる。

　したがって、広告物等の周辺に居住する住民のうち、広告物等の表示・設置に起因する安眠妨害等によって健康に係る著しい被害を直接的に受けるおそれのある者は、知事の許可の取消しを求めるにつき法律上の利益を有し、原告適

格を有するといえる。

これを本件についてみるに、Cは本件申請地点の隣地に居住しており、明るすぎる映像が深夜まで表示されれば、安眠が妨害され、健康に係る著しい被害を直接的に受けるおそれがあるといえるから、Cは本件許可処分の取消しを求める法律上の利益を有し、本件不許可処分の取消訴訟における原告適格を有するということができる。

（2）A県の反論

以上のようなCの主張に対し、A県は、条例で定められた「公衆に対する危害」が極めて抽象的であって、当該危害の具体的内容は「交通の安全を妨げる」ことであると理解できるので（条例6条1項2号、規則別表第4の1号、2号）、そもそも安眠妨害を含む健康被害は「公衆に対する危害」には含まれず、条例及び規則は安眠に関する利益を保護する趣旨ではないと反論することが考えられる。

また、仮に条例及び規則によって安眠に関する利益が保護されるとしても、その対象が「公衆」であるとすると、安眠に関する利益が個々人の個別的利益として保護されるべきものと解するのは困難であると反論することも考えられる。

（3）Cの再反論

これに対し、Cは、安眠妨害が健康被害を生ぜしめるから、生命・身体に関する利益が問題になるのであって、そのような高次の価値である生命身体に関する利益が個別的に法的に保護されていないとは考えられない旨、再反論することが考えられる。

4. 設問2について

（1）はじめに

設問2では本件不許可処分の違法事由が問題になっているが、設問文の中で条例と規則の関係に着目して違法事由を指摘すべきことが求められているので、考えうるすべての違法事由を検討する必要はない。設問2では条例と規則の関

係に焦点をあてて、起案すれば十分である。

（2）条例と規則の関係

　本件の規則は、条例による委任があって定められている（条例9条、規則1条）。このような場合、規則は条例の趣旨に反してはならない。仮に規則の内容が条例の趣旨に反して定められたとすれば、当該規則は違法であり、無効である。そこで、条例の趣旨が問題となる。

（3）条例の趣旨

　条例は、良好な景観を形成し、風致を維持することとともに、公衆に対する危害を防止することも目的とし（条例1条）、この目的を達成するため、鉄道等に接続し、かつ、鉄道等から展望できる地域のうち、知事が交通の安全を妨げるおそれがある地域と認めて指定する区域を許可地域等とし（条例6条1項2号）、当該地域では、知事の許可を受けなければ、広告物等の表示又は設置ができないとしている。このような条例の仕組みは、広告物等が表示形態や設置場所によっては交通の安全の妨げになるおそれがあることを踏まえて、そのようなおそれが現実にならないようにするために設けられたと解することができる。

（4）規則の内容

　それでは、条例の委任を受けて定められた規則は、このような条例の趣旨に即した内容になっているであろうか。

　この点、規則は、交通の安全を妨げないようにするために、広告物等の地色や、材料等を規制するとともに（規則別表第4の1号、2号）、広告物等が鉄道から100メートル以上離れていなければならない旨、定めている。このうち、鉄道からの距離制限について定めた規定は鉄道から広告物等が見通せるかどうかを問題にすることなく、鉄道から100メートル以上の距離をとらなければならないとしている。鉄道が地下にあり、鉄道から広告物等が見通せないのであれば、広告物等が交通の安全に支障をもたらすことはないはずである。それにもかかわらず、そのような場合も含めて一律に距離制限による規制に服さしめている規則は、上記の条例の趣旨に違反し、無効といえる。

5. 出題趣旨について

（1）出題趣旨

　法務省から公表された令和元年度予備試験の行政法の出題趣旨は以下のとおりである（https://www.moj.go.jp/content/001309069.pdf）。

（出題の趣旨）

　設問1においては、A県屋外広告物条例（以下「条例」という。）に基づく広告物設置等の許可処分（以下「本件許可処分」という。）について、それにより景観や生活・健康が害されることを主張する隣地居住者の原告適格を、当該原告の立場から検討することが求められる。

　まず、行政事件訴訟法第9条第1項所定の「法律上の利益を有する者」に関する最高裁判例で示されてきた判断基準について、第三者の原告適格の判断に即して、正しく説明されなければならない。

　その上で、原告が主張する景観と生活・健康（安眠）に関する利益について、それぞれ、本件許可処分の根拠法規である条例やA県屋外広告物条例施行規則（以下「規則」という。）によって保護されているものであることが、許可の要件や目的などに即して、具体的に説明されなければならない。

　さらに、これらの利益について、それらが一般的な公益に解消しきれない個別的利益といえることが、その利益の内容や範囲等の具体的な検討を通じて、説明されなければならない。

　設問2においては、許可地域等において広告物等と鉄道等との距離を要件とする規則所定の許可基準について、条例がこれを委任した趣旨に適合し委任の範囲内にあるかを、その無効を主張する原告の立場から検討することが求められる。

　まず、この規則が定める許可基準が条例の委任に基づいて定められた委任命令であり、条例の委任の趣旨に反すれば無効となることが明確にされなければならない。

　つぎに、条例の委任の趣旨、言い換えれば条例が許可制度を設けた趣旨について、目的規定、許可地域等の定め方など、条例の規定に照らして、具体的に検討されなければならない。

　最後に、こうした目的に照らして、鉄道から広告物等が見通せるか否か

（2）コメント

　設問1では、原告適格との関係で、景観に関する利益と安眠に関する利益が
問題にされているが、一般にはこれらの利益に関連して原告適格を肯定するの
は難しいといえよう。それにもかかわらず、上記出題趣旨では、この二つの利
益を対象にして、「それぞれ、本件許可処分の根拠法規である条例やA県屋外
広告物条例施行規則（以下「規則」という。）によって保護されているものである
ことが、許可の要件や目的などに即して、具体的に説明されなければならな
い」と指摘され、さらに「これらの利益について、それらが一般的な公益に解
消しきれない個別的利益といえることが、その利益の内容や範囲等の具体的な
検討を通じて、説明されなければならない。」とされている。つまり、設問1
で問題とされている景観の利益及び安眠の利益は、いずれも法的に保護された
個別的利益であるといえることが前提とされている。そうすると、設問1では、
一般には原告適格を肯定することが困難であると考えられるにもかかわらず、
原告適格を肯定していかなければならないということになるから、多少なりと
も原告適格を肯定するのに有意義であると考えられる指摘があるのであれば、
それを指摘していくという姿勢が解答をする上では必要になるであろう。

　設問2の出題趣旨では、「規則が無効であるとの結論が導かれるべき」とあ
るが、実際の本案上の主張としては、規則が無効であることを指摘しさえすれ
ば、Bの主張になるわけではない。規則が無効であることを指摘したうえで、
そのような無効の規則に基づいて処分が行われたので、当該処分は違法になる
という点まで指摘しないと、Bの本案上の主張としては完結しない。ただし、
設問2では、「〔規則である基準1が〕無効である旨を主張したい。この点につ
き、Bがすべき主張を検討しなさい。」と記載されているので、答案としては、
規則が無効であることの主張までされていれば、それで十分である。

6. 参考答案例

第1　設問1

1　取消訴訟の原告適格は「法律上の利益を有する者」に認められる（行訴法
9条1項）。この「法律上の利益を有する者」とは、当該処分により自己の権
利若しくは法律上保護された利益を侵害され、又は必然的に侵害されるおそ
れのある者をいうのであり、当該処分を定めた行政法規が、不特定多数者の
具体的利益を専ら一般的公益の中に吸収解消させるにとどめず、それが帰属
する個々人の個別的利益としてもこれを保護すべきものとする趣旨を含むと
解される場合には、このような利益も法律上保護された利益に当たる。そし
て、本件のCのように処分の相手方以外の者について原告適格の有無を判断
する場合には、行訴法9条2項の考慮事項を考慮すべきである。以下、これ
を踏まえてCの原告適格に関する主張を検討する。

2　まず、Cは、次のように主張することが考えられる。

　条例は良好な景観の形成や、公衆に対する危害の防止を目的とし（1条）、
広告物等の許可制度を定め（条例2条、6条1項2号、条例6条1項4号）、
その許可要件として規則は良好な景観の形成を阻害するものでないこと（規
則10条1項、別表第4の1号、2号）を定めている。また、規則は、広告
物等の表示・設置基準について詳細な定めを置いている（規則別表第4の1
号、2号、規則別表第5の1号イ〜ハ）。

　さらに、広告物等の表示や設置は、表示形態や設置場所によって景観利益
を害するおそれがあるとともに、付近住民の安眠を妨害するおそれもある。
こういった利益に関する被害の程度は、当該利益の享受者と当該広告物等と
の近接の度合いや、当該広告物等により被害を受ける時間（日常性）により
著しい被害になることもありうる。

　そうすると、条例及び規則は、広告物等の表示・設置に伴い、景観に関す
る利益や安眠に関する利益が著しく侵害される恐れがあると位置的に認めら
れる区域に居住する者に対し、広告物等の表示・設置に関する違法な許可に
起因して景観及び安眠に係る著しい被害を受けないという個別的利益を保護
したものといえる。

　本件において、Cは本件申請地点の隣地に居住しており、広告物等の表示・
設置に伴い、景観や安眠に関する利益が侵害される恐れがあると位置的に認

められる区域に居住する者であるから、本件許可処分の取消しを求める原告適格を有する。

3　以上のCの主張に対し、A県は、景観は抽象的であり、どこまでも広がりをもつことになるため、条例及び規則からは個々人の個別的利益として保護すべきものとする趣旨を読み取ることはできないと反論することが考えられる。

　また、安眠に関する利益については、条例で定めらえれた「公衆に対する危害」が極めて抽象的であって、当該危害の具体的内容は「交通の安全を妨げる」ことであると理解できるので（条例6条1項2号、規則別表第4の1号、2号）、条例及び規則は安眠に関する利益を保護する趣旨ではないと反論することが考えられる。さらに、仮に安眠の利益の享受者が「公衆」であるとすると、当該利益は個々人の個別的利益としては保護されていないと反論することも考えられる。

4　これに対し、Cは、次のように再反論することが考えられる。すなわち、条例第9条及び規則別表第5第2号ハは、少なくとも鉄道等から100メートル未満の距離の中で居住する者に対し、広告物等の表示・設置に関する違法な許可に起因して良好な景観の形成に係る著しい被害を受けないという具体的利益を保護したものである。本件では、Cは本件申請地点の隣地に居住しており、その本件申請地点は鉄道までの距離が100メートル未満であるから、Cは原告適格を有する。

　また、安眠に関する利益については、安眠妨害が健康被害を生ぜしめるから、生命・身体に関する利益が問題になるのであって、そのような高次の価値を持った利益が個別的に法的に保護されていないとは考えられい。そのため、Cは原告適格を有する。

第2　設問2

1　本件の規則は、条例による委任があって、定められている（条例9条、規則1条）。このような条例による委任に基づいて定められた規則は、条例の趣旨に反してはならない。仮に規則の内容が条例の趣旨に反して定められていたとすれば、当該規則は違法であり、無効である。そこで、条例の趣旨が問題となる。

2　条例は、良好な景観を形成し、風致を維持することとともに、公衆に対する危害を防止ことも目的とし（条例1条）、この目的を達成するため、鉄道等

に接続し、かつ、鉄道等から展望できる地域のうち、知事が交通の安全を妨げるおそれがある地域と認めて指定する区域を許可地域等とし（条例6条1項2号）、当該地域では、知事の許可を受けなければ、広告物等の表示又は設置ができないとしている。このような条例の仕組みは、広告物等が表示形態や設置場所によっては交通の安全の妨げになるおそれがあることを踏まえて、そのようなおそれが現実にならないようにするために設けられたと解することができる。

3　それでは、条例の委任を受けて定められた規則は、このような条例の趣旨に即した内容になっているであろうか。

　この点、規則は、交通の安全を妨げないようにするために、広告物等の地色や、材料等を規制するとともに（規則別表第4の1号、2号）、広告物等が鉄道から100メートル以上離れていないといけない旨、定めている。このうち、鉄道からの距離制限について定めた規定は鉄道から広告物等が見通せるかどうかを問題にすることなく、鉄道から100メートル以上の距離をとらなければならないとしている。鉄道が地下にあり、鉄道から広告物等が見通せないのであれば、広告物等が交通の安全に支障をもたらすことはないはずである。それにもかかわらず、そのような場合も含めて一律に距離制限による規制に服さしめている規則は、上記の条例の趣旨に違反し、無効である。

以上

Ⅲ. 展開編

1. 規則について

　本問では、条例と規則の関係が問われているが、そこで前提とされているのは、条例の委任がある場合、規則は条例に反してはならないという見方である。

　それでは、条例の委任がない場合、条例と規則の関係はどうなるのか。規則には長が定める規則と長以外の執行機関（教育委員会等）が定める規則があるので、場合をわけて整理しておく。

2. 長が定める規則と条例の関係

　長は住民による直接選挙を経て選出されているために、条例による委任がなくても、法規としての性格をもつ規則を定めることができる。この点では、条例と規則の関係は、一方が他方に反してはならないという関係にあるわけではなく、いわば対等の関係にあるといえる。このような基本的な理解を踏まえたうえで、以下、条例と規則の規律事項に着目して両者の関係を整理しておく。

　まず、条例は一定の事項を専管事項とし、規則も一定の事項を専管事項としている（たとえば地自法152条3項など）。したがって、それらの専管事項については、それぞれが規律することが予定されているから、その限りにおいて、両者の抵触問題は生じない。

　次に、条例と規則の専管事項以外の事項（これを共管事項ということがある。）については、条例によっても、また規則によっても、規律することができるので、両者の抵触問題が生じる余地がある。この点については、一般に条例が規則に優位すると解されている。その理由は、地方自治法が規則よりも条例をより基本的な自治法規として捉えていると解されていることにある。この場合、規則は条例に抵触してはならない。

　以上からすると、長の定める規則が条例に反してはならない場合というのは、①条例による委任がある場合および②共管事項について条例が定められている場合ということになる。

3. 長以外の執行機関が定める規則と条例の関係

　地方自治法は長以外の執行機関が規則を制定できる旨、定めている。ただし、実際にそれらの執行機関が規則を定めるためには、特別に法律の根拠が必要である（地自法138条の4第2項）。たとえば、教育委員会は執行機関であり、規則制定権を有しているが、その法律上の根拠は「地方教育行政の組織及び運営に関する法律」第15条である（同条によれば、「教育委員会は、法令又は条例に違反しない限りにおいて、その権限に属する事務に関し、教育委員会規則を制定することができる。」と定められている。）。

　このようにして長以外の執行機関が定める規則は、「法令又は普通地方公共

団体の条例若しくは規則〔長の規則：土田注〕に違反しない限りにおいて」定められることになっている（地自法138条の4第2項）。したがって、長以外の執行機関が定める規則は、常に条例に反してはならないということになる。

令和２年予備試験問題

開発協定をめぐる法的問題

　Ａ市では，Ａ市開発事業の手続及び基準に関する条例（以下「条例」という。）が定められている。条例においては，都市計画法（以下「法」という。）第29条第１項に基づく開発許可が必要な開発事業を行おうとする事業者は，開発許可の申請に先立って市長と事前協議をしなければならず，また，開発事業の内容等について，周辺住民に対して説明会を開催するなどの措置を講じることとされている。なお，Ａ市長は，地方自治法上の中核市の長として，法第29条の開発許可に関し都道府県知事と同じ権限を有している。また，これらの条例の規定は，法の委任に基づくものではないが，その内容に違法なところはない。

　Ｂは，Ａ市において，平成15年から産業廃棄物処理施設（以下「第１処分場」という。）を営んでいる。平成25年になって，Ｂは，第１処分場の隣接地に新たな産業廃棄物処理施設（以下「第２処分場」という。）を設置することを計画した。第２処分場を設置するための土地の区画形質の変更（土地の区画変更，切土・盛土など）は，条例第２条第１項第１号の開発事業に該当するため，Ｂは，Ａ市長に対し，条例第４条に基づく事前協議を申し入れた。この第２処分場の設置に対しては，生活環境の悪化を危惧する周辺住民が強い反対運動を行っていたことから，Ａ市長は，Ｂに対し，条例に定められた説明会を開催した上で，周辺住民の同意を得るように指導した。Ｂはこれに従って，周辺住民に対し，説明会の開催を提案したが，周辺住民は説明会をボイコットし，同意も一切しなかった。

　Ｂは，第２処分場の設置に係る開発事業は，法の規定に照らして適法であり，たとえ周辺住民の同意がなくても，Ａ市長が開発許可を拒否することはできないと考え，Ａ市長に対し，事前協議を開始するよう改めて申し入れた。そこで，Ａ市長は，条例による手続を進め，Ｂに対して開発許可を与えることにした。その一方で，Ａ市は，周辺住民の強力な反対を考慮し，Ｂとの間で開発協定を締結し，その協定においては，「Ｂが行う廃棄物処理事業に係る開発事業については，今回の開発区域内の土地及び規模に限るものとし，今後一

切の例外は認めない。」という条項（以下「本件条項」という。）が定められた。
Bは，本件条項を含む開発協定の締結には当初難色を示したが，周辺住民との
関係を改善することも必要であると考え，協定の締結に同意した。なお，この
開発協定は，法や条例に根拠を有するものではなく，また，法第33条第1項
及び条例の定める基準には，本件条項に関係するものは存在しない。

　令和2年になり，第2処分場がその容量の限界に達したため，Bは更に新
たな産業廃棄物処理施設（以下「第3処分場」という。）を設置することを計画
した。第3処分場を設置するための土地の区画形質の変更も条例第2条第1
項第1号の開発事業に該当するため，Bは，同年6月，A市長に対し，条例
第4条に基づく事前協議を申し入れた。A市長は，同年7月，Bに対し，「本
件条項により，第3処分場の設置に係る開発事業についての協議を受けること
はできない。」という内容の通知（以下「本件通知」という。）をした。

　Bは，本件条項の法的拘束力に疑問を抱いており，また，本件条項を前提と
したA市長の対応に不満であることから，本件通知の取消訴訟を提起するこ
とを考えている。

　以上を前提として，以下の設問に答えなさい。

　なお，法及び条例の抜粋を【資料】として掲げるので，適宜参照しなさい。

〔設問1〕

　本件条項に法的拘束力は認められるか。本件条項の性質を示した上で，法の
定める開発許可制度との関係を踏まえて，検討しなさい。なお，第2処分場の
設置に当たってなされたA市長の指導は適法であることを前提にすること。

〔設問2〕

　本件通知は，取消訴訟の対象となる処分に当たるか。Bの立場に立って，想
定されるA市の反論を踏まえて，検討しなさい。

【資料】
○　都市計画法（昭和43年法律第100号）（抜粋）
（定義）
第4条　1～11　（略）
12　この法律において「開発行為」とは，主として建築物の建築又は特定工作

物の建設の用に供する目的で行なう土地の区画形質の変更をいう。

13〜16　（略）

（開発行為の許可）

第29条　都市計画区域又は準都市計画区域内において開発行為をしようとする者は，あらかじめ，国土交通省令で定めるところにより，都道府県知事（中略）の許可を受けなければならない。（以下略）

2・3　（略）

（開発許可の基準）

第33条　都道府県知事は，開発許可の申請があつた場合において，当該申請に係る開発行為が，次に掲げる基準（中略）に適合しており，かつ，その申請の手続がこの法律又はこの法律に基づく命令の規定に違反していないと認めるときは，開発許可をしなければならない。（以下略）

2〜8　（略）

○　A市開発事業の手続及び基準に関する条例（抜粋）

（目的）

第1条　この条例は，開発事業の計画に係る事前協議等の手続及び都市計画法（昭和43年法律第100号。以下「法」という。）の規定に基づく開発許可の基準その他開発事業に関し必要な事項を定めることにより，良好な都市環境の保全及び形成を図り，もって秩序ある調和のとれたまちづくりに寄与することを目的とする。

（定義）

第2条　この条例において，次の各号に掲げる用語の意義は，それぞれ当該各号に定めるところによる。

　一　開発事業　法第29条第1項（中略）の規定による開発行為の許可（中略）を要する開発行為をいう。

　二　開発事業区域　開発事業を行おうとする土地の区域をいう。

　三　事業者　開発事業を行おうとする者をいう。

2　前項に規定するもののほか，この条例において使用する用語は，法（中略）において使用する用語の例による。

（事前協議）

第4条　事業者は，開発事業を行おうとするときは，あらかじめ，規則で定め

るところにより，開発事業の計画について市長と協議しなければならない。

（事前周知）

第8条　事業者は，規則で定めるところにより，開発事業（中略）の計画の内容，工事の概要，環境への配慮等について，当該開発事業を行う地域の周辺住民等に対しあらかじめ説明会を開催するなど当該開発事業に関する周知について必要な措置を講じ，その結果を市長に報告しなければならない。

（指導及び勧告）

第10条　市長は，次の各号のいずれかに該当する者に対し，必要な措置を講じるよう指導し，又は勧告することができる。

　一　第4条（中略）の規定による協議をせず，又は虚偽の内容で協議を行った者

　二～五　（略）

（命令）

第11条　市長は，前条の勧告を受けた者が正当な理由なくこれに従わないときは，開発事業に係る工事の中止を命じ，又は相当の期限を定めて違反を是正するために必要な措置を講じるよう命じることができる。

Ⅰ．基礎編

▶基礎的事項のチェック

1．中核市とは何か。

2．中核市は一般的な市と何が違うのか。

3．協定とは何か。

4．協定は法的拘束力を有するか。

5．通知とは何か。

6．通知は，どのような法的性格を有しているか。

7．取消訴訟とは何か。

8．取消訴訟の対象は何か。

1. 規制権限の主体

（1）開発事業と規制権限の主体

本問では、産業廃棄物処理施設を設置するための土地の区画形質の変更が開発事業に該当するとされている。一般に、開発事業は無秩序に行われると、土地の有効利用が困難になり、秩序ある国土の形成という点で問題が生じる。そこで、これまで許可制度をはじめとする、さまざまな制度が設けられ、これによって、無秩序な開発の阻止と有効かつ健全な国土の利用が図られてきた。

本問の場合、開発事業を規制する法として、「都市計画法」と「A市開発事業の手続及び基準に関する条例」がある。このうち都市計画法では規制主体が都道府県知事であるが（法第29条第1項、第33条第1項）、条例では規制主体が市長である（条例第11条）。このような規制主体のズレは解答を行う際に一定の影響を及ぼす。そのため、出題者は、作問上、工夫をし、受験生にとっては馴染みのない「中核市」を登場させたものと推測できる。それでは、中核市とは何か。まずは、この点について、簡単に説明しておく。

（2）中核市

「中核市」は地方自治法上の用語である。同法によれば、市のうち、人口要件など一定の要件を充足し、政令によって指定された市が中核市となる。令和4年4月1日現在、62の市が中核市となっている。

それでは、中核市として指定された市は、中核市として指定されていない市と比較して、何が異なるのか。この点、両者の間では市長に認められる権限が異なる。すなわち中核市の場合、市であるにもかかわらず、市長は都道府県知事並みの権限を行使できる。

このような中核市の制度とよく似た制度として政令指定都市の制度がある。政令指定都市の場合も、市が人口要件等一定の要件を充足し、政令によって指定されて政令指定都市になると、市長は都道府県知事並みの権限を行使できるようになる。そのため、中核市と政令指定都市の制度はよく似ているが、市の規模の違いから、認められる権限に差が設けられている。具体的に、中核市の市長や、政令指定都市の市長にどのような権限が認められるかについては、関係法令を確認する必要がある。

（3）本問における前提とその意義

　以上から明らかなとおり、問題文で登場する市が中核市の場合、市長は都道府県知事並みの権限を有する。具体的に市長がどのような権限を有しているかは、個別の法令を確認するほかない。本問の場合、問題文の中で都市計画法上の都道府県知事の権限を中核市であるA市の市長が有する旨、明記されている。したがって、上述のような中核市に関する地方自治法の細かな知識がなくても、問題を解くうえで特段支障はないはずである。重要なことは、A市の市長が中核市の市長であり、都市計画法の規制権限を有することによって、都市計画法上の規制権限の主体と条例の規制権限の主体がズレることなく、一致しているという点である。これによって、主体のズレから生じうる法的問題について配慮する必要がないことになる。

2. 協定の性格と法的拘束力

（1）はじめに

　設問1では本件条項の法的拘束力が問題とされている。本件条項は開発協定の中で定められた条項であるから、以下では協定の基本的事項について確認しておきたい。

（2）協定の意義と種類

　協定は当事者間の合意である。行政目的を達成するために協定が締結されることがある。協定は、①行政主体と私人の間で締結されるだけでなく、②行政主体と行政主体の間で締結されたり、③私人と私人の間で締結されたりすることもある。

　また、協定には様々な種類の協定があり、たとえば、本問で素材とされてい

る開発協定の他に、建築協定や、緑地協定などがある。

（3）かつての議論

協定をめぐっては、これまで様々な議論が行われてきたが、最も注目されたのは協定の法的性格に関する議論であった。その際に対象とされたのは公害防止協定であった。

かつて我が国では企業が経済的利益を優先して企業活動を行ったために、各地で公害が発生し、多くの健康被害が生じた。そこで、公害を防止するため、地元の地方公共団体や住民が企業と公害防止協定を締結した。これによって、企業活動は一定の縛りをかけられることになったものの、公害防止協定の法的性格は明らかではなかった。そのため、その後、協定の中で合意された事項に当事者は相互に法的に拘束されるのかということが問題になった。この問題に対して、学説からは紳士協定説と契約説の大きく二つの考え方が示された。公害防止協定を紳士協定として捉えるのであれば、法的拘束力は認められないが、契約として捉えるのであれば、法的拘束力が認められる、といった整理がされたのである。

もっとも、公害防止協定もさまざまであって、それらを一律に論じることは適切ではない。そのため、現在では公害防止協定の法的性格について個別事案ごとに検討を行い、個々の協定ごとに法的性格を決すべきであるという見方が支配的になった。

このような理解は公害防止協定のみならず、協定一般にも妥当する。そのため、本問においても協定一般の法的性格から説き起こすのではなく、本件開発協定の内容に即して、当該協定の法的性格を検討する必要がある。

（4）法的性格の判断手法

以上を踏まえると、本問の検討に際しても、協定の内容に即して個別に、その法的性格を議論する必要があるのであるが、そのためには、どのような視点で当該協定を分析し、法的性格を判断すればよいか。あらかじめ検討の視点を得ておく必要がある。

この点、紳士協定か、契約かを判断する際に最も重要なのは当事者が相互に法的義務付けの意思をもっているか否かという視点である。当事者が、そのよ

うな意思をもっていたか否かは、まずもって当該協定の内容に着目し、客観的に判断する必要があろう。仮に協定の内容が詳細でもなく、また具体的でもなければ、相互に法的義務付けの意思はなかったと評価でき、この場合、当該協定は紳士協定として性格づけられることになろう。逆に協定の内容が詳細であり、具体的であれば、相互に法的義務付けの意思はあったと評価でき、この場合、当該協定は契約として性格づけられることになろう。

○協定の法的性格を判断する枠組

協定の内容		法的性格
詳細・具体的ではない	⟶	紳士協定
詳細・具体的である	⟶	契約

なお、当事者相互に法的義務付けの意思があったか否かは、協定の内容だけでなく、協定が締結された経緯なども考慮に入れて判断されるべきである。

(5) 法的拘束力の有無の判断手法

以上の理解を前提にすると、協定の内容が詳細・具体的でない場合には、基本的に相互に法的義務付けの意思がないと判断できるので、当該協定に法的拘束力は認められないことになろう。

これに対し、協定の文言が詳細・具体的である場合には、基本的に法的拘束力があるといえそうである。しかし、当事者間で相互に法的義務付けの意思をもって合意がなされたとしても、当該協定が有効か否かは別である。たとえば、殺人契約のように、当事者間で合意があっても、公序良俗に反する契約は無効である（民法90条）。このように、当事者間の合意があるからといって、直ちに契約が有効であるわけではない。

そこで、改めて当事者間の合意内容が有効か否かについて判断する必要がある。その場合、当該内容が法によって禁止されている内容か否かという視点は重要である。たとえば、刑罰権は国家によって独占されているから、法は協定の中で刑罰規定を設けることを禁止しているといえる。そうすると、仮に当事者の合意に基づいて協定の中で刑罰規定が定められたとしても、当該規定は無効である。また、物権についても物権法定主義が採用されているので、協定の

中で新たに物権を創設する旨、規定したとしても、当該規定は無効である。このように、協定の内容が法によって禁止されているか否かという視点でもって、協定の法的拘束力（有効か、無効か）を判断することができる。

(6) 平成 21 年最判〜福間町公害防止協定事件

協定の法的拘束力の有無が問題となった事案で、注目を集めたのが、福間町公害防止協定事件である。この事件の概要は以下のとおりである。事業者と町の間で公害防止協定が締結され、その中で処分場の使用期限を定めた条項が設けられた。ところが事業者は当該条項に違反して、使用期限を超えて処分場を使用していたので、町が使用の差止めを求めて出訴した。この差止請求が認められるためには当該公害防止協定の使用期限条項が有効でなければならなかったから、当該条項の法的拘束力が問題となった。この点について、最高裁は次のように判示して、その法的拘束力を認めた。

○最高裁平成 21 年 7 月 10 日判時 2058 号 53 頁

これらの規定〔廃棄物の処理及び清掃に関する法律の関係規定：土田注〕は、知事が、処分業者としての適格性や処理施設の要件適合性を判断し、産業廃棄物の処分事業が廃棄物処理法の目的に沿うものとなるように適切に規制できるようにするために設けられたものであり、上記の知事の許可が、処分業者に対し、許可が効力を有する限り事業や処理施設の使用を継続すべき義務を課すものではないことは明らかである。そして、同法には、処分業者にそのような義務を課す条文は存せず、かえって、処分業者による事業の全部又は一部の廃止、処理施設の廃止については、知事に対する届出で足りる旨規定されているのであるから（14 条の 3 において準用する 7 条の 2 第 3 項、15 条の 2 第 3 項において準用する 9 条 3 項）、処分業者が、公害防止協定において、協定の相手方に対し、その事業や処理施設を将来廃止する旨を約束することは、処分業者自身の自由な判断で行えることであり、その結果、許可が効力を有する期間内に事業や処理施設が廃止されることがあったとしても、同法に何ら抵触するものではない。……。

（略）

以上によれば、……本件期限条項の法的拘束力を否定することはできな

このように、判例上、協定の個別条項の法的拘束力は事案ごとに関係法令との抵触関係に配慮しながら判断されており、本問の検討に際しても、このような基本的な姿勢は維持されるべきである。

3. 通知の法的性格

(1) はじめに

設問2では通知が取消訴訟の対象となる処分に該当するかどうかが問われている。取消訴訟とはどのような訴訟か、また、処分とは何かといったことが理解できていないと、この設問に解答することはできない。これらの基礎的事項については、既に平成30年度の基礎編等で解説しているので、そちらを参照していただきたい。

以下では、通知の基礎的事項について確認しておく。

(2) 通知の基本的性格

行政機関が一定の意思決定をしたときに、その内容を相手方に「通知」することがあるが、一般に、このような通知は事実行為である。なぜなら、通常、通知は、行政機関によって既に意思決定された事項を単に相手方に伝えるだけの役割しかもっておらず、通知によって新たに権利義務関係の変動がもたらされるわけではないからである（権利義務関係の変動は行政機関による意思決定によって生じるのであり、通知によって生じるのではない）。

このような理解を前提にすると、一般に通知は取消訴訟の対象となる処分ではないと指摘できる。

(3) 例 外

もっとも、通知であっても、例外的に取消訴訟の対象となる処分である場合がある。たとえば、最高裁はいわゆる冷凍スモークマグロ食品衛生法違反通知事件において、関係法令の仕組みを読み解き、食品衛生法違反通知書による通知が法効果を有し、処分であることを認めている（最判平成16年4月26日民集58

巻4号989頁)。

このことを踏まえると、通知は常に事実行為であり、取消訴訟の対象となる処分に該当しない、と捉えるのは適切ではない。通知の処分性が問われた場合には、「通知は事実行為であって処分ではない」という見方をベースにしつつも、この見方を覆す事情（処分性を肯定するのに有意義な関係法令の仕組みや、救済の必要性等）が当該事案に認められるかという観点から事案の分析を行うのが妥当であろう。

Ⅱ. 応用編

1. 設問 1 について

(1) 設問文で求められていること

設問1では本件条項の法的拘束力が問われているが、解答の仕方については、一定の指示がされている。すなわち、①本件条項の性質を示すこと、②法の定める開発許可制度との関係を踏まえることが求められている。

このうち①については、従来、協定の法的性質をめぐって争われてきた議論（紳士協定説か、契約説か）を意識した解答が求められよう。

他方、②については、本件条項が開発許可制度に関する法の趣旨に反するか否かという観点から解答することが求められよう。

以下、これらについて順に解説する。

(2) 本件条項の性質

従来、協定の性質をめぐっては大きく紳士協定説と契約説の対立があった。しかし、協定の内容はさまざまであるから、一律に判断することは適切ではなく、協定ごとに個別に検討する必要がある。

それでは、本件開発協定は紳士協定か、それとも契約か。仮に本件開発協定が紳士協定であれば、法的拘束力は認められないのに対し、契約であれば、法的拘束力が認められる可能性がある。本件の場合、特に本件条項を巡って問題となる。

この問題を検討する際には、本件条項を通じてA市とBが相互に法的義務

付けの意思をもっていたといえるか否か、が重要である。そこで、そのような観点から本件を分析すると、本件条項は「Ｂが行う廃棄物処理事業に係る開発事業については、今回の開発区域内の土地及び規模に限るものとし、今後一切の例外は認めない。」と定めており、その内容は具体的である。このように具体的に条項の内容が定められている場合は、そこから相互の法的義務付けの意思を読み取ることができる。なぜなら、通常、相互に法的義務付けの意思がない場合には条項の内容は抽象的になるからである。

　また、本件の場合、本件条項が締結された背景として、周辺住民の強い反対運動があったこと、そしてＢは当初協定の締結に難色を示したものの、周辺住民との関係改善の必要性を重視し、協定を締結したということがある。このような背景からすると、本件開発協定を締結した当事者は、周辺住民の理解を得るために、相互に法的義務付けの意思をもって、本件条項を設けたと解することができる。

　以上から、本件条項は契約としての性質を有するといえる。

(3) 本件条項の法的拘束力

　もっとも、契約といえども、法の趣旨に反する形で内容が定められているとすれば、それは違法であり、無効である。そこで、本件条項が開発許可について定めた都市計画法の趣旨に反しているか否かという観点から、さらに検討する。

　都市計画法は、開発行為を行うためには行政庁の許可が必要である旨、定めている。同法によれば、当該申請に係る開発行為が、都市計画法が定める基準に適合しており、かつ、その申請手続が同法および同法に基づく命令の規定に違反していないと認めるときは、開発許可をしなければならないとされている（法33条1項）。そうすると、都市計画法および同法に基づく命令に適合している限りは、開発許可がされなければならないのであるから、同法および同法に基づく命令に適合している場合に、開発許可をしないことを正当化しようとする協定は、同法の趣旨に反するといえる。

　これを本件についてみるに、本件条項はＢが行う廃棄物処理事業に係る開発事業について「今後一切の例外は認めない。」と定めており、これによれば、仮にＢによる申請に係る開発行為が都市計画法及び同法に基づく命令の規定

に違反していないとしても、A市の市長は開発許可をしないことになる。しかし、都市計画法および同法に基づく命令に適合している限りは開発許可をしなければいけないというのが法の求めであるから、この法の求めに反する運用を正当化する本件条項は違法であり、無効である。したがって、本件条項は法的拘束力を有しない。

2. 設問2について

（1）取消訴訟の対象と問題の所在

　設問2では、本件通知が取消訴訟の対象となる処分か否かが問われている。ここで取消訴訟の対象となる処分は「行政庁の処分その他公権力の行使に当たる行為」である（行訴法3条2項）。このうち「行政庁の処分」は「公権力の主体たる国または公共団体が行う行為のうち、その行為によって、直接国民の権利義務を形成しまたはその範囲を確定することが法律上認められているもの」（最判昭39年10月29日民集18巻8号1809頁〔大田区ゴミ焼却場設置事件〕）」である。一般に通知は事実行為であるため、本件においても通知の法的効果を認めることができず、行政庁の処分とはいえない可能性がある。このことを踏まえて、以下、本件通知が取消訴訟の対象となる処分か否か、検討する。

（2）法の仕組み

　本件は「都市計画法」および「A市開発事業の手続及び基準に関する条例」が関わる事案である。そこで、本件通知の処分性を検討する前に、これらの法が採用している仕組みについて次の二点を確認しておきたい。

　第一に、条例上、開発事業を行おうとする者は市長と事前協議をしなければならず（条例4条）、事前協議をしない者に対しては、市長は必要な措置を講じるよう指導し、又は勧告することができる（条例10条1号）。そして、勧告を受けた者が勧告に従わない場合には、市長は工事の中止命令か、違反是正命令を発することができる（条例11条）。このように、条例上は、事前協議が行われない場合、最終的に不利益処分が行われうる仕組みになっている。

○条例によって想定されている行政過程

　第二に、問題文では「法第33条第1項及び条例の定める基準には、本件条項に関係するものは存在しない」と記載されているので、本件条項に適合していることという要件は都市計画法上の許可要件として位置づけられていない。そのため、本件条項に適合しているか否かは都市計画法上の開発行為の許可・不許可の判断に影響しないといえる。

(3) A市の主張

　以上を踏まえて、Bは本件通知が取消訴訟の対象となる処分に該当する旨、主張することになるが、そのようなBの主張に対し、A市は次のように反論することが考えられる。すなわち、本件通知には法令上の根拠がないから、本件通知によって一方的に国民・住民の権利義務が変動することはありえない。したがって、本件通知は取消訴訟の対象となる処分ではない。

(4) Bの主張その1

　以上のA市の主張に対して、Bは次のように主張して、本件通知が取消訴訟の対象となる処分である旨、指摘することが考えられる。

　本件通知が行われたことで、事前協議を行う可能性がないことが明らかになった。仮に事前協議が行われないとなると、開発事業者は指導又は勧告を受ける可能性がある（条例10条1号）。さらに、勧告を受けて、これに従わない場合には、工事中止命令や、違反是正命令といった不利益処分を受ける可能性がある（条例11条）。そうすると、通知によって、その名宛人は一定の不利益を受けるおそれのある法的地位に一方的に立たされることになる。したがって、本件通知は取消訴訟の対象たる処分である。

（5）Bの主張その2

さらに、Bは次のような主張をして、本件通知が取消訴訟の対象となる処分である旨、指摘することが考えられる。

仮にA市が主張するように本件通知が取消訴訟の対象ではないとすると、事前協議を行うことができないことについて不満を有する事業者は、事前協議を経ることなく、いったん開発事業を進め、これに対して、市長が条例10条1号による勧告を行い、さらにこれを事業者が無視した後、市長が条例11条に基づき工事中止命令又は違反是正命令を発した段階で、ようやく当該不利益処分を対象にして取消訴訟を提起し、争うことができる。しかし、これでは行政過程が一定程度進まないと救済の可能性がなく、しかも、救済のタイミングが遅れることによって実効的な権利救済が困難になる。

この点に関連し、事前協議を行うことができないことについて不満を有する事業者は、開発不許可処分の取消訴訟の中で通知の違法性を争うことも考えられなくはないが、通知の違法・適法は都市計画法の開発許可の要件とは関係ないから、開発不許可処分の取消訴訟の中で通知の違法性を争うことは適切ではない。

また、本件通知が違法であることの確認を求めて実質的当事者訴訟（行訴法4条後段）を提起することも考えられなくはないが、確認の利益が認められず、救済手段として適切ではない。

そうすると、本件通知が取消訴訟の対象となる処分であることを認めないと、事業者に実効的な権利救済手段が認められないことになるから、本件通知は取消訴訟の対象となる処分であるというべきである。

3. 出題趣旨について

（1）出題趣旨

法務省から公表された令和2年度予備試験の行政法の出題趣旨は以下のとおりである（https://www.moj.go.jp/content/001340861.pdf）。

> 本問は、都市計画法上の開発許可の事前手続を定めた条例（以下「条例」という。）の運用に際して、市と事業者の間で、事業者の開発制限に関する

条項（以下「本件条項」という。）を含む開発協定が締結され、さらに、本件条項を前提にして、条例に基づく事前協議を受けることができないという市長の通知（以下「本件通知」という。）が発せられたという事実を基にして、行政契約の実体法的な制約、及び取消訴訟の訴訟要件に関する基本的な知識・理解を試す趣旨の問題である。

設問1は、本件条項の法的拘束力を問うものである。本件条項は、公害防止協定に類する規制的な契約であることから、最高裁判所平成21年7月10日第二小法廷判決（裁判集民事231号273頁）などを踏まえて、その法的拘束力の有無について検討することが求められる。その際、本件の事例に即して、とりわけ開発許可制度の趣旨を踏まえて論ずる必要がある。

設問2は、本件通知の処分性の有無を問うものであり、処分性に関する最高裁判例を基に検討することが求められる。その際、本件通知の法的根拠の有無、本件通知が条例上の措置や開発許可との関係でいかなる意義を有するか、開発不許可処分の取消訴訟において本件通知の違法性を争うことができるか、などについて、都市計画法や条例の規定を基に論ずることが求められる。

(2) コメント

設問1の設問文では「本件条項の性質を示した上で」法的拘束力の有無を論じることが求められているから、いったん本件条項の法的性質と法的拘束力の有無の問題を別次元の問題として捉えたうえで、検討することになろう。そして、本件条項の法的性質については、上記出題趣旨において（紳士協定ではなく）契約であることが明確に指摘されているので、本件条項の法的性質が契約である旨、指摘する必要がある。もっとも、上記出題趣旨では、なぜ本件条項が契約条項といえるのかという点への言及がないことから、この点に深入りする必要はないであろう。むしろ、本件条項が契約であることを踏まえつつ、個別行政法規の趣旨を読み取り、法的効力（有効か、無効か）に関する議論に重きを置いた解答をする必要があろう。

設問2の出題趣旨では、本件において処分性の有無を判断する際の着眼点が複数示されている。ただ、いずれの場合であっても、「都市計画法や条例の規定を基に論ずる」ことが求められるから、解答に際しては、問題文の中で与え

られた個別行政法規を読み解く姿勢を大切にする必要がある。

4. 参考答案例

第1　設問1

1　本件条項は開発協定の中で定められている。従来、協定の性質をめぐっては大きく紳士協定説と契約説の対立があったが、協定の内容はさまざまであるから、一律に判断することは適切ではなく、協定の条項ごとに個別に法的性格を検討する必要がある。

　これを本件についてみるに、本件条項は「Ｂが行う廃棄物処理事業に係る開発事業については、今回の開発区域内の土地及び規模に限るものとし、今後一切の例外は認めない。」と定めており、その内容は具体的である。このように具体的に内容が定められている場合は、そこから当事者双方の法的義務付けの意思を読み取ることができる。なぜなら、通常、相互に法的義務付けの意思がない場合には条項の内容は抽象的になるからである。

　また、本件の場合、周辺住民の強い反対運動があったこと、そしてＢは当初協定の締結に難色を示したものの、周辺住民との関係改善の必要性を重視し、協定を締結したということがある。このような事情からすると、本件開発協定を締結した当事者は、周辺住民の理解を得るために、相互に法的義務付けの意思をもって、本件条項を設けたと解することができる。

　そうすると、本件条項は契約としての性質を有するといえる。

2　もっとも、契約といえども、法の趣旨に反する形で内容が定められているとすれば、それは違法であり、無効である。そこで、本件条項が都市計画法の趣旨に反する内容になっているか否かという観点から、さらに検討する。

　都市計画法は、開発行為を行うためには行政庁の許可が必要である旨、定めている。同法によれば、当該申請に係る開発行為が、都市計画法が定める基準に適合しており、かつ、その申請手続が同法および同法に基づく命令の規定に違反していないと認めるときは、開発許可をしなければならない（法33条1項）。そうすると、都市計画法および同法に基づく命令に適合している限りは、開発許可がされなければならない。

　これを本件についてみるに、本件条項はＢが行う廃棄物処理事業に係る開発事業について「今後一切の例外は認めない。」と定めており、これによれば、

仮にBによる申請に係る開発行為が都市計画法及び同法に基づく命令の規定に違反していないとしても、A市の市長は開発許可をしないことになる。しかし、上述のとおり、都市計画法および同法に基づく命令に適合している限りは開発許可をしなければいけないというのが法の求めであるから、この法の求めに反する運用を正当化しようとする本件条項は違法であり、無効である。したがって、本件条項は法的拘束力を有しない。

第2　設問2

1　取消訴訟の対象となる処分は「行政庁の処分その他公権力の行使に当たる行為」である（行訴法3条2項）。このうち「行政庁の処分」は、公権力の主体たる国または公共団体が行う行為のうち、その行為によって、直接国民の権利義務を形成しまたはその範囲を確定することが法律上認められているものをいう。

2　これを踏まえて、Bは通知が取消訴訟の対象となる処分に該当する旨、主張することになるが、これに対して、A市は次のように反論することが考えられる。すなわち、本件通知には法令上の根拠がないから、本件通知によって一方的に国民・住民の権利義務が変動することはありえない。したがって、本件通知は取消訴訟の対象となる処分ではない。

3　以上のA市の反論を踏まえて、Bはさらに次のように主張することが考えられる。

（1）　本件通知が行われたことで、事前協議を行う可能性がないことが明らかになった。仮に事前協議が行われないとなると、開発事業者は指導又は勧告を受ける可能性がある（条例10条1号）。さらに、勧告を受けて、これに従わない場合には、工事中止命令や、違反是正命令といった不利益処分を受ける可能性がある（条例11条）。そうすると、通知によって、その名宛人は一定の不利益を受けるおそれのある法的地位に一方的に立たされることになる。したがって、本件通知は取消訴訟の対象たる処分である。

（2）　仮に本件通知が取消訴訟の対象ではないとすると、事前協議を行うことができないことについて不満を有する事業者は、事前協議を経ることなく、いったん開発事業を進め、これに対して、市長が条例10条1号による勧告を行い、さらにこれを事業者が無視した後、市長が条例11条に基づき工事中止命令又は違反是正命令を発した段階で、ようやく当該不利益処分を対象にして取消訴訟を提起し、争うことができる。しかし、これでは行政過程が

一定程度進まないと救済の可能性がないということになり、しかも、救済の
タイミングが遅れることによって実効的な権利救済が困難になる。

　この点に関連し、事前協議を行うことができないことについて不満を有す
る事業者は、開発不許可処分の取消訴訟の中で通知の違法性を争うことも考
えられなくはないが、通知の違法・適法は都市計画法の開発許可の要件とは
関係ないから、開発不許可処分の取消訴訟の中で通知の違法性を争うことは
適切ではない。

　また、本件通知が違法であることの確認を求めて実質的当事者訴訟（行訴
法4条後段）を提起することも考えられなくはないが、確認の利益が認めら
れず、救済手段として適切ではない。

　そうすると、本件通知が取消訴訟の対象となる処分であることを認めない
と、事業者に実効的な権利救済手段が認められないことになるから、本件通
知は取消訴訟の対象となる処分であるというべきである。

以上

Ⅲ. 展開編

1. 問題の提起

　本問では、本件通知が発せられたところまでを前提にして、問いが設けられ
ている。それでは、仮に本件通知が発せられた後、Bが事前協議を経ないまま、
都市計画法上の開発許可を得ることなく、開発工事に着手した場合、A市は、
果たしてまたどのようにして当該工事をやめさせることができるか。本件条項
が無効であることを前提にして、検討してみることにする。

2. 行政上の手段

　問題文の中で与えられた都市計画法の条文のみを前提にした場合、開発許可を得ないまま着手された工事に対して、A市がとることのできる法的措置はない。

　これに対して、本件条例に着目すると、事前協議を経ない場合には、市長が必要な措置を講じるよう指導し、又は勧告をすることができるから（条例10条1号）、事前協議を経ないまま開発工事を行っている事業者に対して、市長は、当該事業者に対して必要な指導又は勧告を行うことができる。そして、仮に市長が勧告を行い、その勧告を受けた者が当該勧告に従わないで、なおも開発工事を進めているようであれば、市長は工事の中止命令を発することができる（条例11条）。この工事中止命令は処分であって、これにより当該事業者には工事中止の義務が課せられることになるから、事業者は当該工事を中止しなければならない。

　もっとも、市長がこのような工事中止の義務を課したとしても、事業者が、これを無視し、工事を続行した場合、A市の側で当該義務の履行を担保する手段はない。行政代執行法に基づく代執行が可能なようにも思えるが、工事中止命令によって課される義務は不作為義務であって、代執行の対象となる代替的作為義務ではないから、やはり同法に基づいて工事を中止させることはできない。

3. 民事上の手段

　そこで、次に条例11条による工事中止命令によって課された行政上の義務を民事上の手段を使って実現することが考えられる。具体的には、A市は、工事の続行禁止を求める民事訴訟を提起することが考えられる。それでは、A市がそのような訴訟を提起して、勝訴判決を獲得する見込みはあるであろうか。この問題を検討する際には、同種の事案を扱った、いわゆる宝塚市パチンコ店建築中止命令事件における最高裁判決を踏まえなければならない。当該判決は次のように述べ、上記のような訴訟が裁判所法3条1項の「法律上の争訟」ではないから、却下されるべきである旨、判示した。

　　行政事件を含む民事事件において裁判所がその固有の権限に基づいて審判することのできる対象は、裁判所法 3 条 1 項にいう「法律上の争訟」、すなわち当事者間の具体的な権利義務ないし法律関係の存否に関する紛争であって、かつ、それが法令の適用により終局的に解決することができるものに限られる（略）。国又は地方公共団体が提起した訴訟であって、財産権の主体として自己の財産上の権利利益の保護救済を求めるような場合には、法律上の争訟に当たるというべきであるが、国又は地方公共団体が専ら行政権の主体として国民に対して行政上の義務の履行を求める訴訟は、法規の適用の適正ないし一般公益の保護を目的とするものであって、自己の権利利益の保護救済を目的とするものということはできないから、法律上の争訟として当然に裁判所の審判の対象となるものではなく、法律に特別の規定がある場合に限り、提起することが許されるものと解される。そして、行政代執行法は、行政上の義務の履行確保に関しては、別に法律で定めるものを除いては、同法の定めるところによるものと規定して（1 条）、同法が行政上の義務の履行に関する一般法であることを明らかにした上で、その具体的な方法としては、同法 2 条の規定による代執行のみを認めている。また、行政事件訴訟法その他の法律にも、一般に国又は地方公共団体が国民に対して行政上の義務の履行を求める訴訟を提起することを認める特別の規定は存在しない。したがって、国又は地方公共団体が専ら行政権の主体として国民に対して行政上の義務の履行を求める訴訟は、裁判所法 3 条 1 項にいう法律上の争訟に当たらず、これを認める特別の規定もないから、不適法というべきである。

　学説は、この最高裁判決を強く批判しているが、今日に至るまで判例変更はされていない。そのため、当該最高裁判決を前提にすると、本件において、仮に A 市が工事の続行禁止を求める民事訴訟を提起したとしても、当該訴訟は A 市が行政権の主体として提起した訴訟であると言わざるを得ないので、当該民事訴訟は法律上の争訟とはいえず、却下されることになろう。

4. その他の手段

　以上のように検討してくると、工事を続行する事業者に対してA市がとりうる法的手段はないようにも思える。しかし、A市の市長が条例11条に基づいて処分を行う場合に、工事中止命令ではなく、相手方に代替的作為義務を課すような内容の違反是正措置命令を発すれば、当該義務は行政代執行法に基づく代執行の対象になるため、義務履行確保の手段は存在するということになる。ただし、同法に基づいて代執行しようとする場合には、同法2条が定める複数の要件があるため、これらの要件もまた充足していなければならない。仮に、それらの要件の充足性が認められない事案だとすると、A市の側で義務の履行を確保する手段はないということになる。

特別管理産業廃棄物処理業の許可に付された条件をめぐる紛争

　Ａは，Ｂ県知事から，廃棄物の処理及び清掃に関する法律（以下「法」という。）第14条の４第１項に基づき，特別管理産業廃棄物に該当するポリ塩化ビフェニル廃棄物（以下「PCB 廃棄物」という。）について収集運搬業（積替え・保管を除く。）の許可を受けている特別管理産業廃棄物収集運搬業者（以下「収集運搬業者」という。）である。PCB 廃棄物の収集運搬業においては，積替え・保管が認められると，事業者から収集した PCB 廃棄物が収納された容器を運搬車から一度下ろし，一時的に積替え・保管施設内で保管し，それを集積した後，まとめて別の大型運搬車で処理施設まで運搬することができるので効率的な輸送が可能となる。しかし，Ａは，積替え・保管ができないため，事業者から排出された PCB 廃棄物の収集量が少なく運搬車の積載量に空きがあっても，遠隔地にある処理施設までそのまま運搬しなければならず，輸送効率がかなり悪かった。そこで，Ａは，自らが積替え・保管施設を建設して PCB 廃棄物の積替え・保管を含めた収集運搬業を行うことで輸送効率を上げようと考えた。同時に，Ａは，Ａが建設する積替え・保管施設においては，他の収集運搬業者による PCB 廃棄物の搬入・搬出（以下「他者搬入・搬出」という。）も行えるようにすることで事業をより効率化しようと考えた。Ａは，Ｂ県担当者に対し，前記積替え・保管施設の建設に関し，他者搬入・搬出も目的としていることを明確に伝えた上でＢ県の関係する要綱等に従って複数回にわたり事前協議を行い，Ｂ県内のＡの所有地に高額な費用を投じ，各種規制に適合する相当規模の積替え・保管施設を設置した。Ｂ県知事は，以上の事前協議事項についてＢ県担当課による審査を経て，Ａに対し，適当と認める旨の協議終了通知を送付した。その後，Ａは，令和３年３月１日，PCB 廃棄物の積替え・保管を含めた収集運搬業を行うことができるように，法第14条の５第１項による事業範囲の変更許可の申請（以下「本件申請」という。）をした。なお，本件申請に係る書類には，他者搬入・搬出に関する記載は必要とされていなかった。

　Ｂ県知事は，令和３年６月21日，本件申請に係る変更許可（以下「本件許可」という。）をしたが，「積替え・保管施設への搬入は，自ら行うこと。また，

当該施設からの搬出も，自ら行うこと。」という条件（以下「本件条件」という。）を付した。このような内容の条件を付した背景には，他者搬入・搬出をしていた別の収集運搬業者の積替え・保管施設において，保管量の増加と保管期間の長期化によりPCB廃棄物等の飛散，流出，異物混入などの不適正事例が発覚し，社会問題化していたことがあった。そこで，B県知事は，特別管理産業廃棄物の性状等を踏まえ，他者搬入・搬出によって収集・運搬に関する責任の所在が不明確となること，廃棄物の飛散，流出，異物混入などのおそれがあること等を考慮して，本件申請直前に従来の運用を変更することとし，本件許可に当たり，B県で初めて本件条件を付することになった。

本件条件は法第14条の5第2項及び第14条の4第11項に基づくものであった。しかし，Aは，近隣の県では本件条件のような内容の条件は付されていないのに，B県においてのみ本件条件が付された結果，当初予定していた事業の効率化が著しく阻害されると考えている。また，Aは，本件条件が付されることについて，事前連絡を受けておらず，事前協議が無に帰してしまい裏切られたとの思いから，強い不満を持っている。

以上を前提として，以下の設問に答えなさい。

なお，法及び廃棄物の処理及び清掃に関する法律施行規則（以下「法施行規則」という。）の抜粋を【資料】として掲げるので，適宜参照しなさい。

〔設問1〕

本件条件に不満を持つAは，どのような訴訟を提起すべきか。まず，本件条件の法的性質を明らかにし，次に，行政事件訴訟法第3条第2項に定める取消訴訟について，考えられる取消しの対象を2つ挙げ，それぞれの取消判決の効力を踏まえて検討しなさい。なお，解答に当たっては，本件許可が処分に当たることを前提にしなさい。また，取消訴訟以外の訴訟及び仮の救済について検討する必要はない。

〔設問2〕

Aは，取消訴訟において，本件条件の違法性についてどのような主張をすべきか。想定されるB県の反論を踏まえて検討しなさい。なお，本件申請の内容は，法施行規則第10条の13等の各種基準に適合していることを前提にしなさい。また，行政手続法上の問題について検討する必要はない。

【資料】

◯ **廃棄物の処理及び清掃に関する法律（昭和45年法律第137号）（抜粋）**

（目的）

第1条 この法律は，廃棄物の排出を抑制し，及び廃棄物の適正な分別，保管，収集，運搬，再生，処分等の処理をし，並びに生活環境を清潔にすることにより，生活環境の保全及び公衆衛生の向上を図ることを目的とする。

（定義）

第2条 1〜4 （略）

5 この法律において「特別管理産業廃棄物」とは，産業廃棄物のうち，爆発性，毒性，感染性その他の人の健康又は生活環境に係る被害を生ずるおそれがある性状を有するもの（中略）をいう。

6 （略）

（国及び地方公共団体の責務）

第4条 （略）

2 都道府県は，（中略）当該都道府県の区域内における産業廃棄物の状況をはあくし，産業廃棄物の適正な処理が行なわれるように必要な措置を講ずることに努めなければならない。

3〜4 （略）

（特別管理産業廃棄物処理業）

第14条の4 特別管理産業廃棄物の収集又は運搬を業として行おうとする者は，当該業を行おうとする区域（運搬のみを業として行う場合にあつては，特別管理産業廃棄物の積卸しを行う区域に限る。）を管轄する都道府県知事の許可を受けなければならない。（以下略）

2〜4 （略）

5 都道府県知事は，第1項の許可の申請が次の各号に適合していると認めるときでなければ，同項の許可をしてはならない。

一 その事業の用に供する施設及び申請者の能力がその事業を的確に，かつ，継続して行うに足りるものとして環境省令で定める基準に適合するものであること。

二 （略）

6〜10 （略）

11 第1項（中略）の許可には，生活環境の保全上必要な条件を付することが

できる。

12〜14　（略）

15　特別管理産業廃棄物収集運搬業者（中略）以外の者は，特別管理産業廃棄物の収集又は運搬を　（中略）受託してはならない。

16〜18　（略）

（変更の許可等）

第14条の5　特別管理産業廃棄物収集運搬業者（中略）は，その特別管理産業廃棄物の収集若しくは運搬又は処分の事業の範囲を変更しようとするときは，都道府県知事の許可を受けなければならない。（以下略）

2　前条第5項及び第11項の規定は，収集又は運搬の事業の範囲の変更に係る前項の許可について（中略）準用する。

3〜5　（略）

○　廃棄物の処理及び清掃に関する法律施行規則（昭和46年厚生省令第35号）（抜粋）

（特別管理産業廃棄物収集運搬業の許可の基準）

第10条の13　法第14条の4第5項第1号（法第14条の5第2項において準用する場合を含む。）の規定による環境省令で定める基準は，次のとおりとする。

　一　施設に係る基準

　　イ　特別管理産業廃棄物が，飛散し，及び流出し，並びに悪臭が漏れるおそれのない運搬車，運搬船，運搬容器その他の運搬施設を有すること。

　　ロ〜ホ　（略）

　　ヘ　積替施設を有する場合には，特別管理産業廃棄物が飛散し，流出し，及び地下に浸透し，並びに悪臭が発散しないよう必要な措置を講じ，かつ，特別管理産業廃棄物に他の物が混入するおそれのないように仕切り等が設けられている施設であること。

　二　申請者の能力に係る基準

　　イ　特別管理産業廃棄物の収集又は運搬を的確に行うに足りる知識及び技能を有すること。

　　ロ　（略）

　　ハ　特別管理産業廃棄物の収集又は運搬を的確に，かつ，継続して行うに足りる経理的基礎を有すること。

> ▶基礎的事項のチェック
>
> 1. 附款とは何か。
> 2. 附款それ自体は処分としての性格を有するか。
> 3. 附款にはどのような種類があるか。
> 4. 附款は、どのような場合に付すことができるか。
> 5. 附款を付すことができる場合、どのような内容の附款でも付すことができるか。限界があるとすれば、それはどのような場合か。
> 6. 附款だけを対象にして、取消訴訟を提起することは可能か。
> 7. 取消判決には、どのような効力が認められるか。

1. はじめに

(1) 必要となる行政法上の基礎的知識

　設問1においても、また設問2においても、考察の対象となっているのは本件条件である。後述するように、この本件条件は行政法学上の附款に該当する。そのため、各設問に答えるためには附款に関する基礎的知識が必要になる。

　また、設問1では取消判決の効力を踏まえて解答することが求められているので、取消訴訟の判決の効力についても基礎的知識が必要になる。

　さらに、設問2では附款である本件条件の違法性が問われているが、附款は行政機関の裁量を前提にしているので、附款論は同時に裁量論であるといえる。そうすると、行政裁量についての基礎的知識が必要になる。

　以上のように、本問では附款、取消訴訟の判決の効力、行政裁量について基礎的知識が必要となる。このうち前二者については、以下で解説を行う。行政裁量については、既に平成24成年度、平成26年度及び平成27年度の基礎編において解説済みなので、該当箇所を参照していただきたい。

(2) 予備的知識

　本事例ではAとB県担当者の間で要綱等に従った事前協議が行われている。このように正式の許認可の申請の前に、事前協議が行われることは少なくない。

また、本事例では、「特別管理産業廃棄物」という馴染みのない概念が頻繁に出てくる。これらについて、特段、深い知識がなくても、各設問への解答は可能であるが、予備的知識をもっていれば、検討対象を適切に絞り込むことができる。そこで、事前協議の意義および特別管理産業廃棄物の意味についても、以下で簡単に解説しておく。

2. 附款について

（1）附款の意義

　附款とは、処分の効果を制限するために意思表示の主たる内容に付加される従たる意思表示をいう。たとえば、運転免許証の中に「免許の条件等」として記載されている「眼鏡等」の表示は附款に該当する。この場合、意思表示の主たる内容が「車を運転してよい」ということであり、従たる意思表示が「但し眼鏡をかけて運転するように」ということである。

（2）附款の法的性格

　附款は、それ自体が行政庁の意思表示の一部を構成し、一方的に国民・住民の権利義務に直接影響を及ぼすので、処分としての性格を有する。

（3）附款の種類

　附款には、さまざまなタイプがあるが、次の四つが代表的な類型である。

①条件とは、処分の効果を発生不確実な将来の事実にかからせる意思表示のことである。この条件には、事実の発生によって処分の効果を生じさせる停止条件（例：大雪になったら通行止めにするという場合）と事実の発生によって処分の効果を消滅させる解除条件（例：雪がとけるまで通行止めにするという場合）があ

る。

②**期限**とは、処分の効果を発生確実な将来の事実にかからせる意思表示のことである（例：許可の有効期間を〇年〇月〇日までとするような場合）。

③**負担**とは、処分に付随して相手方に特別の義務を負わせる意思表示のことである（例：車を運転する場合には眼鏡をかけるようにと要求する場合）。注意が必要なのは、負担の不履行が直ちに本体たる処分の失効につながるわけではないという点である。

④**撤回権の留保**とは、一定の場合に処分を撤回する権利を留保する旨の意思表示のことである（例：公序良俗に反する行為を行った場合には営業許可を取り消すというような場合）。

なお、これらの四類型と法令上の文言は必ずしも一致しない。法令上、「条件」という文言が用いられていても、上記の負担を指すことが少なくない（後述するように、廃棄法14条の4第11項の「条件」は附款の中の「負担」である。）。

（4）附款の許容性と限界

行政機関は処分を行う際に、いつでも自由に附款を付すことができるわけではない。

まず、法律上、附款を付すことが明文で定められている場合には、附款を付すことができる。

他方、法律上、附款を付すことが明文で定められていない場合には、法律の解釈を通じて附款を付すことができるかどうか、判断する必要がある。その際、行政機関に裁量が認められなければ、附款を付すことは許されない。

裁量が認められれば、附款を付すことができるが、裁量権の逸脱濫用と評価されるような附款は許されない。したがって、比例原則や信頼保護の原則に抵触するような附款が付されれば、裁量権の逸脱濫用として、当該附款は違法と評価されることになる。

（5）附款の争い方

附款に不服がある場合、これをどのようにして争うかは問題となる。従来、この問題を扱う際には取消訴訟によって争うことが前提とされてきた。そのう

えで、従たる意思表示である附款だけを取消訴訟の対象にするのか、それとも、附款とともに本体たる処分も一体として取り上げて取消訴訟の対象にするのかが議論されてきた。

この問題については、一般的に次のように場合わけをして整理されている。

> 附款のみの取消し
> ①処分本体と附款が密接不可分の場合→　　×
> ②処分本体と附款が可分の場合→　　　　　　○

この理解を前提にすれば、処分本体と附款が密接不可分にもかかわらず、附款のみを対象として取消訴訟を提起した場合、当該訴えは対象が適切ではないとして、却下されることになる。

なお、問題となる附款が負担の場合は、当該附款と処分本体との不可分一体性が否定され、負担のみの取消訴訟が許される、と解されることがある（芝池義一『行政法読本（第 4 版）』（有斐閣、平成 28 年）107 頁）。

3. 判決の効力について

（1）判決の効力の種類

取消訴訟の判決の効力として、通常、指摘されるのは、既判力、形成力、拘束力の三つである。以下、順番に解説する。

（2）既判力

紛争の蒸し返しを防ぐため、当事者及び裁判所は同一事項について後の裁判で矛盾する主張や判断をすることができない。これを既判力という。既判力は、請求棄却判決であろうと、請求認容判決であろうと、取消訴訟の判決であれば、認められ、この点で、請求認容判決にしか認められない後述の形成力及び拘束力とは異なる。

（3）形成力

取消訴訟において請求認容判決（取消判決）が下された場合、処分の効力は処

分時に遡及して失われる。当該判決によって、今まで存在していた法律関係が消滅させられ、「有」から「無」へと新たな法状況が形成されるので、これを取消判決の形成力という。このような形成力は、請求認容判決（取消判決）にしか認められない。

（4）拘束力

「処分又は裁決を取り消す判決は、その事件について、当事者たる行政庁その他の関係行政庁を拘束する」（行訴法33条1項）。これを取消判決の拘束力と呼ぶ。既にその文言から明らかなように、拘束力は取消訴訟における請求認容判決、すなわち取消判決に認められる。

拘束力の具体的内容について争いがないわけではないが、拘束力から反復禁止効と呼ばれる効力が認められることについて異論はない。この反復禁止効により、行政庁は同一事情の下で同一理由に基づく同一内容の処分を行うことが禁止される。

また、行政事件訴訟法上、申請拒否処分の取消判決が出された場合には、行政庁は判決の趣旨に即して改めて申請に対する処分をしなければならない（行訴法33条2項）。このように行政庁が一定の行為をしなければならなくなるのも、拘束力の一つの内容といえよう。

4. 要綱行政について

（1）要綱の意義

一般に、要綱とは、行政機関が行政内部の職員に向けて定めた行政活動の指針のことをさす。たとえば宅地開発指導要綱などは、要綱の一例である。

このような要綱は、行政目的を実現するための必要かつ十分な規律が法律の中に存在しない場合に、公正・公平な行政サービスを提供することを目的にして定められることが多い。実際、この間に定められた要綱は相当数にのぼり、要綱に基づく行政活動も数多く行われたことから、「要綱行政」という言葉も生まれた。

（2）要綱行政の法的性格

　要綱に基づいて行われる行政活動は、基本的に国民・住民の権利義務に影響を及ぼさないという点に最も大きな特徴がある。これは、要綱自体が内部規範であり、法規ではないからである。

　本件では要綱に基づいて事前協議が行われているが、通常、事前協議の中で行政側から出される要望等はいずれも事実行為であり、行政指導である。したがって、事前協議の内容に当事者が法的に拘束されることはない。

5. 特別管理産業廃棄物について

（1）特別管理産業廃棄物の概念について

　特別管理産業廃棄物とは、「廃棄物の処理及び清掃に関する法律」（以下「廃掃法」という）において設けられた概念である。この概念を理解するためには、同法の「廃棄物」概念及び「産業廃棄物概念」概念について把握する必要がある。

　まず廃掃法における「廃棄物」とは、「ごみ、粗大ごみ、燃え殻、汚泥、ふん尿、廃油、廃酸、廃アルカリ、動物の死体その他の汚物又は不要物であつて、固形状又は液状のもの（略）をいう。」（廃掃法2条1項）。このような廃棄物は、同法上、一般廃棄物と産業廃棄物に区別される。このうち、「一般廃棄物」とは「産業廃棄物以外の廃棄物をいう。」（廃掃法2条2項）。他方、「産業廃棄物」とは、「事業活動に伴って生じた廃棄物のうち、燃え殻、汚泥、廃油、廃酸、廃アルカリ、廃プラスチック類その他政令で定める廃棄物」等である（廃掃法2条4項）。この産業廃棄物の中に特別管理産業廃棄物が含まれており、廃掃法によれば、特別管理産業廃棄物とは「産業廃棄物のうち、爆発性、毒性、感染性その他の人の健康又は生活環境に係る被害を生ずるおそれがある性状を有するものとして政令で定めるものをいう。」（廃掃法2条5項）。

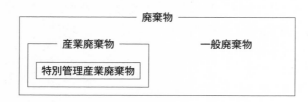

（2）具体例と特別な管理の必要性

　このような特別管理産業廃棄物には、著しい腐食性を有する廃酸や廃アルカリが該当する。これらの物質は産業廃棄物の中でも特別な処理が必要になるため、特別管理産業廃棄物という特別なカテゴリーが設けられ、規制されることになった。

Ⅱ. 応用編

1. 設問 1 について

（1）はじめに

　設問 1 では、解答の仕方について一定の指示がされている。具体的には、第一に本件条件の法的性質を明らかにすること、第二に考えられる取消しの対象を二つ挙げること、第三に取消判決の効力を踏まえて検討することである。そこで、以下では、これら 3 点に配慮しつつ、解説する。

（2）本件条件の法的性質

　まず、本件条件の法的性質についてであるが、本件条件は講学上の附款に該当する。ここで附款とは、処分の効果を制限するために意思表示の主たる内容に付加される従たる意思表示をいう。本件条件は、意思表示の主たる内容である変更許可に、自力搬入・搬出に限定するという制限をかける意思表示であるから附款に該当するといえる。

　附款には複数の種類があるが、本件条件は負担に該当する。ここで負担とは、法令に規定されている義務以外の義務を付加する附款のことをさす。本件条件は、法令に規定されていない自力搬入・搬出を内容とする作為義務を付加する附款であるといえるので、負担に該当する。

　負担の場合、仮に負担に違反する行為が行われたとしても、本体たる処分の効力に直接影響を及ぼさない。そのため、本件条件に違反して他者搬入・搬出が行われたとしても、そのことから直ちに許可の効力が無くなるわけではない。

（3）考えうる取消訴訟の対象

次に、考えうる取消訴訟の対象については、第一に、本件許可から切り離された本件条件を挙げることができ、第二に、本件条件付きの本件許可を挙げることができる。

（4）本体たる処分と附款の不可分一体性

以上のように、本件では、本件条件のみを対象にした取消訴訟と本件条件付きの本件許可を対象にした取消訴訟の二つが考えられるが、前者のような、附款のみを本体たる処分から切り離して争う取消訴訟が許されるか否かは問題となる。

この問題について、一般的には、当該附款がなければ本体たる処分は行わなかったであろうことが客観的に認められる場合、附款と本体たる処分の間に不可分一体性が認められるから、附款だけを取り出して取消訴訟で争うことはできないのに対して、附款と本体たる処分の不可分一体性が認められないときは、附款だけを本体たる処分から切り離して取消訴訟で争うことができると解されてきた。

以上のような理解を前提にすると、本件においても、本件許可と本件条件の不可分一体性について検討する必要がある。その際、以下の二点が重要である。

第一に、廃掃法14条の5第1項の変更許可については、変更申請の内容が法令上定められた基準を満たしている限り、許可しなければならないと解される（その意味で行政庁に裁量はなく、覊束されているといえる。）。なぜなら、職業選択の自由が認められているため（憲法22条1項）、法令上、設けられた要件以外の事情を理由に申請を拒否することは許されないと考えられるからである。そうすると、変更許可をするか否かの判断は、条件を付す・付さない（あるいはどのような内容の条件を付すか）の判断とは切り離して行われることが法によって予定されているといえる。

第二に、本件条件は、上述のとおり、附款の中でも負担に該当するため、本件条件に違反する行為があろうとなかろうと、そのことが本件許可の効力に直接影響を及ぼすことはない。

以上を踏まえると、本件許可と本件処分の間に不可分一体性は認められない。そうすると、本件条件のみを取り出して取消訴訟の対象として争うことは可能

であるといえる。

（5）取消判決の効力

　このように、本件では本件条件のみを取り出して取消訴訟で争うことは可能であると解されるが、取消判決の効力との関係で検討した場合、そのような争い方が適切といえるか否かは別途、問題となる。そこで、以下、この問題について検討する。

　仮に A が本件条件付きの本件許可を対象にして取消訴訟を提起し、取消判決を獲得したとする。この場合、当該取消判決には既判力のほかに、形成力および拘束力（行訴法33条1項）が伴う。この取消判決の形成力により、本件許可は過去に遡って最初から無かったことになる。また、取消判決の拘束力により、行政庁は同一事情の下で同一理由による同一内容の処分をしてはいけないし（反復禁止効）、判決の趣旨に従い改めて処分を行わなければならない（行訴法33条2項）。このように本件条件付きの本件許可の取消訴訟において取消判決が出されると、A は本件条件付きの本件許可を失うこととなるが、特段の事情がない限り、取消判決の拘束力により改めて条件が付されていない変更許可がされることになろう。そうすると、本件許可の取消訴訟を提起することで最終的に A の不満は解消されるといえるが、改めて行政庁によって変更許可されることが必要になるため、A の立場からすると、本件条件が付された本件許可の取消訴訟は迂遠な救済手段ともいえる。

　他方、仮に A が本件条件のみを対象にして取消訴訟を提起し、取消判決を獲得したとする。この場合、当該取消判決には、上記と同様、既判力のほかに、形成力および拘束力（行訴法33条）が伴うが、形成力により過去に遡って効力が失われるのは本件条件のみである。そうすると、本件条件の取消訴訟を提起することで、本体たる本件許可は維持されたまま、本件条件のない許可があらわれることとなり、これにより A の不満は直ちに解消されることになる。

（6）小　括

　以上からすると、本件条件の取消訴訟と本件条件付きの本件許可の取消し訴訟を比較した場合、前者のほうが A の救済手段としては適切である。なぜなら、後者だと、取消判決後、行政庁によって改めて条件が付されていない変更

許可がされなければならないが、前者であれば、取消判決さえ出れば、本件条件が付されていない変更許可を得たことになり、Aの不満は解消されることになるからである。

以上から、Aは本件条件を対象にして、その取消訴訟を提起すべきである。

2. 設問2について

（1）Aの主張

設問2では、本件条件の違法性についてAが主張すべき内容が問われている。

そこで、Aの考えうる主張を検討してみると、本件許可に附款を付すことができないにもかかわらず、附款を付しているため違法であると主張することが考えられる。しかし、このような主張は適切ではない。なぜなら、条件を付すことができる旨、定めた明文規定（廃掃法14条の4第11項、14条の5第2項）があるからである。したがって、本件許可に本件条件を付すこと自体に問題はない。

そこで、Aの主張として次に考えられるのは、本件条件の内容が違法である旨の主張である。

（2）B県の反論

仮にAが本件条件の内容に着目し、その違法性を主張した場合、これに対して、B県は裁量が認められることに加え、裁量権の逸脱濫用もないことから、本件条件の内容が違法ではない旨、主張することが考えられる。以下、このBの主張を詳述する。

廃掃法14条の4第11項は「生活環境の保全上必要な条件を付することができる」と定めているところ、「生活環境の保全上必要な条件」とは何なのか、法律上、明らかでないし、同条項は、いわゆる「できる規定」になっている。また、どのような内容の条件であれば生活環境の保全上必要な条件といえるのか、判断するためには、専門的な科学的知見や政策的知見を要するといえるし、仮にその内容が明らかになったとしても、条件を付すか付さないかは現地の状況や申請者の過去の実績等、諸般の事情を総合考慮し、判断することが求めら

れる。そうすると、同条項の要件充足性の判断についても、また、条件を付す・付さないの判断や、条件を付すとしてどのような内容の条件を付すのかの判断についても、Ｂ県知事には裁量が認められる。

　もっとも、行政機関の判断に裁量が認められるとしても、裁量権の逸脱濫用が認められる場合には、当該裁量権の行使は違法である（行訴法30条）。この点、廃掃法は「生活環境の保全及び公衆衛生の向上を図ることを目的」にし（廃掃法1条）、「人の健康又は生活環境に係る被害を生ずるおそれがある性状を有するもの」を「特別管理産業廃棄物」として捉え（同2条5項）、その収集・運搬業について許可制度（変更許可を含む。）を採用している（同14条の4第1項、14条の5第1項）。そして、許可には「生活環境の保全上必要な条件を付することができる」（同14条の4第11項、第14条の5第2項）。これらの廃掃法の規定からすると、同法は特別管理産業廃棄物の適正な管理を通じて生活環境の保全を図ろうとしているといえる。本件条件は、このような同法の趣旨に即して付されたといってよい。なぜなら、Ｂ県知事は、他者搬入・搬出によって生じうる廃棄物の飛散、流出、異物混入などを考慮して本件条件を付しており、その意図は他者搬入・搬出に伴って生じる生活環境の悪化を防止するところにあるといえるからである。そのため、本件条件は同法の趣旨に合致して付されたものであり、本件は裁量権の逸脱濫用が認められる事例ではない。

(3) Ａの再反論

　以上のＢ県の主張に対し、Ａは、本件において裁量権の逸脱濫用が認められることを理由に、本件条件が違法であった旨、主張することが考えられる。

　本件の場合、裁量権の逸脱濫用の可能性として指摘できるのは、比例原則違反および信頼保護の原則違反である。そこで、以下、これらについて、Ａの立場から指摘する。

(4) 裁量権の逸脱濫用その1〜比例原則違反

　本件では、変更許可がされたものの、本件条件が付されたことで、当初予定していた事業の効率化が著しく阻害されることになった。そのため、Ｂ県知事が本件条件を付した目的が正当であったとしても、その目的を達成するための手段が相当とはいえないから、比例原則に抵触しているといえる。したがって、

本件条件は比例原則違反であり、裁量権の逸脱濫用が認められるので、違法である。

(5) 裁量権の逸脱濫用その2〜信頼保護の原則違反

　本件において、AはB県に対し他者搬入・搬出も目的にしていることを明らかにしたうえで、事前協議を行い、最終的に知事から適当と認める旨の協議終了通知を送付されている。そうすると、B県知事はいったん他者搬入・搬出に問題がない旨を表明したにもかかわらず、本件条件を付すことで当初とは異なる意思表示をしたことになる。このような場合、信頼保護の原則または信義則に違反する可能性がある。

　行政法関係における信義則違反については、最判昭和62年10月30日判時1262号91頁〔青色申告承認申請懈怠事件〕がある。この昭和62年最判を参考にして本件の主張を展開することが考えられるので、まずは同判決の内容を以下に引用して、確認する（本判決については、平成27年度基礎編の解説を参照。）。

○最判昭和62年10月30日判時1262号91頁

　　租税法規に適合する課税処分について、法の一般原理である信義則の法理の適用により、右課税処分を違法なものとして取り消すことができる場合があるとしても、法律による行政の原理なかんずく租税法律主義の原則が貫かれるべき租税法律関係においては、右法理の適用については慎重でなければならず、租税法規の適用における納税者間の平等、公平という要請を犠牲にしてもなお当該課税処分に係る課税を免れしめて納税者の信頼を保護しなければ正義に反するといえるような特別の事情が存する場合に、初めて右法理の適用の是非を考えるべきものである。そして、右特別の事情が存するかどうかの判断に当たっては、少なくとも、税務官庁が納税者に対し信頼の対象となる公的見解を表示したことにより、納税者がその表示を信頼しその信頼に基づいて行動したところ、のちに右表示に反する課税処分が行われ、そのために納税者が経済的不利益を受けることになったものであるかどうか、また、納税者が税務官庁の右表示を信頼しその信頼に基づいて行動したことについて納税者の責めに帰すべき事由がないかどうかという点の考慮は不可欠のものであるといわなければならない。

この昭和62年最判を前提にして、本件を分析すると、本件ではAに対し、B県知事が信頼の対象となる公的見解である「適当と認める旨の協議終了通知」を発していること、これを受けてAが本件申請を行ったところ、他者搬入・搬出を禁止する旨の本件条件が付され、その結果、事業の効率化が著しく阻害され、経済的不利益を受けるようになったこと、そして、そのことにAの帰責事由はないことを指摘できる。そうすると、本件条件は生活環境の保全という廃掃法の趣旨に合致した内容であっても、信頼保護の原則に違反する内容といえるので、裁量権の逸脱濫用を認めることができ、本件条件は違法であるといえる。

3. 出題趣旨について

(1) 出題趣旨

法務省から公表された令和3年度予備試験の行政法の出題趣旨は以下のとおりである（https://www.moj.go.jp/content/001358663.pdf）。

> 本問は、廃棄物の処理及び清掃に関する法律に基づき特別管理産業廃棄物収集運搬業の許可を受けている収集運搬業者が、その事業範囲の変更許可を申請したのに対し、行政庁が一定の条件（以下「本件条件」という。）を付した上で変更許可（以下「本件許可」という。）をしたという事実を基にして、行政処分の附款に関わる訴訟方法及びその実体法上の制約について、基本的な知識・理解を試す趣旨の問題である。
>
> 設問1は、本件条件に不満がある場合において、いかなる訴訟を提起すべきかを問うものである。本件条件は本件許可の附款という性質を有することから、本件許可の取消訴訟において本件条件の違法性を争うことができるか、本件条件の取消訴訟を提起すべきかが主に問題となる。その際、本件許可と本件条件が不可分一体の関係にあるか否か、それぞれの取消訴訟における取消判決の形成力、拘束力（行政事件訴訟法第33条）について、本件の事実関係及び法令の諸規定を基に論ずることが求められる。
>
> 設問2は、取消訴訟における本件条件の違法性に関する主張を問うものである。とりわけ、本件条件が付されたことに関して主に比例原則と信頼保護について、本件事実関係及び法令の諸規定とその趣旨を指摘し、また、

(2) コメント

　設問 1 の特徴は、取消判決の効力を踏まえて、提起すべき訴訟を検討する点にある。通常、取消訴訟の判決の効力として、①既判力、②形成力、③拘束力が挙げられるが、上記の出題趣旨では形成力と拘束力の二つしか言及されていない。これは、既判力が取消判決＝請求認容判決のみならず、請求棄却判決にも認められる効力であって、取消判決に固有の効力ではないからであろう。

　設問 2 の出題趣旨では、比例原則と信頼保護の原則に着目して、本件条件の違法性を論じることが求められている。

　このうち比例原則については、具体的にどのような点が比例原則に抵触すると考えられるのか、出題趣旨の中では何の言及もない。本書では、一応、上記のとおり比例原則違反の内容を解説したが、これとは別に次のような指摘も考えられる。すなわち、仮に B 県が他者搬入・搬出の問題を回避したいのであれば、行政指導という形で A に対して他者搬入・搬出を前提にしないよう指導すべきであったのに、そのようなソフトな手法を用いることなく、いきなり本件許可の段階になって他者搬入・搬出を認めない旨の条件を付した。生活環境の保全という目的を達成するためには、行政指導で対応することもできたのに、B 県は許可に際して条件を付すという、より強い手段で対応したと指摘できる。こういった B 県の行政対応は目的とそれを達成するための手段が均衡を保っていないため、比例原則に違反するといえる。

　なお、問題文では、「近隣の県では本件条件のような内容の条件は付されていないのに、B 県においてのみ本件条件が付された」旨、指摘されているから、この事実から平等原則違反の主張を展開することも解答として考えられなくはない。しかし、そのような主張は出題趣旨では触れられていない。実際、単に他県との比較において運用実態が異なるというだけでは、平等原則違反および裁量権の逸脱濫用を指摘するのは難しいと思われる。

4. 参考答案例

第1　設問1

1　本件条件は、意思表示の主たる内容である変更許可に、自力搬入・搬出に限定するという制限をかける意思表示であるから附款に該当する。また、本件条件は、法令に規定されていない自力搬入・搬出すべき義務を付加する附款であるから、附款の中でも負担に該当する。負担の場合、仮に負担に違反する行為が行われたとしても、それによって本体たる処分の効力が直接、影響を受けることはないから、本件条件に違反して他者搬入・搬出が行われたとしても、そのことから直ちに許可の効力が無くなるわけではない。

2　考えうる取消訴訟の対象としては、本件許可から切り離された本件条件と本件条件付きの本件許可を挙げることができる。それでは、この二つのうち、どちらを対象にして取消訴訟を提起するのが適切か。

3　一般な理解によれば、附款と本体たる処分の間に不可分一体性が認められれば、附款だけの取消訴訟は認められないが、両者の間に不可分一体性が認められないのであれば、附款だけの取消訴訟が認められる。

　この点、本件では、第一に、申請内容が法令上定められた基準を満たしている限り、廃掃法14条の5第1項の変更許可はされなければならないと解されるために、変更許可の問題と附款の問題は切り離して考えられること、第二に、本件条件は、負担に該当するため、本件条件に違反する行為があろうとなかろうと、そのことが本件許可の効力に直接影響を及ばさないことから、本件許可と本件処分が不可分一体とはいえない。そのため、本件条件のみを取り出して取消訴訟の対象として争うことは可能である。

4　また、本件条件の取消訴訟と本件条件付きの本件許可の取消訴訟を比較した場合、前者のほうがAの救済手段としては適切である。なぜなら、後者だと、取消判決後、取消判決の形成力により、本件許可は過去に遡って最初から無かったことになるうえに、取消判決の拘束力（行訴法33条1項）により、判決の趣旨に従い改めて処分が行われなければならないが（行訴法33条2項）、前者であれば、取消判決さえ出れば、本件条件が付されていない変更許可を得たのと同様の法状況が直ちに創出され、Aの不満は解消されることになるからである。

5　以上から、Aは本件条件のみを対象にして、その取消訴訟を提起すべきで

ある。

第2　設問2

1　本件では、条件を付すことができる旨、定めた明文規定（廃掃法14条の4第11項、14条の5第2項）があるため、本件許可に本件条件を付すこと自体に問題はない。そこで、Aとしては、本件条件の内容が違法である旨の主張をすることになる。

2　他方、B県は裁量が認められることに加え、裁量権の逸脱濫用もないことから、本件条件の内容が違法ではない旨、主張することが考えられる。具体的に、Bは次のような主張をすることが考えられる。

　廃掃法14条の4第11項は本件条件の根拠規定であるが、そこでは「生活環境の保全上必要な条件」とは何なのか、明らかではないし、同条項は、いわゆる「できる規定」になっている。また、どのような内容の条件であれば生活環境の保全上必要な条件といえるのか、判断するためには、専門的な科学的知見や政策的知見を要するし、仮にその内容が明らかになったとしても、条件を付すか付さないかは現地の状況や申請者の過去の実績等、諸般の事情を総合考慮し、判断することが求められる。そうすると、同条項の要件充足性の判断についても、また、条件を付す・付さないの判断や、条件を付すとしてどのような内容の条件を付すかの判断についても、B県知事には裁量が認められる。

　もっとも、行政機関の判断に裁量が認められるとしても、裁量権の逸脱濫用が認められる場合には、当該裁量権の行使は違法である（行訴法30条）。この点、廃掃法は「生活環境の保全」を図ることを目的にし（廃掃法1条）、「生活環境に係る被害を生ずるおそれがある性状を有するもの」を「特別管理産業廃棄物」として捉え（同2条5項）、その収集・運搬業について許可制度（変更許可を含む。）を採用している（同14条の4第1項、14条の5第1項）。そして、許可には「生活環境の保全上必要な条件を付することができる」（同14条の4第11項、第14条の5第2項）。これらの規定からすると、同法は特別管理産業廃棄物の適正な管理を通じて生活環境の保全を図ろうとしているといえる。本件条件は、このような同法の趣旨に即して付されたといえるから、裁量権の逸脱濫用は認められない。

3　以上のB県の主張に対し、Aは、本件において裁量権の逸脱濫用が認められることを理由に、本件条件が違法であった旨、主張することが考えられ

る。具体的には、Aは次のとおり主張すべきである。

（1）　本件では、変更許可がされたものの、本件条件が付されたことで、当初予定していた事業の効率化が著しく阻害されることになった。そのため、B県知事が本件条件を付した目的が正当であったとしても、その目的を達成するための手段が相当とはいえないから、比例原則に抵触しているといえる。

したがって、本件条件は比例原則違反であり、裁量権の逸脱濫用が認められるので、違法である。

（2）　本件では、Aに対し、B県知事が信頼の対象となる公的見解である「適当と認める旨の協議終了通知」を発していること、これを受けてAが本件申請を行ったところ、他者搬入・搬出を禁止する旨の本件条件が付され、その結果、事業の効率化が著しく阻害され、経済的不利益を受けるようになったこと、そして、そのことにAの帰責事由はないことを指摘できる。そうすると、本件条件は信頼保護の原則に違反しており、裁量権の逸脱濫用が認められるので、違法である。

以上

Ⅲ. 展開編

1. 問題の提起

　設問1では、取消訴訟以外の訴訟を検討する必要はない旨、指摘されている。それでは、この条件を外して取消訴訟以外の訴訟まで検討の可能性を拡げた場合に、議論の仕方は変わってくるであろうか。以下では、検討対象となる訴訟を行政事件訴訟法に定められた訴訟に限定したうえで、この問題について検討してみたい。具体的に、行政事件訴訟法は抗告訴訟、当事者訴訟、民衆訴訟、機関訴訟をもって行政事件訴訟と捉えているので（行訴法2条）、この四類型の可能性について検討する。

2. 提起すべき訴訟

(1) 民衆訴訟・機関訴訟の可能性

　本件はあくまでＡ自身の個別具体的な権利利益の保護を目的として訴訟提起することが前提とされている。したがって、民衆訴訟（行訴法5条）や機関訴訟（行訴法6条）といった客観訴訟を提起して争うことは不適切である。

(2) 当事者訴訟の可能性

　Ａが自らの不満を解消するために当事者訴訟（行訴法4条）を提起するとすれば、たとえば搬入・搬出を自ら行う義務がないことの確認を求めて出訴することが考えられる。この場合、当該訴訟は実質的当事者訴訟である。しかし、附款はそれ自体が処分であるから、本件条件も処分である。したがって、実質的に本件条件の効力を否認したいのであれば、抗告訴訟によって争うべきである。

(3) 抗告訴訟の可能性

　Ａの不満が解消されるためには、本件条件のない許可が得られなければならない。このような状況を創り出すために有益な訴訟として考えられるのは、本件条件のみを対象にした取消訴訟である。もっとも、取消訴訟だけが唯一の方法というわけではない。条件が付されていない許可の義務付けを求めて申請型義務付け訴訟（行訴法3条6項2号）を提起することも考えられる。

　申請型義務付け訴訟の場合、一定の抗告訴訟を併合提起することが求められるところ（行訴法37条の3第3項）、本件では、本件条件が付された本件許可を申請の一部拒否処分として捉え、当該拒否処分の取消訴訟を併合提起することが考えられる（参照、高橋滋『行政法（第2版）』（有斐閣、2018年）106頁）。

3. 申請に対する処分の附款が問題となる場合の論点の意義

　以上のように、申請型義務付け訴訟の可能性があるということだと、申請に対する処分の附款が問題となる事案では、従来、教科書の中で取り上げられてきた附款に関する重要論点（具体的には、本体たる処分から切り離して附款だけの取消

訴訟が可能かという論点）については、その意義が薄れることになる。なぜなら、上述のような申請型義務付け訴訟を提起する場合、附款が本体たる処分と一体か否かを検討する必要がなく、附款のない処分の発給の適法性が審査されることになるからである。この点、申請型義務付け訴訟の本案審理によって、条件が付されていない許可がされるべきであったのにされなかったということが明らかになったら、条件それ自体が違法であるということを意味するし、また条件が付された許可は違法であるということを意味しよう。そうすると、何を取消訴訟の対象として選定しようと、当該取消訴訟の請求は認容されることになるから、併合提起する取消訴訟の対象が、条件付きの許可なのか、それとも条件のみなのかは結論に影響を与えず、上記論点について議論の実益は失われたといえる。このように、平成16年の行訴法改正によって導入された義務付け訴訟が、伝統的な行政法学上の論点の意義を変化させたといえる。

事項索引

判例索引

《著者紹介》

土田　伸也　中央大学法科大学院教授

実戦演習行政法（第2版）―予備試験問題を素材にして

2018（平成30）年 6 月 15 日　初　版 1 刷発行
2022（令和 4）年 10 月 30 日　第 2 版 1 刷発行

著　者　土田伸也
発行者　鯉渕友南
発行所　株式
　　　　会社　弘文堂　　　101-0062 東京都千代田区神田駿河台 1 の 7
　　　　　　　　　　　　　TEL 03（3294）4801　振 替 00120-6-53909
　　　　　　　　　　　　　https://www.koubundou.co.jp

装　幀　青山修作
印　刷　三陽社
製　本　井上製本所

ISBN 978-4-335-35897-5